铁血文库

— HOT-BLOOD SERIES —

009

宋毅◎主编

時代文藝出版社

图书在版编目（CIP）数据

铁血文库.009 / 宋毅主编．—长春：时代文艺出版社，2016.10

ISBN 978-7-5387-5277-9

Ⅰ.①铁… Ⅱ.①宋… Ⅲ.①战争史—世界 Ⅳ.①E19

中国版本图书馆CIP数据核字（2016）第183783号

出 品 人　陈　琛
产品总监　郭力家
责任编辑　方　伟
助理编辑　胡　军
装帧设计　孙　利
排版制作　尹　爽

铁血文库 009

宋毅 主编

出版发行 / 时代文艺出版社
地址 / 长春市泰来街1825号　时代文艺出版社　邮编 / 130011
总编办 / 0431-86012927　发行部 / 0431-86012957　北京开发部 / 010-63108163
官方微博 / weibo.com / tlapress　天猫旗舰店 / sdwycbsgf.tmall.com
印刷 / 三河市万龙印装有限公司
开本 / 710mm × 1000mm　1 / 16　字数 / 220千字　印张 / 12.00
版次 / 2016年10月第1版　印次 / 2016年10月第1次印刷　定价 / 39.80元

图书如有印装错误　请寄回印厂调换

内容简介

从18世纪早期到19世纪晚期，在长达150多年的时间里，印第安科曼奇部落一直是北美大草原上的霸主。他们纵马突袭，烧杀抢掠，科曼奇人恐怖的阴影至今在美国人心中挥之不去。上世纪末美军研制的新一代武装攻击直升机即以“科曼奇”命名。美国作家迈克尔·布莱克曾创作了以科曼奇部落为背景的长篇小说《与狼共舞》，改编为电影后一举囊括1990年奥斯卡7项大奖。本文讲述的便是科曼奇战士纵马驰骋、声震美国西南部的那些传奇岁月。

宋景德元年、辽统和二十二年（1004年），辽军大举南侵，两军在各地陆续发生激烈战斗，双方各有胜负。掌握战争主动权的辽军主力突然孤军深入河北腹地，宋廷朝野震动。有大臣提议退让逃跑，危急时刻寇准力排众议，促成宋真宗亲临澶渊（今河南濮阳）前线。宋军士气大振，辽军攻势受挫后不得不罢兵言和。双方签订了史称“澶渊之盟”的和平条约。千百年来，有的人颂扬这是一个平等盟约，也有人认为这是屈辱的城下之盟。事情究竟如何，《决战澶渊——宋辽千年一盟探秘》一文便对这一历史事件及其相关史料做了一番梳理，力图还原本来面貌，并透过表象重新认识这一历史事件。

关于铁木真领导下蒙古帝国崛起的历史，各方面的专著早已汗牛充栋。但对于其家族早期的经历却相对而言可谓空白，《苍狼前传——铁木真崛起前的蒙古草原》结合了《蒙古秘史》及同期金、宋两国的史料，首次从大视野的角度为读者展现铁木真崛起之前蒙古草原的政治生态和部族战争。

本期的维京专题，讲述了维京人这个北欧海盗群体在11世纪的两段历史。他们从挪威、瑞典和丹麦起家，足迹遍及从欧洲大陆至北极的广阔疆域，他们和后代曾一度控制了大部分的波罗的海沿岸、俄罗斯的内陆、法国的诺曼底、英国、西西里、意大利南部和巴勒斯坦的部分地区，深深地影响了欧洲的历史。

在维京时代，来自北方的海盗频繁光顾不列颠诸岛，爱尔兰自然难逃此劫。和英格兰人一样，爱尔兰人也在英勇地战斗着，并且付出了极大的牺牲。可是，爱尔兰传统政治的弱点在外敌面前暴露无遗。终于，布里安·博卢力挽狂澜，崛起为爱尔兰最名副其实的至尊国王，为爱尔兰人带来了希望。1014 年，爱尔兰人与维京人的大决战上演了。《维京之黄昏——1014 年爱尔兰与维京人的世纪之战》讲述的就是这段精彩的历史。

11 世纪，克努特大帝建立了一个囊括英格兰、丹麦和挪威的“北海帝国”，将维京时代推向了历史的最高峰。在传奇而热血的霸业之路上，克努特遇到了一位劲敌——挪威国王奥拉夫二世，一场对决注定不可避免。最终，克努特用对手的鲜血成就了自己的赫赫威名，而奥拉夫虽然在军事上失败了，却以另一种方式被人铭记。《维京双雄的死斗——克努特大帝与奥拉夫二世》便讲述了这两位不世出的维京王者之间的血腥斗争。

主编简介

宋毅：《铁血文库》系列 MOOK 主编，中国散文协会会员，上海作协会员，著名历史、军事作家，曾获《现代兵器》杂志 2009 年度优秀作者一等奖等荣誉。出版有《战争特典：隋唐英雄》《壬辰 1592 ：决战朝鲜》《祖先的铁拳：历代御外战争史》等多部畅销历史、军事著作。

CONTENTS
目 录

与狼共舞

——北美科曼奇战士的传奇 001

决战澶渊

——宋辽千年一盟探秘 047

苍狼前传

——铁木真崛起前的蒙古草原 097

维京的黄昏

——1014 年爱尔兰与维京人的世纪之战 123

维京双雄的死斗

——克努特大帝与奥拉夫二世 151

与狼共舞

——北美科曼奇战士的传奇

作者：刘伯瘟

从 18 世纪早期到 19 世纪晚期，在长达 150 多年的时间里，印第安科曼奇部落一直是北美大草原上的霸主。他们纵马突袭，烧杀抢掠，科曼奇人恐怖的阴影至今在美国人心中挥之不去。上世纪末美军研制的新一代武装攻击直升机即以“科曼奇”命名。美国作家迈克尔·布莱克曾创作了以科曼奇部落为背景的长篇小说《与狼共舞》，改编为电影后一举囊括 1990 年奥斯卡 7 项大奖（电影中将科曼奇人改为苏族人）。本文讲述的便是科曼奇战士纵马驰骋、声震美国西南部的那些传奇岁月。

引子

历史上对科曼奇人的最早记载见于 17 世纪。那时，科曼奇人是肖肖尼（Shoshoni）部落的一部分。他们啸聚在普特拉河（Platte River）上游以及怀俄明州东部的山林间，靠狩猎和采集为生。部落中的男人徒步狩猎，设陷阱抓捕小动物，用石矛和棍棒艰难地捕猎野牛。部落中的女人采集野生浆果和坚果，勉强果腹。为了争夺猎场和水源，科曼奇人常常与邻近的部落爆发激烈的冲突。在那些组织程度更高的部落，比如克劳人（Crow）、黑脚人（Blackfoot）和阿帕奇人（Apaches）面前，科曼奇人往往沦为手下败将，被打得惨不忍睹，遭到鄙视，受尽了屈辱。

⊙ 一望无际的北美大平原，科曼奇人生活的自由天地

17 世纪晚期，科曼奇人走出山林，迁移到南方平原地区。他们的活动范围，从北向南约 700 英里（1100 公里），自堪萨斯州一直延伸到德克萨斯中部丘陵地带的起端；从东向西约 400 英里（650 公里），自德克萨斯东部的森林一直延伸到新墨西哥州东部。此时，这片广袤的地区只分布着为数很少的游牧部落，数以百万计的北美野牛在这片水草丰美的土地上栖息徜徉。16 世纪西班牙征服者的势力侵入新墨西哥，西班牙人的一些马匹逃归大自然，其后代逐渐野化，成为北美野马。就是在这片土地上，科曼奇人学会了捕猎马匹、驯化马匹还有骑马。到 1700 年，马匹给科曼奇人的生活方式带来了天翻地覆的变化。

不少科曼奇人变成了罗圈腿，或者腿脚落下终生毛病，但科曼奇人从此成为北美大陆骑术最精湛的骑手。科曼奇人的胆魄、狠勇以及残忍，让他们很快在所有尾随浩浩荡荡的野牛群横穿北美大陆心脏地带的游牧部落间博得了最可怖的名声。

他们自称为“我们的人”，而敌对部落则称他们为“科曼奇人”（Comanche）。这个印第安词语的含义并不好听——“那些与我们为敌的人”，简单一点就是“敌人”。从此这个名字与这个部落如影随形。

在 150 多年的时间里，马背上的科曼奇战士一直是“南方平原的霸主”。他们纵马突袭，烧杀抢掠，科曼奇人恐怖的阴影在其他南方平原地区的印第安部落、墨西哥的村民和德克萨斯边疆的美国定居者心中挥之不去。科曼奇骑手纵横往来的广阔区域被称作“科曼奇利亚”（Comancheria），他们的活动范围从科罗拉多州和堪萨斯州南部远及墨西哥北部。

科曼奇部落分成 12 个部族，这些部族只有在共同对敌作战时才联合起来。一年中的大部分时间，科曼奇人的男女老幼分散成众多人数不足 100 的小群落，追踪野牛群。据估计，科曼奇人的数量最多时达 2 万多人，这个数字比历史上人们的猜测要多一点儿。

冬天，这些科曼奇人的小群落聚集起来，沿河搭建起半永久性的营地。部落的战士们守卫着自己的家园。一开春，牧草吐出新芽，马匹脱去过冬的长毛，科曼奇勇士们就准备外出劫掠了。

二、年表（1700 年—1875 年）

1700 年	科曼奇人迁移到南方平原地区，形成了马背上的文化。
1709 年	科曼奇人开始与新墨西哥进行贸易。

1795 年	科曼奇人与基奥瓦人（Kiowa）形成联盟。
1800 年	科曼奇人统治了美国南方平原。
1831 年	科曼奇人开始普遍配备和使用枪支。
1836 年	5 月－科曼奇人袭击帕克堡（Fort Parker）
1840 年	3 月 19 日－圣安东尼奥市政厅之战（Council House Fight in San Antonio） 8 月 12 日－梅溪之战（Battle of Plum Creek）
1854 年	科曼奇保留地在德克萨斯州布拉索斯河（Brazos River）畔的克里尔堡（Clear Fort）建立。
1859 年	科曼奇人被逐出德克萨斯，迁往俄克拉荷马（Oklahoma）保留地。
1861 年 -1865 年	美国南北战争期间，科曼奇人对德克萨斯定居点的袭击劫掠愈演愈烈。
1867 年	《梅迪辛洛奇协定》（Medicine Lodge Treaty）签署。该协定未能阻止科曼奇人对德克萨斯的袭击劫掠。
1874 年	6 月 27 日－阿杜比沃思之战（Battle of Adobe Walls） 9 月 27 日 /28 日－帕罗杜罗峡谷（Palo Duro Canyon）的最后一战
1875 年	夸纳·帕克（Quanah Parker）在希尔要塞（Fort Sill）投降。所有科曼奇人从此被迫定居在保留地中。

三、平原生活

到 1700 年，科曼奇部落围绕马匹和野牛形成的独特文化发育成熟。事实上，科曼奇人的一切吃穿用度都来自于野牛。一头成年雄性北美野牛肩部高达 7 英尺（2 米），体重达半吨。这种庞然大物的兽皮是科曼奇人用来制作圆锥顶帐篷和水囊、背袋的原料，野牛的皮毛可以用作严冬时节在大平原上挡风御寒的厚重长袍，野牛的筋腱可以用作弓弦，连野牛角都能拿来熬胶。

当然，野牛更是肉食的来源。诺亚·史密斯威克（Noah Smithwick）是一位曾与科曼奇人共同生活后来反目成仇的边疆拓荒者。他曾写道，这个部落几乎完全靠野牛肉维生。按照史密斯威克的叙述，科曼奇人"特别喜欢牛内脏。他们连洗也不洗，只是用草将内脏上的污物擦掉，然后径直下锅煮"，他们还喝"从吃奶的牛犊和下崽的母牛肚子里弄出来的凝结变稠的牛奶，他们将其视作难得的美味"。史密斯威克还补充道，科曼奇人不喝威士忌。尽管西班牙人、墨西哥人以及德克萨斯人经常用威士忌来做交易，但科曼奇人就是拒绝喝酒。

科曼奇人男女分工有别。女人负责采集野果、养育孩子、做饭。女人们也负担捶打鹿

⊙ 北美大平原示意图，以及科曼奇人的生活来源——大平原上奔腾往来的野牛群

皮和牛皮之类的重活，捶打可以让兽皮更加柔软，更加坚韧。

男人则要骑马外出狩猎。侦察好野牛群的方位之后，成群的科曼奇猎手从下风处（避免让野牛闻到人的气味）拉开包围圈向野牛群逼近。随着突然迸发而出的大吼和嘶叫，科曼奇猎手们向野牛群发起冲锋，用弓箭猎杀野牛。

大平原上炎热的夏季，科曼奇男人在营地里仅仅身着一块鹿皮围腰布，骑马外出时才套上齐大腿的鹿皮裹腿。科曼奇妇女身着母鹿皮做成的衣服，有时用跟外间人交易得来的彩色珠子加以装饰。小男孩儿们光着屁股在营地中跑来跑去；女孩子穿着跟母亲一样的衣服，只是要小上几号。到后期，科曼奇部落还通过交易向外人买棉质和羊毛衣服穿，买玻璃珠子和金属的小玩意儿之类用来做装饰品。

⊙ 科曼奇人营地中的生活

科曼奇人的家庭一般实行一夫多妻制，原因可能是科曼奇男人过着战士的生活。这样的生活虽风光无限，却也往往催人短命。科曼奇人的婚姻由父母做主：男方的父母携媒人一起，带着皮货聘礼前去女

方家提亲。有的聘礼是抢掠来的战利品。据史密斯威克的记载，“如果女方有姿色”，男方就要用马匹来当聘礼。无论科曼奇战士对待敌人和俘虏何等残暴无情，他们对打老婆这种事都深感耻辱。

训练

到 1800 年，科曼奇人的势力达到顶峰。科曼奇人相继击败奥萨格人（Osages）、尤特人（Utes）和基奥瓦人。经过 20 年的苦战，科曼奇人最终粉碎了北美大平原上阿帕奇人的势力。科曼奇人还一度威胁到新墨西哥中部的普韦布洛（Pueblo）诸部落，摧毁了西班牙人的定居点，并与西班牙 - 墨西哥商人建立起商业往来。这些与科曼奇人进行交易的商人不受圣达菲（Santa Fe，新墨西哥州北部重镇，该州首府）和陶斯（Taos，新墨西哥州北部重镇）的管辖，他们被称作“科曼奇奥”（Comancheros）。

⊙ 北美大平原上的印第安部落多为世仇。经过多年的残酷较量，科曼奇人终于得以在部落间称霸

1800 年，在科曼奇人统治南方平原的大背景之下，本文的主人公诞生了。这个印第安小孩儿名叫“花斑马”（Spotted Pony），是南方科曼奇人佩纳塔卡（Penateka）部族的成员。所有科曼奇男人生来都注定要成为战士，所以这个男孩儿也在很小的时候就开始了训练。

幼小的男孩儿们开始时要学着用小弓小箭，然后就要学着捕猎小动物。他们要学会用未开刃的钝矛在模拟对抗中投掷格斗，与自己的玩伴们对敌。玩伴们轮番扮成敌对部落成员和身披铁甲的异域来客西班牙人，还有德克萨斯的新定居者——这些人手持短枪，射速甚快，尤为危险。

为了锻炼耐力，“花斑马”和其他男孩儿要在烈日之下崎岖不平的地带练习赛跑。史密斯威克经常与自己的科曼奇朋友赛跑，他曾记载道：“若是比 50 码（45 米）冲刺跑，自己完全可以胜过他们；但是科曼奇人最显著的优势在于耐力，男孩儿们在四分之一英里（400 米）短跑之类的项目上能将筋疲力尽的白人远远甩在后面。”

最重要的是，男孩儿们差不多是刚会走就要学习骑马。游戏在马术训练中占了很大比重，男孩儿们要学会在飞驰的马背上抛套索猎取火鸡、野鹿、野马和野牛犊。

史密斯威克记载，这些游戏很好地锻炼了年轻部落战士的狩猎技巧，而狩猎技巧很容易转化为战斗中秘密接近、大胆突袭的战术。年轻的准战士“花斑马”隐身于灌木丛中，耐心等待着大群火鸡现身。一旦大群火鸡暴露在开阔地中，他当即纵马冲过去。一边是火鸡群，一边是灌木丛，他纵马居于其间，追逐着那些没法飞却跑得很快的笨鸟，直到这些火鸡筋疲力尽。他用绳索一只只套取火鸡，杀掉洗剥，将鸡肉带回营地，给家人献上一道火鸡大餐；他还将火鸡毛收集起来，装饰自己的头发、长矛和盾牌。

年轻的“花斑马”潜伏在一处水源地附近，练习自己的箭法。一头鹿来喝水了，他按兵不动，静待这头鹿喝饱水。肚子填满了，这头行动迟缓的动物准备离开水源地。“花斑马”吼叫起来，飞马奔向这头笨家伙。靠得近了，他连放数箭。那头鹿仆倒在地，“花斑马”就地剥下鹿皮。如此，他送给自己的母亲或妹妹一件柔软的鹿皮衣，全家也饱餐了一顿丰盛的鹿肉。

“花斑马”还学会了隐蔽起来监视水源地，等待北美野马前来喝水。当野马因饱喝了一肚子水而步履蹒跚时，“花斑马”便纵马急追，追得近了就抛出套马索。经过一番乱踢，嘶叫，还有鞭打，这匹野马最后被带回营地，训练用来驮货或者骑乘。这匹驯服的北

⊙ 科曼奇人捕猎野牛

美野马就此成了自己主人马群中的一员，或者被用来跟“科曼奇奥”做交易，交换金属小刀、箭镞和矛头。更有可能的是，这匹马会被用作聘礼，送给女方父母，为自己换来一个漂亮姑娘当新娘。

到了晚上，吃完只有肉食的晚餐，“花斑马”有资格在圆锥顶帐篷里坐到年长的战士身边。年长的战士用木制和石制的烟杆抽着烟，向后辈们讲述各种传奇故事——突袭计功(Counting Coup)，从墨西哥人的牧场中盗马，还有猎杀整家的白人，剥取他们的头皮。这些白人居然蠢到在没有武装保护的情况下企图穿过“科曼奇利亚”地区，下场只能是找死。这个地区只属于用武力征服它的印第安部落。战士们对自己身上的伤疤创口深感自豪。这些伤疤有的是被愤怒的野牛用角顶出来的，有的是敌人用矛刃、箭镞和子弹留下的印记。科曼奇战士喜欢用醒目的赭色涂料来描画伤疤，有时也喜欢用文身。

就是从这些战士的传奇中，“花斑马”和其他年轻勇士学会了狩猎和劫掠的艺术。等“花斑马”到了十几岁的年纪，已经能证明自己弓马娴熟，他就得到了与其他战士一起出去捕猎野牛的机会。“花斑马”迎着被激怒的野牛勇敢地冲过去，躲开锋利的牛角，将野牛射倒。如此，年轻的战士带着新的荣耀回到营地。他可以将一条野牛尾巴装饰到自己盾牌上了。

马匹

科曼奇战士最具标志性的特征，便是胯下的北美野马。这些骏马动作敏捷，又天生具备强大的耐力。凭借胯下骏马，科曼奇人才能以雷霆之势向野牛群发起突袭和猎杀，肆意杀敌，从没有防备的定居者那里盗取珍贵的马匹。北美野马的速度惊人，这样让科曼奇人在被追击时能够快速分散和逃脱。

北美野马一般不过 5 英尺（1.5 米）高，体重 800~1000 磅（360~450 公斤）。它们极其吃苦耐劳。在北美大平原的野生环境之下，北美野马必须能忍受酷夏灼热的高温和凛冬北风带来的严寒。

虽然科曼奇人与自己的坐骑关系紧密，但是他们对马匹并没有什么特殊的感情。曾行经德克萨斯的英国旅行家威廉 · 博拉尔特（William Bollaert）记载，19 世纪 40 年代，北美野牛和野鹿的数量锐减，“科曼奇人在五年的时间里吃掉了两万匹野马”。

从 1800 年到 1865 年，科曼奇人为了补充自己的马群，从墨西哥人和德克萨斯人那里偷来数以千计的马匹。这是美国西部历史上最大规模的盗马行动。理查德 · 埃尔文 · 道奇(Richard Irving Dodge）上校抱怨道，“悄悄潜入营地，割断绊索和缰绳，神不知鬼不觉地将马牵走，在这方面他们（科曼奇人）做得无出其右。”

马匹是科曼奇部落的支柱。有了马，科曼奇人才是南方大平原上的霸主；没有马，科曼奇人就比那些徒步采野果、搞渔猎的原始人好不到哪里去。

武器

年轻的“花斑马”正式成为科曼奇战士的时候，科曼奇人还只是装备着自己的传统兵器：棍棒、长矛和弓箭。随着科曼奇人开始与“科曼奇奥”有贸易往来，他们获得了欧洲人的武器：小刀、箭镞、铁制矛头、燧发滑膛枪、黑火药、铅制子弹。后来，科曼奇人从那些唯利是图的墨西哥和德克萨斯商人手里搞到了火帽击发式步枪和手枪。1836 年以后，科曼奇人配备了缴获来的柯尔特左轮手枪。到 19 世纪中叶，科曼奇人统治南方大平原之初，他们凭借手中的杠杆枪机连发步枪，火力已经压过了联邦军队骑兵。

不过，科曼奇人的主要武器还是他们的传统兵器，既可以用来狩猎又可以用来作战。1854 年曾参加德克萨斯边疆地区远征探险的威廉 · 布朗 · 帕克（William Brown Parker）如此记述科曼奇人的典型长矛和盾牌：

“矛头是一块长铁片，约 2.5 英尺长、1 英寸宽（75cm × 2.5cm），由后往前矛尖成锥形。矛头固定在 4.5 英尺（1.4 米）的细长矛柄上。矛柄用桑橙树的树枝做成。这种树枝是专门用来制作武器的，长度为 7 英尺（2 米）。”他形容道，矛柄“用一束一束五颜六色的棉线团和布条混杂玻璃珠子加以装饰”，其他长矛有的能长达 14 英尺（4.3 米）。

至于科曼奇人的盾牌，他描述道：“（盾牌）是圆形的，直径约 2 英尺（0.6 米），框架用柳木编成，外面先包一层鹿皮，再包一层粗糙的生野牛皮，使之能挡住弓箭。盾牌用人的头皮、灰色的熊爪和骡子的尾巴装

⊙ 早期的科曼奇战士（1830 年）

饰……这面盾牌用棉布条拧成的绳子捆在胳膊上。”

德克萨斯人 J · W · 威尔巴格（J. W. Wilbarger）曾留下了关于科曼奇人盾牌坚固程度的记载。他的兄弟在一次科曼奇人的劫掠袭击中被剥了头皮。那次战斗是在 1844 年，他写道：“山塔 · 安拿（Santa Anna），那个印第安酋长，突然冲上前来，举起自己的野牛皮盾牌挡在身前，沿着敌人的战线一路飞奔。所有白人集中火力向他射击，然而他们的子弹全打在山塔 · 安拿的牛皮盾牌上，连这个印第安酋长的毫毛也没能伤到。”

科曼奇人最主要的武器，还是在马背上使用的弓箭。科曼奇人的弓很短，长度不足 3 英尺（1 米），很方便在疾驰的马背上使用。科曼奇人用桑橙树或山核桃树的枝条制弓。他们有时将枝条向后反弯做成反曲弓，不过一般就是简单地将枝条给弯成弓形而已。弓弦则是用野牛或鹿的筋腱拧成的。

科曼奇人的箭矢乃是手工精制而成，能够在空中笔直飞行，准确命中目标。制作箭矢的材料是笔直的梾木枝条、白蜡树枝以及桑树枝条。科曼奇女人用野牛和马的蹄子熬胶。用熬出的胶将火鸡毛和秃鹰毛粘在箭杆尾部，可以保持箭矢在飞行中的稳定。

刚刚迁居到美国南方大平原的时候，科曼奇人还在用打磨锋利的燧石制作箭镞。不久，通过与法国人、西班牙人还有其他欧洲人进行贸易，科曼奇人获得了铁制和钢制箭镞。在狩猎时，科曼奇人还使用一种宽薄扁平的箭镞。这种箭镞可以很方便地从猎物体内拔出来，不会破坏珍贵的猎物皮肉。

与之相反，科曼奇人在战斗中使用的箭镞既厚粗又带有倒钩。一旦中箭，要从躯体中拔出来，会很容易撕破皮肉、弄断动脉，往往造成恐怖的致命伤。如有可能，最佳的拔箭方式是让箭矢贯穿躯体，将箭矢从伤口反面的躯体另一侧硬推出来。高超的箭法，加上超凡的骑术，让科曼奇人成为南方大平原上最致命的战士。

科曼奇人的铁斧和猎刀在营地周围的狩猎和近距离的肉搏战中都有很大的用处。还有些科曼奇人则喜欢用体积更小的窄刃剥皮小刀。使用剥皮小刀一般是从背后下手，需要有几个敏捷的连贯动作——先从背后抓起敌人的头发，将头发向后揪，好用刀沿着发际线从前额割起；一手揪着头发，一手用小刀切进头皮下方，从头颅上往下剥皮。剥下的头皮用来装饰长矛、盾牌和棍棒。

科曼奇人的万能小刀，刀身宽且厚重，长约 6~12 英寸（15~30 厘米），仅单面开刃。相比于战斗，这种刀更适合捕猎野牛。在近距离格斗中，科曼奇人更喜欢使用战斧和沉重的战棍。

科曼奇人的刀具格斗术毫无技巧可言。他们喜欢反手握刀，刀刃向下，握刀姿势与握

⊙ 最具德克萨斯风格的博伊猎刀

棍棒相似，只能笨拙地向下捅刺。有为数不多的时候，科曼奇战士持刀与挥舞博伊猎刀（Bowie knife）的德克萨斯人陷入对战——德克萨斯人用握西洋剑的方式握刀，从任何角度既能捅刺又能劈砍——科曼奇人的下场一般都会死得很惨。

科曼奇人早在18世纪就开始使用火器。先是燧发滑膛枪，很快换装成火帽击发式步枪，最后科曼奇人装备了发射金属定装弹的杠杆枪机步枪。不过，科曼奇人一直缺乏弹药，而且根本不知有纪律约束的射击战术为何物。

战术

整个18世纪，在与其他部落争夺美国南方大平原统治权的冲突中，科曼奇战士因其英勇无畏而获得了巨大的威望。科曼奇战士决不投降，纵使身负重伤，也要力战到死。

科曼奇战士视为最英勇的行为，是所谓的“突袭计功”。科曼奇战士要在肉搏战中击倒敌人（并不杀死），然后剥下敌人的头皮作为勇气的证明。头皮风干后，用来装饰长矛、马匹和圆锥顶帐篷，以彰显科曼奇战士在战斗中的勇气和功绩。

在发动袭击之前，科曼奇战士们要先酝酿出狂暴的战意。满月之夜，他们聚在一起，伴着强劲的鼓点，跳起战舞，吼起战歌，绕着耀眼的篝火堆跺脚狂舞。经过这样的仪式，兴奋的狂怒和嗜血的欲望在科曼奇战士的心中油然而生。

袭击的目标可以远在数百英里之外，所以事先必须做好万全的准备。科曼奇人的战马一般会驮上豆类、晒干切好的肉片还有干肉饼（一种肥肉、豆类和水果的混合物）。长途奔袭，每名战士都要带好几匹马。一匹马累了，便另换一匹体力充沛的马来骑。回来的路上，要是马匹有富余，还可以用来驮运掠来的战利品。

袭击之前，科曼奇战士们要用颜色鲜明到可怕的油彩涂脸，画出面具遮住自己的脸孔。他们还用油彩在自己的身体上和马匹身上画条纹，画他们每个人自己的魔法护身符号。

袭击的目的一般是获取战利品，盗取马匹更是排第一位的目标。他们通常是静悄悄地秘密潜入，偷完就走。如果遭遇阻挡，就变成了明抢。与其他部落、墨西哥人或西班牙人作战时，他们展现出惯常的凶悍。掠获战利品之后，如果后面有人追来，科曼奇人就分散成小股迷惑追兵。等到美国定居者开始侵入科曼奇人的猎场，科曼奇人劫掠的欲望便让位给了杀戮外来入侵者的欲望。

科曼奇人的战术与现代游击战术差别不大。科曼奇战士们来去如风，攻敌不备，集中优势兵力专打弱势的敌人。他们喜欢埋伏起来打敌人一个措手不及，不喜欢与敌人正面冲突，很少与严阵以待的敌人发生打堂堂之阵。只有在很少的情况下，他们会向早有准备的敌人发动强攻。一旦科曼奇人遭受惨重的伤亡，或者是首领战死，他们会很快军心涣散，无心再战，只能匆匆撤退。

科曼奇人并没有保卫土地的概念。多数情况下，如果遭到同等兵力或兵力占优的敌人进攻，他们会马上撤退，化整为零。如果妇女和儿童的安全受到威胁，一切则另当别论。面临那种情况，科曼奇战士们会拼死抵御敌人的进攻，直至自己的家人安全转移。

在向首尾相接环绕起来的马车队、小股的士兵和驿站马车发动袭击时，科曼奇战士们纵马围着目标绕圈子，一边将包围圈越收越紧，一边不断朝目标放箭开枪。等到敌人的抵抗被削弱，他们随即向敌人猛冲，用长矛、战斧、棍棒和小刀向敌人发动致命一击。在连发火器出现之前，科曼奇人战士先静待敌人开枪射击，然后抓住敌人上膛装弹的机会，猛扑上去。

骑马发动进攻时，科曼奇战士会用皮带将自己捆在马匹的一侧，借马匹的遮挡让自己不暴露在敌人的眼前。用这种姿势，科曼奇人学会了从马匹的肩部以下打枪放箭。

科曼奇人通过学鸟叫和其他动物的叫声来传递消息，协调行动。有时也用烟火信号。夜晚，科曼奇人在高处点燃火堆，发送信号。不过，真到了战场上，每个科曼奇战士基本都是各自为战。

如果袭击成功，科曼奇战士们会骑着盗来的马匹返回自己的村子。战士们将其他战利品分给部落里的老人、妇女和孩子。他们挥舞着血淋淋的头皮，高唱着得胜的凯歌，在村子里游行，在部落中狂欢。

如果袭击失败，或者首领和大批战士阵亡，科曼奇男人们会将脸涂黑，割下马尾巴，灰溜溜回到营地。女人们会捶胸顿足，号啕大哭，用小刀划自己的胸脯、割断手指，以此表达自己的悲痛。

四、作战

1816年，在完成了自己的“求兆”（vision quest，找寻属于自己的超自然力量）仪式、成功获得自己的护身符号之后，16岁的“花斑马”正式成为了一名羽翼丰满、全族认可的科曼奇战士。为了向他表示祝贺，“花斑马”的父亲送给他一匹马，兄长送给他一张弓、一把箭，母亲送给年轻的战士一张牛皮盾牌，盾牌的中央画着一只赭红色的花斑马。最贵重的礼物是一根12英尺（3.7米）长的长矛，前端装着西班牙人做的铁制长款矛头。这件礼物是“花斑马”的叔叔送的，他是在一次与夏延族人（Cheyenne）的战斗中缴获了这根长矛。

年轻的“花斑马”已经可以用野牛尾巴来装饰自己的长矛了。不过，他现在渴望用盗来的马匹尾巴，或者剥下阿帕奇人、西班牙人的头皮来装饰自己的盾牌。

“花斑马”有个童年的玩伴，名叫“野牛脊”（Buffalo Hump），比自己年长一岁。两个人携手并进，发誓要给佩纳塔卡部族争取荣誉。他们豪情万丈，夸口要赶走剩下的阿帕奇人残部，要偷走西班牙人的马匹，要屠戮那些试图迁入德克萨斯中部和南部科曼奇人控制区的墨西哥定居者。此时西班牙在欧洲本土的战争中连遭败绩，实力遭到削弱；墨西哥又

⊙ 科曼奇人的“求兆”仪式。本文的主人公到15岁时仍然只有乳名，尚无一个正式的名字。只有寻找到属于自己的超自然力量（即魔法护身符号），他才能被部族正式接受为一名科曼奇战士。在他确认自己已经做好“求兆”的准备之后，部族中的巫医传授给他科曼奇人的信条和精神，为他沐浴更衣。然后，他离开营地，寻找一处僻静之所苦思冥想，不饮不食，仅靠抽烟杆来提神，祈祷自己能尽快寻到属于自己的符号。经过整整四天，他在极度的饥渴和精神紧张中找到了自己的符号——他在睡梦中被雷声惊醒，睁眼看到繁星遍布的夜空被一道闪电撕开，一个头戴羽饰、胯下花斑马的科曼奇酋长出现在夜空中一片灰云中间。幻象之中，这个酋长纵马在平原上自由地奔驰，手中的长矛系满了头皮，全身连同盾牌一片雪白，连胯下的骏马都是雪白的，只是偶有几块棕色和黑色的花斑。这便是他的符号。从此，他的乳名被忘记了，这个男孩儿获得了一个战士的名字——“花斑马”

⊙ 格兰德河

爆发起义，不断打击西班牙的殖民势力；西班牙人对格兰德河（Rio Grande，美国与墨西哥的界河）以北地区的控制原本薄弱，如今变得千疮百孔。这一切都为科曼奇战士猎取荣誉提供了机会。

不久之后，“花斑马”与“野牛脊”满怀兴奋地与长者们围坐在一起。这是一个特殊的场合，长者们正在策划一次深入德克萨斯境内和墨西哥北部的长途奔袭。整个佩纳塔卡部族罕见地聚在一处。不过，一些散居的群落之所以会来参加这次作战会议，还是冲着“花斑马”父亲的名声——他是一个伟大的战士。

“花斑马”和“野牛脊”眼见一群基奥瓦战士骑马前来参加作战会议。从前，科曼奇人和基奥瓦人是宿敌，在捕猎大平原上四处游荡的野牛群时互相冲突不断。当“花斑马”还是个小男孩儿的时候，两个部落早已达成和平协议、结成战争同盟达 70 多年之久。这 70 多年来，两个部落一直并肩作战，共同对抗一切外来入侵者。

接下来，基奥瓦人发表了滔滔不绝的演说，宣布他们来与自己的兄弟并肩作战，一同去袭击西班牙人。每一位长者，包括“花斑马”的父亲，都站起身来自豪地历数自己身为战士所立下的赫赫战功。“花斑马”的父亲讲述了自己当年的故事：他当年曾如何用长矛刺杀野牛，如何盗来数以百计的马匹，如何从西班牙人和墨西哥人那里剥来 20 张头皮。由于这些功绩，“花斑马”的父亲被大家推举为此次袭击的首领。

历数完自己的战绩，“花斑马”的父亲要求战士们追随自己，加入这次袭击。100 多名科曼奇战士当场爆发出震天的战吼和令人毛骨悚然的嘶叫，全部愿意参加此次深入墨西哥境内的远征。

看到自己的父亲被推举为此次袭击的首领，“花斑马”心中自豪感顿生。科曼奇人外出袭击的队伍完全由战士们自愿加入。这些桀骜不驯、惯于独来独往的科曼奇战士只有尊敬和信任此次袭击的首领，相信此人身上的魔法护身符号强而有力，才会自愿加入这次袭击。

是夜，科曼奇男人们饱餐一顿烤野牛肉，围着燃烧的火堆纵情狂舞，吟唱追忆着他们在战斗中的英勇功绩。天亮之后，他们才小睡片刻，然后起床吃饭，与沿布拉索斯河畔克里尔堡分布的营地中的妻子儿女道别，默默骑马向南进发。

科曼奇人的袭击队伍渡过科罗拉多河（Colorado River），进入位于圣安东尼奥墨西哥人定居点以西的高地平原。他们绕过圣安东尼奥，继续南下，渡过格兰德河，向河西岸位于拉雷多（Laredo）的小型定居点进发。这条进入墨西哥的路线，便是欧洲人口中的“科曼奇通道”(Comanche Trace)。

渡河之后，科曼奇人饮马休整。入夜，他们调试弓弦，用粗粝的石块打磨矛刃和斧刃。有几个人负责检查步枪上用的燧石和火药。这些步枪是科曼奇人用马从雷德河（Red River）沿岸那些做冒险投机生意的美国商人那里换来的。

第二天早晨，吃过风干野牛肉的早餐，科曼奇人用黄色、红色和黑色的油彩涂脸。有些还在自己的身体上和马匹的身上画出条纹和护身符号。然后，他们上马，向萨拉戈萨(Zaragoza)、圣胡安萨比纳斯（San Juan de Sabinas)、新罗西塔（Nueva Rosita）的墨西哥

⊙ 布拉索斯河

村庄和周围的牧场进发。

科曼奇战士们满怀自信，纵马冲向目标。他们清楚，自己的猎物没有什么抵抗的资本。当时西班牙帝国被新西班牙（西班牙在美洲的殖民地总督辖区总称，极盛时范围包括现今的美国西南部和佛罗里达、墨西哥、巴拿马以北的中美洲、西印度群岛的西班牙殖民地）各地被此起彼伏的起义搅得不得安宁，于是禁止普通村民持有火器。唯一允许持枪的是军队士兵，但士兵为数很少，且仅驻扎在较大型定居点中分散的要塞堡垒里。科曼奇人深知，他们的袭击与其说是战斗，不如说是屠杀。

这伙人逼近了一座小牧场，科曼奇战士们发动了一场典型的科曼奇式进攻。他们发出凄厉的战吼，纵马冲进牧场的那些小房子中间。大队人马负责攻打这些孤立无助的墨西哥人的房屋，其他人冲向畜栏，掠取马匹。

没有像样的武器，十几个牧场工人举着耙子、自制刀剑，还有人端起一支老式的大口径霰弹短枪，试图保护自己的家人。他们马上被一阵乱箭射倒。科曼奇人又用长矛和战斧给他们补上致命一击，结果了他们的性命。

一个墨西哥人用老式燧发枪瞄准了“野牛脊”。“花斑马”见状，当即一箭射过去，正中那个墨西哥人的胸膛，将那人射倒在地。“花斑马”勒住胯下的坐骑，翻身下马。他冲向那个倒地的墨西哥人，这人正躺在地上抽搐挣扎。“花斑马”绕到他背后，抓起他的头发，将他的脑袋向后拉。然后，“花斑马”拔出小刀，一刀切进这个墨西哥人的前额，沿着这人的头颅割了一圈，将这人的头皮剥了下来。

“花斑马”高高举起这件血淋淋的战利品，爆发出一阵胜利的嘶吼。他弯下腰，干净利落地割断了这个垂死的墨西哥人的喉咙。嗜血的欲望仍没有得到满足，“花斑马”狂笑着扯掉死人的裤子，割下阴囊和生殖器，将这些东西全塞进了墨西哥人的嘴里。

重新上马，“花斑马”又看到了残忍的一幕。他看到“野牛脊”用长矛刺穿了一个上了年纪的妇人，还用长矛将这个老妇挑上半空。老妇人重重跌在地上，“野牛脊”跳下马来，揪起老妇人灰色的长发，剥下了她的头皮。

“花斑马”发现一个十几岁胖乎乎的小姑娘躲在一大捆干草后面。看到“花斑马”向自己逼近，她吓得哭起来。“花斑马”从坐骑背上一跃而下，将这个恐惧到歇斯底里的女孩儿按倒在地上，强奸了她。“花斑马”抖开自己的套索，套住女孩儿的脖子，女孩儿就此成了自己的俘虏。他重新上马，又爆发出一阵胜利的嘶吼。他，“花斑马”，已经成功杀死和强奸了自己族人的敌人，他的护身符自此变得强而有力。他是一名真正的科曼奇战士了，这正是佩纳塔卡人的生存之道。

⊙ 惊慌失措的白人定居者——“印第安人来了！”

所有男人被尽数杀掉，只剩下一小部分女人留得性命，要押回营地充作奴隶。科曼奇人点起一把火，将牧场中的所有房屋付之一炬，然后上马奔向那些村庄。每到一处村庄，村中的老人们都会挥舞白旗，出村来与科曼奇人交涉。有的村庄向科曼奇人献上马匹，有的村庄献上衣服、毯子以及村中妇女手工缝制的棉袍和羊毛长袍。科曼奇人也喜欢皮制马具和套索，还有些村中老人则献出苦苦收集来的铁锅、铁壶、短斧以及村中铁匠用金属片打制的小刀。

献上这些贡品，村中老人们向科曼奇人乞求——不要带走他们的妇女，不要烧掉他们的房子，给他们留下几匹马或骡子耕地。傲慢的科曼奇人首领接受了前两个村庄的贡品，饶过了这两个村庄。然而，科曼奇人觉得第三座村庄献上的贡品不够丰厚，于是洗劫和杀戮的惨剧在这里又一次上演了。

抢得心满意足了，科曼奇人将战利品捆在掠来的马匹背上。抢来的妇女被绳索套住脖子，半拖着走。科曼奇人调头北上，向格兰德河进发。

一路北上，科曼奇人步伐轻松，丝毫不怕后面会有追兵。一些妇女开始步履蹒跚，因筋疲力尽而掉队，再也走不动了。她们的主人便允许她们骑在掠来的马匹光溜溜的马背上，绳索也从这些妇女的脖子上解下来，改系在马身上。晚夏时节那些温和宜人的夜晚，抢来的妇女在篝火旁料理宿营时的日常杂活，还要充当科曼奇战士们的泄欲工具。

战士们终于返回了位于布拉索斯河畔的科曼奇部落营地。他们这一趟来回跑了近 800 英里（1300 公里）。他们回来时，全部落的妇女、儿童和老人全都兴高采烈、载歌载舞，敲着战鼓出来迎接得胜归来的战士们。

下马伊始，战士们便自豪地将战利品分给自己的妻子和母亲。女性俘虏由科曼奇妇女接手。科曼奇妇女会强迫这些俘虏干营地里的各种脏活累活，动辄对她们又打又骂。俘虏们只能苦挨这种暗无天日的生活，直至有人来赎回她们，或者被折磨致死，一死了之。再或者有的俘虏会归化入科曼奇部落，被接受成为部落的一员，这样苦日子也能熬到头。她们当俘虏时生的孩子也被完全接纳为科曼奇部落的成员。

这次袭击是科曼奇人洗劫德克萨斯定居点的一次标志性行动。科曼奇人的铁蹄甚至远及墨西哥的杜兰戈（Durango），能达到格兰德河以南200英里（320公里）。只有新墨西哥的定居点能免于科曼奇人的蹂躏。原因是科曼奇人喜欢与圣达菲和陶斯的商人做那些有利可图的生意。科曼奇人用马匹、奴隶、野牛皮还有其他抢来的东西，从商人手里交换衣料和武器。

接下来的几年，“花斑马”学会了一整套袭击劫掠的技艺。他学会了悄悄潜入牧场或村庄，在人家反应过来之前就盗走马匹。他脑中有了一幅活地图，对水源地、草场、山径以及最适合埋伏的地点全都了如指掌。一天，他成功干了一票，从马群中偷来一匹神骏的好马。他骑着这匹马来到一位年长的勇士的帐篷，用这匹马作为聘礼，迎娶到了这位勇士的女儿，给自己讨到了老婆。他享受着佩纳塔卡人纵横荒野、无拘无束、居无定所的生活。在他眼中无法无天，自己就是大平原上的霸主。

到1820年，西班牙人的许多边境居民点已经不复存在。余下的人都生活在对“科曼奇月”（Comanche moon）的恐惧之中，天天担惊受怕。所谓“科曼奇月”，指的是晚夏时节和秋日夜空中的满月。这段时间，科曼奇人的袭击最为频繁。天主教传教士建立的传教点大多已荒废，有的已经变成一堆废墟。村庄的数量锐减，德克萨斯、新莱昂（Nuevo Leon）、科阿韦拉（Coahuila）、奇瓦瓦（Chihuahua）和塔毛利帕斯（Tamaulipas）等地都处在科曼奇人的严重威胁之下，到了快要被放弃的边缘。

五、德克萨斯人来了

当西班牙人似乎丢掉了一切时，一个来自北方、身体孱弱的人给他们提供了一个解决之道。这人名叫摩西·奥斯丁（Moses Austin），是一个美国人。1820年秋天，他骑马来到圣安东尼奥的驻军要塞中，请求当地的西班牙总督允许300户移民在德克萨斯的土地上安家落户。起初西班牙人威胁要将他投入监狱，不过后来西班牙人总归是让理智占了上风。

奥斯丁与其他移民领袖说服西班牙当局，唯一能阻止德克萨斯和墨西哥北部定居点崩溃的方法，是从北方的美国引入定居者，在西班牙人和不断南下劫掠的科曼奇人之间设立一道缓冲带。他们提出，用这些装备精良的外国佬去对付那些无法无天的印第安人，如此方能维护墨西哥殖民地的和平发展与繁荣。此事引起了争议，但西班牙当局很快通过了允许建立移民定居点的法令。这项决定造成了出乎意料的严重后果——美国人蜂拥而至，给身为西班牙人后裔的墨西哥人和科曼奇人的群落都带来了毁灭性的影响。

第一批来定居的移民不过300户，但第二批、第三批等等接踵而至。来这里定居的美国佬开始时如同涓涓细流，然后就成了难以阻挡的洪流，疯狂涌入这片土地。这些外来客被称作德克萨斯人，他们最早定居在德克萨斯东部的丛林地带，而后移居到德克萨斯南部的沿河地区。

“花斑马”和他的族人最初都绕着德克萨斯人的定居点走，跟德克萨斯人井水不犯河水。毕竟，这些地方没有大群的野牛，这些外来客也没有给科曼奇人对南方大平原的统治构成什么威胁。他们继续深入墨西哥境内进行袭击劫掠，有意避开德克萨斯人的定居点，绕过起保护作用的缓冲地带。

整个战略局面发生大转变是在1821年。墨西哥人摆脱了西班牙人的殖民统治，整个墨西哥陷入一片内乱之中。到1836年，德克萨斯人从墨西哥那里赢得了独立。大批来自美国和欧洲的新移民涌入这个新的国度。随着白人如浪潮般开始西进，“花斑马”和他的族人也开始以警惕的目光审视起这些外来客。

这些定居者身材高挑而瘦弱，眼神坚定。他们拖妻带子，乘坐大篷车来到这里。这些人用铁犁耕地播种，身携能在200码（200米）外毙敌的长管步枪。不像科曼奇人那样将土地视为整个部落的公产，每个德克萨斯人都会打下界桩、划定一块土地作为自己的私有财产。有时德克萨斯人干脆修起一圈栅栏，将自己的土地圈起来。他们砍伐树木搭建房屋，驱逐和猎杀野兽，开荒种植庄稼，威胁要干掉任何胆敢侵犯自己土地所有权的家伙。

德克萨斯人不但圈占土地，而且明目张胆拒绝向科曼奇部落上贡。他们中许多人有苏格兰-爱尔兰背景，跟佩纳塔卡部族的科曼奇人一样粗野豪放，一样桀骜不驯，一样傲慢而自尊。他们将科曼奇人视作未开化的野蛮人，鄙夷科曼奇人的风俗与信仰。科曼奇人同样很快在部落会议上定出了主张——这些陌生而危险的家伙必须被连根铲除。

向德克萨斯人发动袭击，还有其他充满诱惑力的原因。“花斑马”就很清楚，这些外来闯入者有不少高大神骏的好马，正好偷来充实自己的马群。德克萨斯女人个个有一头金色长发，这样的头皮挂在自己盾牌上，看起来再漂亮不过了。

袭击帕克堡

1863年初夏，两个强悍的对手之间爆发了第一次大规模冲突。帕克家族有38名男丁，他们定居在德克萨斯中部纳瓦索塔河（Navasota River）附近一片美丽富饶而未曾开垦的土地上。与另外几家边疆定居者一起，他们开垦土地，修建房屋，沿定居点用木头修起围栏。白天，大部分男人到附近的田地中干活，种植作物，操持庄稼。

5月里阳光明媚的一天，“花斑马”与其他100多名勇士——绝大部分是科曼奇人，还有少量基奥瓦人配合——一起纵马驰骋。当他们逼近帕克堡时，一名战士将白旗拴在了木杆上。

当时帕克堡中只有5名男子，年迈的一家之主约翰·帕克（John Parker），他的两个儿子，本杰明（Benjamin）和塞拉斯（Silas），以及塞缪尔·弗罗斯特（Samuel Frost）和他的两个儿子。其他人都是妇女和年幼的儿童。本杰明出去与科曼奇人交涉。科曼奇人告诉他，自己这队人马只是要问问去附近一条溪流该怎么走，顺便要一头牛吃。年轻人拒绝给他们牛。科曼奇人突然翻脸，纵马冲向本杰明，一矛将他刺死。他们发出令人毛骨悚然的战吼，一起朝帕克堡发动进攻。

科曼奇人的马蹄将79岁的约翰·帕克踏翻在地，又用长矛刺穿了他。他们剥下了老人的头皮，割掉了他的生殖器。老人的妻子——帕克奶奶，被长矛活活钉在地上。科曼奇人撕碎她的衣服，轮奸了她。塞拉斯·帕克、弗罗斯特还有他的儿子都在试图保护自己的女人时惨遭杀害。

露西·帕克（Lucy Parker）带着自己的4个孩子悄悄逃走，不幸被狂暴的袭击者们抓住。他们夺过露西年幼的女儿辛西娅·安（Cynthia Ann），还有她6岁的儿子约翰，将两个孩子绑走。两名妇女惨遭强奸和伤害，而另两名妇女伊丽莎白·凯洛格（Elizabeth Kellogg）与蕾切尔·普拉默（Rachel Plummer）在被强奸之后还给拖上科曼奇人的马背。蕾切尔刚出世不久的男婴也惨遭杀害。

拓荒者兼作家詹姆斯·T·德西尔德斯（James T. Deshields）曾生动地描绘当时的情景：“杀戮，有如蝙蝠的翅膀，在这地狱般的场景上空徘徊不去，在悲惨刺耳的嚎叫声中纵情狂欢。”

一名科曼奇战士从马背上身子一偏，长矛刺向露西·帕克。千钧一发之际，她养的小狗猛地跳起来，狠狠地咬住科曼奇人胯下坐骑的鼻子。“于是”，德西尔德斯写道：“连人带马翻进了山沟。”这名战士是科曼奇人在此次袭击中的唯一伤亡。

此时，下地干活的男人们得到消息，发疯一样抄起步枪飞奔回来。但是，一切都太晚了。科曼奇人掠走了帕克一家的全部马匹。他们将两名妇女捆在马背上，将三个孩子放到马鞍上，发出胜利的战吼，扬长而去。转眼的工夫，科曼奇人杀害了五个男人，强奸了数名妇女，掠走了两名妇女和三个孩子，还有为数不少的马匹。“花斑马”对此颇为得意，这可是一次非常成功的袭击。

这伙科曼奇人打马狂奔，昼夜不停。据伊丽莎白·凯洛格回忆，到午夜时分他们才停下来扎营休息。凯洛格和其他俘虏被牛皮绳捆住，脸朝下丢在地上。然后，科曼奇人和他们的基奥瓦人盟友在地上树起一根长杆，点起一大堆篝火。

篝火映红了夜空，这些战士似乎陶醉于胜利之中，围着木杆跳起得胜的舞蹈。他们高声吟唱，狂呼大叫，挥舞着血淋淋的头皮，朝天狂舞，重现白天痛快杀戮的场景。两名妇女被剥得赤身裸体，给战士们逐个用弓抽得遍体鳞伤、血肉模糊。这些疯狂起舞的战士们轮奸了这两名妇女。

第二天早上，这支袭击队伍分散为两拨。伊丽莎白·凯洛格被分给了基奥瓦人。科曼奇人留下了蕾切尔·普拉默与她的孩子还有帕克家的两个孩子。接着，基奥瓦人向西进发，科曼奇人则北上返回自己的家园。

伊丽莎白·凯洛格作为奴隶，被转卖多次。最后，一伙特拉华（Delaware）印第安人将她以150美元的赎金卖回到白人手里，她才重获自由。蕾切尔·普拉默逃了出来，逃到了一处白人定居点中，但在不久之后就去世了。后来，她的孩子也给赎了回来。

蕾切尔·普拉默以囚徒之身在科曼奇人的营地里度过了18个月。由于被掳走时已怀孕，6个月后她在科曼奇营地中分娩生下一名男婴。婴儿的哭声惹恼了一名科曼奇战士，这名战士劈手将男婴从蕾切尔手中夺过，用一条绳子一端拴在婴儿的脖子上，另一端系在马缰绳上。然后，这名科曼奇战士纵身上马，打马疾驰，拖着婴儿在营地中兜圈子。蕾切尔回忆道：“我的小可怜就这样死了，被活活拖成了一摊碎肉……他们（科曼奇人）把这摊碎肉丢在我的膝前。我挖了个坑，埋葬了自己的儿子……”

辛西娅·安·帕克

辛西娅·安的儿子，著名的科曼奇人夸哈迪部族酋长夸纳·帕克

帕克家的两个孩子在科曼奇人中间生活了好些年。约翰最后被赎了回去，不过辛西娅·安由科曼奇人抚养长大。她学会了科曼奇人的语言，起了一个科曼奇名字“纳杜阿”（Naduah），后来嫁给了骁勇善战的酋长佩塔·纳考那（Peta Nacona）。多年之后，她的儿子夸纳·帕克（Quanah

Parker）成为科曼奇人夸哈迪部族（Quahadi Comanches）最后一位伟大的首领。1874 年，正是他率领 700 多名印第安战士发动了著名的阿杜比沃思之战。

⊙ 德克萨斯游骑兵合影。德克萨斯游骑兵成立于 1823 年，最早是由德克萨斯农牧民自带武器和马匹组成的志愿民团武装。1835 年，德克萨斯游骑兵被正式收编，成为隶属于德克萨斯当局的武装

帕克堡的屠杀，是科曼奇 - 基奥瓦同盟与德克萨斯人之间血腥仇杀的开始。这场仇杀持续了近四十年，双方都残酷无情，血债累累。

关于战斗的血腥程度，从一位名叫“猎马”(Hunting Horse) 的科曼奇战士的讲述中可见一斑。听听他如何描述虐杀一名倒下的德克萨斯游骑兵（Texas Ranger）：“‘孤狼’（Lone Wolf）从马背上跳下来，用手里的短柄铜斧活活将那个男人的脑袋剁得稀巴烂。然后，他拔出剥皮小刀，开了那人的膛，掏出了那人的肠子。”

科曼奇人意识到，这些德克萨斯人跟自己从前熟悉的墨西哥和西班牙定居者不一样。德克萨斯人装备精良，骑术精湛，而且跟科曼奇人一样残忍。一旦科曼奇人袭击了他们的居民点，德克萨斯游骑兵会立即展开报复，用手里的长管步枪和新式六发左轮手枪追杀眼前的一切科曼奇部落居民。

德克萨斯农民向北部和西部开垦新的土地，这招致了科曼奇人更猛烈的袭击。很快，从格兰德河到雷德河的德克萨斯边境上，处处充斥着杀戮、折磨与强奸。

杀戮持续不断，残酷程度不断升级。科曼奇酋长穆克沃拉（Mukwarrah）向诺亚 · 史密斯威克如此解释：“白人来砍伐树木建房子，野牛群受惊离开了，只留下印第安人在挨饿。”

六、市政厅之战

1840 年 2 月，一个科曼奇人的代表团骑马来到圣安东尼奥，告诉德克萨斯人的领袖——他们希望与白人达成和平协定。德克萨斯人告诉他们——先送回所有白人俘虏，和平方才有望。

3月19日，32名科曼奇战士携33名妇女儿童骑马来到圣安东尼奥。他们带来一名白人俘虏，15岁的玛蒂尔达·洛克哈特（Matilda Lockhart）。在“花斑马”的护送下，穆克沃拉率12名酋长进入这座城镇的市政厅。其余科曼奇人就在市政厅周围的空地上宿营。

⊙ 1840年的圣安东尼奥

酋长们落座之后，指挥德克萨斯第1步兵团的威廉·S·费舍尔（William S. Fisher）上校提问——其他的白人俘虏现在什么地方？穆克沃拉回答——他们在其他部族手里。

⊙ 3月19日，危机四伏的圣安东尼奥市政厅

然而，当德克萨斯人询问玛蒂尔达时，得到的回答截然不同。她告诉德克萨斯人，其他白人女孩儿就关押在距离圣安东尼奥仅有几英里的科曼奇人营地里。她说，科曼奇人打算让德克萨斯人将俘虏一个一个赎回去，从德克萨斯人这里榨取更多赎金。更有甚者，当时玛蒂尔达几乎生命垂危。按照詹姆斯·T·德西尔德斯的描述：“这个女孩全身满是伤痕，几无一块好皮；她的头发被烧焦，都露出了头皮；她的鼻子也给火烧得见了骨头。”德克萨斯人后来发现，她身上基本是给烧红的烙铁烫得体无完肤。

听到这个女孩儿的事情，费舍尔上校要求科曼奇人交出余下的白人俘虏。他宣布，将所有科曼奇酋长扣押，投入圣安东尼奥的监狱作为人质。话音刚落，德克萨斯士兵们冲进市政厅，还从外面将这栋建筑团团包围。

穆克沃拉轻蔑地大吼一声，科曼奇人当即抽出藏在外袍底下的小刀和战斧。德克萨斯人见状，纷纷扳上步枪的扳机，抓起博伊猎刀。和平谈判顿时变成了一场厮杀。

“花斑马”此时已经年近40岁，反应却依然敏捷。他一个箭步冲向房门。一名士兵挺起枪刺，猛地戳来。“花斑马”闪身避开，一刀将那名士兵捅倒在一旁。他夺门而出，跳上马背，拼命打马逃出了这座城镇。

其他科曼奇人可就没他这样幸运了。他们从市政厅里一直打到外面的街道上，枪弹的射击声伴随着怒吼和惨叫声在街头回荡。双方都是抵近射击，科曼奇人的箭矢穿透德克萨斯人的胸膛，连尾羽都没入胸膛之中；德克萨斯人的子弹更是打碎了科曼奇人的血肉和骨头。不长的工夫，穆克沃拉和酋长们横七竖八倒在市政厅的台阶上，两名德克萨斯法官和一名士兵的尸体躺在他们旁边。

有一个科曼奇人逃进了附近一座石头房子里，拒绝投降。德克萨斯士兵休·麦克劳德（Hugh McLeod）如此讲述："一个墨西哥人爬到房顶上，掀开瓦片，丢进去一个破布扎成浸满松节油的火球，正砸在那个科曼奇人头上。"这个科曼奇人头上身上全着了火，他惨叫着冲出房子，"给子弹打成了筛子"。

战斗到了尾声，7名德克萨斯人横尸当场，8人重伤。30名科曼奇战士与3名妇女、2名儿童死于是役，27名科曼奇妇孺与2名老人被俘。

第二天，德克萨斯人挑出一名科曼奇老妇，给了她一匹马，要她回科曼奇营地去报信。老妇奔回营地，告诉科曼奇战士们——德克萨斯人愿意释放俘虏，条件是科曼奇人先毫发无损地放还所有白人俘虏。老妇讲述了市政厅里发生的那一幕惨剧，遇难者的妻子、母亲和女儿顿时放声悲号。按照科曼奇人的风俗，她们用小刀划破手臂、大腿和前胸，甚至割断手指，以示极度哀痛。

科曼奇人转而迁怒于白人俘虏。他们在地上树起木桩子，将13名白人妇女和儿童剥光衣服绑在木桩上。科曼奇人用小刀活剐了他们，一块块剁下他们的肢体，活着剥他们的皮，最后一把火将他们全都活活烧死。

科曼奇人刚开始悲号举哀时，一个名叫韦伯斯特（Webster）的白人女俘看准时机，趁着科曼奇营地中一片混乱，带着年幼的儿子逃出了营地。她没来得及带走自己的大儿子布克（Booker）。结果在这番虐杀中，只有布克·韦伯斯特和一名5岁的小女孩儿幸免于难。

4月3日，科曼奇酋长佩阿瓦（Piava）骑马来到圣安东尼奥，谈判交换俘虏事宜。几天之后，他送来7名白人俘虏，其中包括布克和那个小女孩儿。德克萨斯人将科曼奇俘虏送到圣何塞（San Jose）传教点，他们不久后在那里重获自由。双方都指责是对方破坏了和谈。从这时起，科曼奇人与德克萨斯人彻底陷入血仇无法自拔，各自发誓要将对方杀得鸡犬不留。

急于报市政厅之仇，科曼奇人各部落再度联合起来，策划实施一次科曼奇部落史上最大规模的袭击。"花斑马"的发小"野牛脊"现在已经是佩纳塔卡部族的军事首领了。他在部族会议上慷慨激昂地发言，提出了自己的计划——袭击劫掠德克萨斯南部两座繁荣的城镇。1840年8月初，"野牛脊"与"花斑马"等人一道，率1000多名科曼奇勇士南下，

⊙ 梅溪之战图 1 凯旋的科曼奇人太过大意，甚至穿起抢来的白人衣服，大模大样地北返。200 多名德克萨斯游骑兵在梅溪伏击了这支科曼奇人队伍。50 多名科曼奇人战死；其余科曼奇战士丢弃战利品，突围而出。德克萨斯游骑兵仅 1 人死亡，7 人负伤

⊙ 梅溪之战图 2

⊙ 梅溪之战图 3

杀向维多利亚镇（Town of Victoria）。8 月 6 日，他们洗劫了维多利亚镇，烧杀抢掠无所不为，掠走多达 3000 匹马和骡子。然后他们继续南下，杀向墨西哥湾沿岸的琳恩维尔镇（Town of Linnville），在那里又是一番烧杀抢掠。

科曼奇人驮着掠来的战利品，慢慢北返。在梅溪（Plum Creek），科曼奇人遭到德克萨斯人的伏击，伤亡惨重。梅溪之战永远打破了科曼奇人在德克萨斯南部的霸权。虽然零星的小规模袭击仍时有发生，但科曼奇人再没有冒险集结起力量对圣安东尼奥发动大规模

进攻。不过，德克萨斯其他地方仍无法免于科曼奇人的袭击劫掠。

其他事情也在悄然变化。起初，德克萨斯共和国首任总统萨姆·休斯顿（Sam Houston）推行的是与印第安部落亲善友好的政策，而他的继任者米拉波·波拿巴·拉马尔（Mirabeau Buonaparte Lamar）则开始推行灭绝政策。拉马尔下令向德克萨斯境内所有印第安部落发动一系列进攻，动用的士兵和德克萨斯游骑兵达1000多人。所有印第安部落都被赶出德克萨斯东部，退往南方大平原，科曼奇人也被迫退到圣安东尼奥以北的地区。再要南下进入墨西哥劫掠，“花斑马”和他的族人必须往西多跑很多英里，避开时刻严阵以待的德克萨斯游骑兵。短时间内，科曼奇人对德克萨斯的袭击劫掠大幅减少。

⊙ 德克萨斯共和国首任总统，德克萨斯州首任州长萨姆·休斯顿

⊙ 德克萨斯州第二任州长米拉波·波拿巴·拉马尔

现在“花斑马”也算是部落中的长者了。他娶了两个妻子，生了两个儿子，平时捕猎野牛，偶尔南下墨西哥抢上一把，小日子过得心满意足。

德国移民

1846年，美墨战争爆发，这使得科曼奇人无法再进入墨西哥北部劫掠。与此同时，数以千计的德国移民长途跋涉从大西洋沿岸来到加尔文斯顿（Galveston）。他们很快又从加尔文斯顿启程，进入德克萨斯中部的丘陵地带，那里正是科曼奇人活动的中心地带。

德国移民的领袖奥特弗里德·汉斯·冯·梅斯伯男爵（Baron Outfried Hans Von Meusebach）深知，跟科曼奇人做朋友远比跟他们打仗来得明智。1847年1月22日，冯·梅斯伯率20名定居者冒险进入科曼奇人控制区。进入一个大型科曼奇人营地之后，冯·梅斯伯主动放下步枪，赤手空拳走到科曼奇战士们中间。

“花斑马”与其他科曼奇战士本已做好准备与这些外来闯入者打一场，冯·梅斯伯男爵的友善举动却让他们放下了戒心。这是边疆罕见的一幕，德国移民与科曼奇人和平友好地共处。梅斯伯和德克萨斯边疆定居者罗伯特·辛普森·尼伯斯（Robert Simpson Neighbors）比邻而坐，一起抽着科曼奇部落中长者的烟杆。这杆烟寓意着和平。

费迪南·罗默（Ferdinand Roemer），一位德裔科学家，记载了此次会面中令人生畏的对手“野牛脊”：“他赤身裸体，腰上围着一袭牛皮袍，胳膊上套着铜臂环，一串珠子披散在肩头……在长途奔袭德克萨斯边疆的行动中，他无与伦比的勇气与胆略让自己的声威远在众人之上。”

满天繁星之下，两伙人相处融洽。德国移民围绕明亮的营火而坐，唱起德国民谣和祝酒歌，“野牛脊”、“花斑马”、“老枭”（Old Owl）、山塔·安拿以及其他科曼奇酋长则高唱他们敬神的祈祷歌，围着火堆跳舞。

协议很快达成了。科曼奇人允许德国移民在圣安东尼奥以北 100 英里（160 公里）的亚诺河（Llano River）畔建立定居点。作为回报，每年 3 月双方在新建立的城镇弗雷德里克堡（Fredericksburg）会盟，德国移民送给科曼奇人粮食、衣料和营地建材作为礼物。出乎“花斑马”的预料。双方都严格恪守协定，无一方背盟。这样的盟约真是太少了。

然而，接下来的几年，传染性天花席卷科曼奇部落，彻底摧毁了科曼奇人田园牧歌般的生活。天花尚未过去，霍乱又接踵而至。男人、女人、孩子一个接一个发起高烧，浑身长满可怕的脓疱水痘，最后在极度痛苦中死去。科曼奇人用尽了祖先传下来的办法——给病人念咒语，洗汗蒸浴，这些医方统统无济于事。看不见的敌人无法战胜，科曼奇战士们只能眼睁睁看着自己的亲人死去。“花斑马”在这几场瘟疫中先后失去了自己的两个妻子和两个孩子。

据统计，1849 年科曼奇部落人口为 2 万多人。时隔不到三年，到 1851 年，科曼奇部落人口便萎缩到不足 1.2 万人。科曼奇人再也没能从这些灾难中完全恢复过来。

七、边疆之战

此时，墨西哥境内对科曼奇人的反抗正不断高涨。1849 年，奇瓦瓦州立法当局颁布法令，授权赏金猎手追杀“作奸犯科的印第安人”，尤其是科曼奇人。每剥一张印第安人的头皮，这些猎手就能从奇瓦瓦当局那里拿到一笔可观的赏金。这项法令吸引了许多美国的流窜逃犯来到墨西哥。他们不只杀科曼奇人，凡是落到他们手里的印第安人都难逃一死。不过，这项法令后来还是废除了。因为发生了这样一件事——前德克萨斯游骑兵约翰·乔尔·葛兰顿（John Joel Glanton）被指控率他的部下袭击偏远的墨西哥村庄，杀戮当地居民，剥下受害者的头皮，冒充科曼奇人的头皮向当局邀功请赏。显而易见，葛兰顿这样干，比起真刀真枪跟科曼奇战士打斗，那可真是风险又小，收益又高。

1848 年美墨战争结束后，美国联邦军队接管了“科曼奇奥”们活动的边境线。从雷德河起一直到格兰德河，联邦军队修筑了一条贯穿德克萨斯中部的要塞链。起初联邦军队在要塞链中部署了 22 个连的驻军，其中 16 个连是步兵。用德克萨斯州立法当局的话说，这些联邦军队步兵在打击南下劫掠的科曼奇人时“简直跟龙虾兵（lobster，指身着红色军服的英军）一样管用”。

联邦军队又将两个骑兵团部署到边疆地区。此时，联邦军队的骑兵相当于欧洲国家的龙骑兵，无非是骑马机动的步兵而已。他们的武器只有是靠不住的单发手枪，射程有限、在马背上射击根本打不准的滑膛枪，还有沉重的马刀。可以想象，当一名联邦军队骑兵挥舞马刀与“花斑马”这样挺起长矛刺来的科曼奇战士对阵时，这名联邦军队骑兵基本没有任何活下来的机会。

科曼奇人之所以忌惮德克萨斯游骑兵，因为游骑兵装备有柯尔特六连发左轮手枪。相比之下，科曼奇人与联邦军队骑兵对阵所冒的最大风险，不过是看到对手滑稽的行动时把自己给活活笑死。不过，这样的联邦军队骑兵很快就被更轻便、更敏捷、机动性更强、装备更精良的骑兵部队所取代。

众所周知，19 世纪 40 年代末到 50 年代初，科曼奇战士与联邦军队之间相处还算融洽。1852 年，在德克萨斯中部的查德伯尼要塞（Chadborne Fort），“野牛脊”和“花斑马”参加了联邦军队与科曼奇战士双方共同组织的竞技和赛马活动。据理查德 · 埃尔文 · 道奇上校回忆，赛马划定的距离不长，结果科曼奇人那些体格矮小、速度敏捷的马匹几乎保持全胜，完全压过了美国人那些体格较大、体重较沉的战马。科曼奇人个个嗜赌，他们从联邦军队骑兵那里赢来一大堆鞍毯、钱币和皮货。

双方的友谊并不长久。科曼奇人不想再过和平的日子，转而开始袭击劫掠边疆地区偏远的居民点。这段好时光顿时戛然而止。

有个白人试着给陷入危机的德克萨斯边疆带去和平。1849 年，加利福尼亚发现了黄金。罗伯特 · 尼伯斯说服“野牛脊”，让他助自己一臂之力，开辟一条从德克萨斯中部到新墨西哥边境的道路。“野牛脊”亲率 100 多名科曼奇战士，连同自己的老朋友“花斑马”一起，护送尼伯斯和另外两名探路者前往边境。在那里，格兰德河改道朝北流向埃尔帕索德诺特（El Paso del Norte）。科曼奇战士们将人护送到那里，再返回自己位于德克萨斯中部的营地。

尼伯斯这种人在德克萨斯人中很少见。他既理解科曼奇人，又关心自己的财富。经过一番维护和平的努力，他与“野牛脊”建立起了暂时的盟友关系。在部落会议上，“野牛脊”劝说各部族酋长要恪守和平。他指出，1840 年时，科曼奇人丁口繁盛，兵强马壮，尚不能消灭德克萨斯人；现如今，人口凋零，雄风不再，科曼奇人要么维持和平局面，要么只能自取灭亡。

北美野牛

“野牛脊”的话中自有漏洞——德克萨斯人不断向更边远的西部和北部扩展势力，建造新的定居点。随之而来，野牛群的数量锐减，趋于灭绝。随着白人控制区的不断扩展，野牛群在白人的猎杀下规模不断萎缩。野牛群只得向北迁移，居住在南方的科曼奇人的野牛捕获量变得越的来越小。到 1852 年，佩纳塔卡部族已经陷入饥荒。一个名叫科图麦（Ketumae）的佩纳塔卡战士曾悲痛欲绝地向印第安事务专员赫拉斯 · 凯普仑（Horace Capron）恳求，他当时说的话粗略翻译过来是这样：“在这场角逐中，我们赖以为生的猎物都被杀尽了，逐走了，我们被迫忍饥挨饿。前无去路，我们的归宿只有全族灭亡一途。请给我们一点儿属于自己的土地吧，我们只求有一处埋骨之所。”

很遗憾，没有人理会他们。直到 1853 年 9 月 24 日，尼伯斯被任命为德克萨斯州印第安事务专员。尼伯斯与印第安酋长们进行了谈判，酋长们答应，只要德克萨斯人提供给他们粮食和衣料，保证白人不会进入他们的地盘，他们便同意在保留地中定居。

尽管遭到许多德克萨斯人的强烈反对，立法当局还是将布拉索斯河附近 18000 英亩（7000 公顷）的土地划给印第安人作为保留地。1856 年夏天，800 多名佩纳塔卡部族成员，包括“野牛脊”和“花斑马”在内，在这块保留地中定居下来。其他科曼奇部族和剩余 1200 多名佩纳塔卡人迁往德克萨斯人势力所不及的北方，继续进行南下袭击劫掠的活动。

保留地中短暂的和平为时不久。德克萨斯人指责佩纳塔卡人以保留地为根据地，继续劫掠边疆地区的农场和牧场。科曼奇人则指责德克萨斯人继续猎杀野牛，而且一步步侵占蚕食保留地。双方的指责应该都是属实的。

在科曼奇人这边，像“野牛脊”、“花斑马”这样的人或许是因为年纪大了，已经无法改变自己的生活方式。1856 年 8 月，“野牛脊”和“花斑马”率数十名年轻的叛乱者袭击了德克萨斯丘陵地区班德拉（Bandera）附近的定居点，抢走几十头骡子。他们将这些骡子卖给乔克托人（Choctaws），然后返回保留地，领取德克萨斯当局送来的咖啡、糖和谷物时装出一副克己守法的样子。不过，这套花招谁也骗不了，他们很快又离开保留地，继续过起了游牧生活。到 1856—1857 年冬天，仅剩 400 名佩纳塔卡部族成员（大多为妇女

⊙ 德克萨斯游骑兵在行动

和儿童）还生活在保留地中。

超过四分之一的联邦军队被部署在了德克萨斯，但科曼奇人对圣安东尼奥以西以北地区的袭击劫掠仍在持续进行。1858 年初，德克萨斯当局委派著名的印第安人猎手、德克萨斯游骑兵上尉约翰 · 塞尔门 ·“利普”· 福特（John Salmon “Rip” Ford）率部进攻科曼奇人。此次行动的原则是，对科曼奇人格杀勿论。5 月初，福特率 100 多名德克萨斯游骑兵和 100 多名与科曼奇人有血海深仇的通卡瓦人（Tonkawas）越过雷德河，进入俄克拉荷马州。他们在这里没有执法权。5 月 11 日，福特的通卡瓦人侦察兵回报——在瓦希塔（Washita）山谷中发现一处科曼奇人的营地。

第二天黎明，福特上尉率部发起了进攻。300 多名科曼奇战士在“铁皮”（Iron Jacket）的领导下进行了顽强的抵抗，坚守了 7 个多小时。德克萨斯游骑兵装备的六连发左轮手枪射速极快，成为影响此战的关键因素。最终，“铁皮”率部突围。76 名科曼奇战士阵亡。福特这边损失了两名游骑兵，另有两人负伤。通卡瓦人的伤亡情况不明。

1858 年 9 月，联邦军队与德克萨斯游骑兵一起，联合对科曼奇人展开报复性进剿。10 月 1 日，联邦军队骑兵在通卡瓦人的协助下，对德克萨斯北部俄克拉荷马边境附近威奇托山区（Wichita Mountains）中“野牛脊”的营地发起了进攻。

当时天还没亮，500 多名佩纳塔卡部族的男女老幼尚在睡梦之中。联邦军队骑兵与印第安盟友纵马冲进营地，朝着圆锥顶帐篷开枪。“花斑马”一把抓起自己的弓，其他人抄起步枪，跌跌撞撞冲出去。外面一片混乱，天又尚未破晓，什么也看不清楚。科曼奇人试着集结在一起进行有组织的抵抗，但联邦军队骑兵对他们形成了火力压制，通卡瓦人则乘机掠走了科曼奇人的马群。

被打蒙了的佩纳塔卡人逐渐聚拢在“野牛脊”周围。“花斑马”率大家一边拼命向敌人放箭，一边撤向营地山脚下的峡谷。匍匐隐蔽在岩石后面，“花斑马”痛心地看到，联邦军队骑兵将从圆锥顶帐篷里逃出来的人不分男女老幼全部开枪射杀。更有甚者，通卡瓦人从死去的尸体上剥头皮，将血淋淋的头皮高举过头顶，挑衅地挥舞。

借着这条山谷的掩护，科曼奇战士们不断开枪放箭，将敌人逼回营地。敌人放火焚烧了全部帐篷和粮食辎重。看着营地被熊熊燃烧的大火吞没，联邦军队骑兵和通卡瓦人赶着科曼奇人的马群，向南扬长而去。

等到大火熄灭，硝烟散尽，科曼奇人才敢从山谷里出来。他们从营地烧尽的残骸中清点出 56 具尸体，全是他们的同胞兄弟，同族的男女老幼。此战科曼奇人共击毙联邦军队士兵 5 人，击伤 12 人。

逐出德克萨斯

白人与科曼奇人之间的仇杀不分青红皂白，无休无止。1859 年 6 月，德克萨斯立法当局通过法令，政府宣布废除德克萨斯保留地，将印第安人迁入俄克拉荷马州管辖之下的新保留地。

⊙ 罗伯特 · 尼伯斯

9 月 1 日，罗伯特 · 尼伯斯写信给自己的妻子："总算有这样一天了，我将所有印第安人异教徒都从德克萨斯的土地上赶出去了。"但是他因为自己与科曼奇人的关系，在白人中树敌太多。9 月 4 日，待他回到德克萨斯，一个白人背后开枪将他打死。科曼奇人由此失去了在德克萨斯的最后一个朋友。

按照德克萨斯历史学家 J · 弗兰克 · 杜比（J. Frank Dobie）所说，此事让"印第安人与德克萨斯再无瓜葛。从此每一个印第安人来德克萨斯都要冒生命危险。每一个德克萨斯人一见到印第安人，都要先宰掉他再问他来干什么，这成了德克萨斯人的职责使然。不过，印第安人依然会冒着生命危险返回德克萨斯"。

"野牛脊"、"花斑马"还有部落里的其他人在雷德河以北的俄克拉荷马保留地中待了一段时间。这帮上了年纪的老友总归过不惯这种日子。时隔不久，他们又领导了一次对墨西哥科阿韦拉州的袭击劫掠，带回大批战利品，在保留地中大肆出售。这回他们在马背上长途奔袭了 1100 多英里（1800 公里），两个年近六旬的老酋长尽情享受了一把。

无论如何，科曼奇人面临的局势变得绝望了。墨西哥对科曼奇人的脑袋开出赏格，明码标价；德克萨斯游骑兵则规定出"狩猎季"，对科曼奇人肆意猎杀；连联邦军队也开始监视起科曼奇人的一举一动。科曼奇人拒绝放弃劫掠和暴力的狂野生活，事情变得愈发糟糕。突然间，科曼奇人却获得了新的生机。

1860 年 11 月，这个临近分裂的国家选举亚伯拉罕 · 林肯（Abraham Lincoln）为美利坚合众国总统。奴隶制的存废问题陡然激化，南方的蓄奴州开始宣布退出联邦。1861 年 2

月 23 日，德克萨斯州经过公民投票，通过退出联邦政府的法案。联邦政府的军队未能阻止科曼奇人对边疆地区的袭击劫掠，这成为德克萨斯西部和北部地区居民投票同意脱离联邦的重要原因之一。

从 1861 年 3 月 2 日起，德克萨斯州不再隶属于美利坚合众国，约 3000 联邦军队从边疆地区的各要塞中撤离。他们不再负有保护德克萨斯居民的责任。从此德克萨斯人要面对两大劲敌：一边是联邦政府的陆海军，一边是科曼奇人和基奥瓦人的部落联盟。更糟糕的是，几乎所有 18 ~ 50 岁的德克萨斯人都走上前线参加内战去了，边疆地区暴露在危险之中。

一开始，科曼奇人给这场战争弄糊涂了，完全搞不懂白人和白人之间为何会自相残杀。南部邦联的军队一度占领了俄克拉荷马州的印第安保留地。没过多久，南方军奉调前往别处。1862 年 10 月，印第安人伙同联邦军队袭击了保留地，烧毁房屋帐篷，驱散佩纳塔卡部族和来保留地避难的其他印第安部落。“野牛脊”不再低调了，“花斑马”等人也看到了展开报复的绝佳机会——此时的德克萨斯边疆地区实际上毫无保护。

首先，第一个要对付没了联邦军队撑腰的通卡瓦人。因为跟联邦军队结盟，通卡瓦人被印第安各部落视为叛徒。科曼奇人与基奥瓦人联手，将通卡瓦部落的绝大多数成员屠戮殆尽。科曼奇人深恨通卡瓦人，因为他们相信通卡瓦人食人肉，曾将一个科曼奇酋长活活吃下肚去。

南北双方都派人拉拢南方大平原地区的印第安人，送去厚礼，签署协议，让印第安人去袭击对方，或者只求印第安人不要袭击自己这一方的交通线。时间不长，印第安人就明白了——从堪萨斯州南部到墨西哥北部，白人的边疆地区定居点脆弱异常。“花斑马”老了，身受风湿关节炎的困扰，而且老眼昏花看不清东西。但他一想到德克萨斯边疆如今只有老弱组成的民兵守卫，整个人就活力四射起来。“花斑马”发誓，要趁着现在白人力量弱小，率自己的佩纳塔卡战士将白人从大平原上赶出去。

⊙ 科曼奇人向白人的驿站马车和大篷车队发动袭击

很快，整个边疆充斥着燃烧的房屋、遭劫的牧场和男女老幼惨遭屠戮的尸体。狂暴的科曼奇人又回来了，杀害了数以百计的白人。科曼奇战士留下了许多令人毛骨悚然的故事。无论是大篷车队，驿站马车，还是邮差信使，他们统统不放过。科曼奇人将马车夫剥光衣服，绑在拆下来的车轮上，将俘虏折磨得伤痕累累，最后活活烧死。

粮食供给不济，邮路中断，商业破败，较大型的城镇简直被孤立了起来。德克萨斯边疆被迫分别向南向东收缩了 100 多英里（160 公里）。白人一路撤退，沿途废弃和烧毁的房屋成了撤退之旅的路标。

联邦政府介入

与此同时，联邦政府担忧这些无法无天的科曼奇战士会切断圣达菲驿路（Santa Fe Trail）。这条贸易通道从圣路易斯（St. Louis）、密苏里（Missouri）通往圣达菲（Santa Fe）和新墨西哥，是联邦政府与美国西部之间的主要交通线。

1863 年 4 月，“花斑马”与其他科曼奇、基奥瓦酋长们一道，头戴缀满羽毛的头饰，身披牛皮袍和鹿皮衣，以联邦政府邀请的贵客身份，前往华盛顿。其中一段路坐火车，酋长们管火车叫“铁马”。这是他们第一次了解到白人的国度究竟何其广大，人口究竟何其众多。

经过长时间的讨论，酋长们提出了一项协议。他们承诺，不再骚扰圣达菲驿路沿线地区；他们还同意归还全部白人俘虏。当然，他们只字未提停止对德克萨斯的袭击劫掠。

作为回报，联邦政府同意每年拨款 2.5 万美元，用于印第安人的衣食住行基本生活。双方就条款达成了一致。酋长们满心轻松地登上火车。火车将酋长们送到密苏里州，他们再从密苏里骑马返回“科曼奇利亚”。酋长们沿途将好消息传开，让印第安人坐等白人将礼物送上门来。

然而，印第安人没有想到，联邦参议院拒绝批准这项协定。对联邦政府的印第安事务委员会来说，协定成了一纸空文。而对翘首以盼的印第安诸部落来说，他们尚蒙在鼓里，还真以为自己是跟白人缔结了一项庄严的条约。

1863 年暮秋的那几个月，凛冬将至，科曼奇人和基奥瓦人聚集在流经俄克拉荷马、堪萨斯两州的阿肯色河（Arkansas River）畔，苦等白人许诺的礼物。其他部落，包括夏延人和达科他人（Dakotas）也聚集到这里，准备分一杯羹。

最终，印第安人得到消息，白人什么也不会送来。所有印第安人一时怒气冲天。“花斑马”这些年来一直坚信，当初在圣安东尼奥市政厅是中了白人设下的圈套；现在他深感自己又被白人给耍了。盛怒之下，“花斑马”与他的族人满怀对白人的愤恨，又走上了与白人武装对抗的道路。

不过，很快又有更诱人的东西促使科曼奇人与联邦政府合作了。联邦政府向新墨西哥州和俄克拉荷马州派来专员，为在东部、北部和西部诸州作战的数十万联邦军士兵采购牛肉作为军粮。专员们一来，眼睛就盯上了德克萨斯人的牧场。德克萨斯人支持南方的叛乱，而他们的牧场里满是规模庞大的牛群。于是，专员们与南方大平原上印第安诸部落的战士们接触，每头牛都许以高价。科曼奇人还可以跟新墨西哥和俄克拉荷马的牛贩子交易。如此，科曼奇人很快从北美洲历史上首屈一指的盗马贼变成了这个大陆上手笔最大的偷牛贼。

德克萨斯牧场主们的马群和牛群被折腾得一干二净。“花斑马”和同伙从前惯于在马背上驱赶盗来的马匹，现在却必须学着如何驱赶这些头生长角、步伐缓慢的笨牛。枪声、滚雷、闪电，样样都容易将牛群惊到。牛群一旦受惊，就会发了狂地四散奔逃。要是发生这种情况，将牛群重新聚拢起来得花上几个小时乃至几天工夫。必须将牛群重新聚拢好，才能赶着去交易。

阿杜比沃思的山炮

1864 年，在阔别近四分之一个世纪之后，“花斑马”又一次率佩纳塔卡战士倾巢而出，劫掠圣安东尼奥附近和奥斯丁北部山地丘陵地区的牧场。佩纳塔卡人不再在衣料、饰品、铁制箭镞、矛头、小刀和铁壶之类东西上花钱，而是将全部卖牛得来的钱都用去购买新式步枪、六连发左轮手枪和弹药。现在他们的武器装备跟白人一样，有时比白人还要强。联邦政府官员试图禁绝用牛换枪的贸易，“科曼奇奥”商人索性冒险潜入南方大平原，在隐蔽的接头地点与科曼奇战士秘密交易。

⊙ 科曼奇人与“科曼奇奥”进行交易

与此同时，科曼奇人还用牛肉从联邦政府手里换钱。佩纳塔卡人、基奥瓦人与夏延人以及其他北方平原的印第安部落结成同盟，一起袭击联邦政府的驿站，劫掠往来于圣达菲驿路上的补给车队。印第安人连载着移民前往加利福尼亚（California）的大篷车队也不放过，将那些可怜的移民一一凌虐残杀。这些移民原本是为躲避内战才迁来西部的，没想到却命丧于此。

1864 年 11 月，联邦政府委派名满西部的克里斯托弗·“基特”·卡尔森（Christopher “Kit” Carson）上校进剿印第安人，维护联邦政府交通线与补给线的安全。卡尔森率部向德克萨斯北部的柄状狭长地带进发。他手下有一个团，包括 350 名新墨西哥人，装备有两门山炮，后面跟着 20 多量满载补给辎重的马车，还有 75 名尤特和阿帕奇部落的印第安侦察兵配合行动。

⊙ 基奥瓦战士

⊙ 基奥瓦妇女

11 月 25 日，卡尔森的侦察兵发现了一座基奥瓦人的村庄。那里位于一处废弃的贸易点附近，这处贸易点名叫阿杜比沃思（Adobe Walls，意为土坯墙）。每到冬天，大批基奥瓦人和科曼奇人沿着南加拿大河（Southern Canadian River）专找废弃的堡垒要塞，在那些侵蚀坍圮的要塞护墙附近扎营过冬。这些要塞是用来保护贸易点的。据估计，约 3000 印第安人在该地区扎营。因为这里有河流经过，水草丰美适合放牧；并且这里有野牛群，正好打猎。

11 月 26 日一大早，卡尔森率部向基奥瓦人发起进攻，将基奥瓦人打得措手不及。基奥瓦人完全乱了营，男女老幼一窝蜂逃向附近的科曼奇人营地避难。将基奥瓦人打散后，卡尔森重新集合起部下，沿着阿杜比沃思的废墟就地设防。

就在这时，科曼奇人听到了枪声，纷纷操枪上马，与基奥瓦战士们并肩作战。他们短暂停留了一小会儿，用油彩在身上涂出代表作战的条纹图案，唱起战歌。然后，1000 多名硬汉纵马冲向了联邦军队。

山炮开火了。炮弹发出可怕的尖啸，落进印第安战士的阵列中。有的战士吓坏了，调转马头回身向山地炮射程之外逃去。但“花斑马”和其他酋长高声喝叫，让战士们不再转身逃跑，重新集结在一起，迎着炮火发起决死的冲锋。

科曼奇人与基奥瓦人围着联邦军队的防御圈拨马环绕，身子半挂在马背上，从马腹底下用步枪朝联邦军队射击，不断用集中优势兵力打小歼灭战去消耗敌人。卡尔森的部下顽强坚守着阵地，卡尔森则顾虑印第安战士发现联邦军队的辎重马车队。这些马车正在战斗地点以西数英里处缓慢行进。一旦给科曼奇人发现，那就是刀板上的鱼肉，只能任人宰割。

卡尔森命令军号手吹起“战斗撤退”的号音。在山炮的掩护下，联邦军队全体上马，从马背上向后还击，且战且退。山炮也由一组驮马拉走。如此，全军撤出阿杜比沃思。很快，联邦军队与辎重马车队会合。卡尔森率部撤回了新墨西哥。

事后，卡尔森坚称自己大获全胜。的确，他的伤亡远远小于科曼奇人。不过，战斗中联邦军队在科曼奇人的营地里俘获了几个“科曼奇奥”商人。按照他们的说法，卡尔森是全仗那两门山炮才免于全军覆没。从此，卡尔森没有再敢冒险踏入“科曼奇利亚”一步。

南方平原和北方平原上的印第安诸部落全都与联邦政府为敌了。当时，美国具有战略意义的贸易通道除了圣达菲驿道，还有一条大陆驿道（Overland Trail）。大陆驿道从圣路易斯、密苏里出发，一直通往埃尔帕索、德克萨斯，中间经过图森（Tucson）、亚利桑那（Arizona），一直能连接到洛杉矶（Los Angeles）、旧金山（San Francisco）和加利福尼亚。到 1865 年春天，在印第安人的反复袭击下，这两条贸易通道实际上都中断了。

一纸空文的和约

1865 年 4 月，南部邦联的罗伯特 · E · 李（Robert E. Lee）将军向联邦军队的 U · S · 格兰特（U. S. Grant）将军投降，南部联邦从此不复存在。和平重新降临美国东部和南方诸州，大平原上的冲突与杀戮却在愈演愈烈。

这年 10 月，印第安事务委员会再度与大平原上印第安诸部落领袖会谈，努力促成和平。尽管对印第安事务委员会的承诺抱有极大怀疑，“花斑马”和其他印第安酋长们还是一边抽着象征和平的烟杆，一边认真地听白人开出价码。在这份所谓“小阿肯色协议”（Little Arkansas Treaty）中，联邦政府在俄克拉荷马州西部和德克萨斯州的柄状狭长地带给科曼奇人和基奥瓦人完全的自主权。联邦政府每年向每个印第安人发放15美元现金以及粮食，为期40年。

⊙ 科曼奇人和基奥瓦人 1. 基奥瓦战士 2. 基奥瓦妇女 3. 科曼奇战士 4. 科曼奇少女

在联邦政府划定的那块区域里，大群野牛自由自在地呼啸往来。“花斑马”等人相信，靠联邦政府给的钱，他们能买些新步枪、弹药和质量好些的毯子。谁知，联邦政府答应给的东西一运来，便惹得印第安人大为光火——粮食是南北战争中剩下的军粮，已经发霉变质；毯子极度廉价，质量低劣，一逢下雨下雪简直就破碎开裂。

就像印第安人和白人双方签署过的其他协议一样，墨迹未干双方便违约背盟了。北美大平原再度陷入战火。

联邦政府委任著名的威廉·特库姆塞·谢尔曼（William Tecumseh Sherman）中将管辖包括“科曼奇利亚”在内的广大区域。众所周知，此公是南北战争中的联邦军名将，曾在南方诸州推行焦土政策，让南方诸州哀鸿遍野。此时，谢尔曼留下一句名言：“只有死了的印第安人才是好印第安人（The only good Indian is a dead Indian）。”他的政策是自己想法的忠实体现。谢尔曼下令，禁止向科曼奇人支付赎金去赎回白人俘虏。他认为，这是助长科曼奇人绑架定居者，会让他们尝到敲诈勒索的甜头。科曼奇人的回应很简单——将手上所有白人俘虏全部宰掉，一个不剩。

⊙ 威廉·特库姆塞·谢尔曼将军

联邦政府努力与科曼奇人又达成了一项协议，这便是《梅迪辛洛奇协定》（Medicine Lodge Treaty）。1867年10月，在堪萨斯州南部的梅迪辛洛奇溪（Medicine Lodge Creek）畔，科曼奇酋长们接受了一支马车队运来的礼物。科曼奇人同意放弃“科曼奇利亚”，联邦政府以俄克拉荷马州西南部一块面积达300万英亩（120万公顷）的保留地作为交换。且不论究竟有无诚意，双方都签署了这项协议，同意各自严守新的保留地边界。联邦政府还承诺，要给科曼奇人的孩子建学校，要派农业技术人员来教科曼奇人种地。

一位科曼奇部落亚姆帕里卡部族（Yamparika）的战士“十熊”（Ten Bears）如此评价这项协定：

“我的族人从未主动向白人开弓和放枪……捕猎野牛，我的妻儿得以笑逐颜开，得以温饱……白人士兵向我们开枪……身着蓝衣的士兵从暗夜之外袭来……他们不去猎杀野牛，而是杀戮我们的勇士……

“科曼奇人既不弱又不瞎。我们走上了与白人为敌之路……白人的女人哭喊，我们的女人则大笑……一切无拘无束，我们自由地呼吸，如风一般来去……

“如今，德克萨斯人夺走了我们莺飞草长的土地……如果德克萨斯人不进入我们的地盘，自然会有和平……但是我们的年轻人，他们已经跳过战舞了（意指准备战斗）。”

八、野牛大屠杀

“花斑马”和战士们接受了白人的礼物。待印第安事务委员会的人离开后，“花斑马”等人顿时爆发出一阵大笑。“花斑马”是在嘲笑白人的这份协定。对佩纳塔卡人来说，自由自在的纵马驰骋，这就是生活本身所在；用自己的威名让白人和其他印第安部落成员恐惧到两股战栗，脊背发凉，这就是荣耀所在。就是他们，佩纳塔卡人，赶走西班牙人，屠戮墨西哥人；就是他们，与“恶魔”般的德克萨斯游骑兵血战到底；就是他们，将美国西部的每匹马都视作自己的囊中之物。想想看，北美大平原的霸主，难道会学着一辈子面朝黄土背朝天，跟在骡子屁股后面种菜？简直是笑话！

“花斑马”披上牛皮袍，酸痛的身子稍稍好受了些。他坐在营火旁，抽着烟杆，手指轻轻拨弄着崭新的杠杆枪机连发步枪。年轻的战士们围坐在“花斑马”周围，静静听着这个传奇般的老战士讲话。“花斑马”告诉他们，只要北美大平原上还有野牛奔跑，还有马匹可偷，佩纳塔卡人就依然是大平原上的霸主。可惜，对于白人和科曼奇人双方来说，他都大错特错了。

此时，德克萨斯州的局势已经从原本就糟糕透顶，变得完全无法收拾。虽然联邦军队重新占领了圣达菲驿路北部的那些要塞，但是德克萨斯边疆地区实际上仍处于无人保护的状态。依靠联邦军队的支持，重新组建的德克萨斯州政府解散了德克萨斯游骑兵和其他民间武装。更严重的是，联邦军队主力驻扎在德克萨斯东部和南部的城市，以保护新成立的州政府。边疆地区的袭击和杀戮一切照旧。

冬天，科曼奇战士聚集到俄克拉荷马州的保留地中，领取联邦政府发放的粮食。一开春，马匹褪去冬天的长毛，大平原上的牧草吐出嫩芽，他们便开始策划对德克萨斯和墨西哥发动新的袭击。在文明一些的科曼奇人群落里，春天一到年轻人便要开始求偶。对年轻的科曼奇战士来说，这就意味着盗马和杀白人的时候到了。

“花斑马”和一伙年轻的追随者袭击了堪萨斯州的道奇要塞（Dodge Fort），掠走了联邦军队的马群。此事惹得谢尔曼将军大动肝火。1869 年冬天，谢尔曼下令向俄克拉荷马州和埃斯塔卡多平原（Llano Estacado）上的科曼奇人以及其他印第安部落发动反击。埃斯塔卡多平原位于德克萨斯西北部和新墨西哥东北部，是一片广阔的高原，由于地壳运动的作用挤压而形成。高原上牧草丰美，却不见树木，水源地也很少。这里有三条深深的峡谷，其状如手指，贯穿整座高原。其中便有一条叫作帕罗杜罗峡谷（Palo Duro Canyon），正是后来科曼奇人与白人爆发最后一役的战场。

⊙ 埃斯塔卡多平原

谢尔曼将军的攻势将许多在外面自由自在四处游荡的科曼奇人赶回了保留地，他自己却也差点被科曼奇人剥了头皮去。那是在 1871 年 5 月，“花斑马”率一伙佩纳塔卡人和基奥瓦人袭击德克萨斯州北部一座商业繁荣的城镇杰克斯伯勒（Jacksboro）。正巧当时谢尔曼将军前来视察西部的要塞驻军情况，身边只有一小队卫兵。“花斑马”麾下一个年轻的斥候发现了这一小股联邦军队，赶紧回去报告“花斑马”——有猎物了。正当“花斑马”准备率领众人杀向谢尔曼将军时，另一名斥候赶来报告——在杰克斯伯勒数英里以外发现一支运送补给物资的马车队。多抢些东西可比杀几个联邦军队士兵要紧，于是“花斑马”和朋友们袭击了车队，抢到不少东西。谢尔曼将军这才得以发肤完好地返回俄克拉荷马州希尔要塞（Fort Sill）。

同一年，一个年轻的酋长成为科曼奇人抵抗运动的新领袖。他叫夸纳·帕克，是科曼奇酋长佩塔·纳考那与掠来的白人女子辛西娅·安·帕克所生的儿子。他生于 19 世纪 40 年代末 50 年代初，在夸哈迪部族的营地中长大，学会了科曼奇人的生活方式。夸纳·帕克肌肉发达，身躯伟岸，身高约 6 英尺（1.8 米），比同族兄弟都要高出一截。他头脑敏捷，体魄强壮，更有袭击和作战的天赋。此时他不过二十多岁，却已经成长为一名既坚强又聪明的作战首领。

夸纳·帕克拒绝承认此前与白人达成的一切协定。他率战士们离巢而出，大肆劫掠埃斯塔卡多平原。一提他的名字，打算在德克萨斯北部和柄状狭长地带定居的白人农牧民就吓得心惊胆战。1871 年 10 月，夸纳·帕克给了联邦军队中最好的印第安猎手拉纳尔德·麦肯齐（Ranald Mackenzie）上校当头一棒。他带人潜入上校的军营，盗走了 70 匹最好的军马。

就在这个关键的节点上，科曼奇人的独特文化乃至生存本身都受到了意想不到的威胁。南北战争结束后，美国东部诸州对牛皮的需求疯狂激增。需求激增造成价格暴涨，数以千计一心发财的猎人长途跋涉来到北美大平原，捕杀北美野牛这种庞然大物。新修建了通往堪萨斯州的铁路，猎获的牛皮经铁路可以方便快捷地运往东部市场。野牛的数量因而急剧减少。据统计，1865 年北美大草原上生活着 1500 多万头野牛；十年之后，野牛竟然仅仅剩下几千头，而且这点剩下的野牛还在

⊙ 北美野牛遭到白人的无情猎杀，数量锐减

被无情猎杀。

印第安人抱怨，联邦政府对白人猎人在印第安保留地中肆意屠杀野牛的行为装聋作哑，充耳不闻。更有甚者，印第安人中传言，联邦政府的哨所和要塞向白人猎人免费发放弹药。印第安人意识到，他们面临着种族灭绝的危险。北美大平原已经变得荒凉死寂，遍地北美野牛的森森白骨，科曼奇猎手们还怎么能养活自己的家人?

著名的科曼奇战士“击鸟”（Kicking Bird）义愤填膺地说：“野牛是我们的财富，是我们获取生活所需的唯一来源。我们爱野牛，就像白人爱财。野牛乃是上苍的圣父（Great Father in the Sky）所赐，我们依靠野牛才得温饱。而白人杀起野牛毫不手软。”

第二次阿杜比沃思之战

绝望之下，夸纳·帕克、“花斑马”与其他科曼奇酋长跟夏延人酋长“石牛”（Stone Calf）会盟。“石牛”带来大批夏延战士。他们一致决定，必须消灭猎杀野牛的白人猎手；否则，印第安人的生活方式将趋于消亡，他们的家人将饱受饥饿之苦。

会盟之后，一位科曼奇巫师伊萨 - 泰（Isa-tai，意为“狼尾”，Rear-End-of-a-Wolf）向大家宣布，自己已经用魔法的力量让白人的子弹无法打穿战士们的皮肤。接下来，伊萨 - 泰组织所有人一起纵情狂舞，痛饮“科曼奇奥”卖的劣质威士忌。酒酣耳热之下，大家狂欢到精疲力竭。

1874 年 6 月，700 多名愤怒的印第安人求战心切，打算对 23 名白人野牛猎手发起袭击。当时这些白人猎手正在阿杜比沃思的要塞废墟附近宿营。猎手们还有几名商人在废墟以东 1 英里（1.6 公里）处的草地和树林外搭建了几处房屋。这些房屋为酒吧、铁匠铺、杂货店和餐馆都预留了位置。只要更多白人农牧民获准来北美大平原定居，这里很快就能繁荣起来。因此，印第安战士决心要摧毁这里。

6 月 27 日清晨，前一夜是满月，现在天刚蒙蒙亮。这支由科曼奇人、基奥瓦人和夏延人联合组成的队伍在伊萨 - 泰的“神力”护佑下，催动马匹向白人发动了正面进攻。一张张涂满红黄油彩的脸凶神恶煞，挂在长矛和马缰绳上头皮迎风飞舞，印第安战士们狂呼着令人毛骨悚然的战吼，如猛虎下山一般杀进白人的营地。按照老规矩，他们打马绕着那些摇摇欲坠的木头房子转圈，身子半挂在马匹一侧，从马脖子底下开枪放箭。

印第安人的进攻开始时，白人猎手中的一对兄弟艾克（Ike）和矮子谢德勒（Shortly Shadler）正在马车里睡觉。他们当即被印第安人打死，剥了头皮。其余的白人猎手退进三座房子，从窗户和圆木搭建的墙壁缝隙间向外面开枪还击。科曼奇人和盟友全力催马绕

⊙ 第二次阿杜比沃思之战

圈，在马背上开枪难以瞄准；而白人猎手用来打野牛的 5.0 大口径步枪则占尽优势，将印第安人打得人仰马翻。

突然，一名科曼奇战士在一幢木屋的房门附近中弹落马。危急时刻，夸纳拨转马头，冒着白人的子弹冲向坠马的同袍。夸纳一把抄起坠马倒地的科曼奇战士，将他搭在自己的马背上，飞马奔驰而去。

此次科曼奇战士竟然罕见地使用了一些联邦军队的战术。比如战士们发动进攻，先绕着几座房子催马射击；一段时间后，一阵集合号响，科曼奇战士退下来重新集结整队；过上一会儿，冲锋号响，他们再度发起进攻。多年之后，夸纳透露，这名军号手是一个联邦军队的逃兵。这名逃兵加入了科曼奇部落。他面涂油彩，头戴羽饰，吹起军号，用号音指挥调度这场战斗。

战至午间，局面稍稍趋缓。夸纳的坐骑中弹倒毙，他给狠狠摔到地上，肩膀也被流弹打伤。接下来，印第安人断断续续在这里围了 4 天，最后还是被迫撤退。仅有 4 名白人死于是役，而 15 名印第安人倒在猎杀野牛的大威力步枪之下，75 名印第安人受伤。印第安人从此战中获得了一个血的教训——千万不要对装备有带瞄准镜的大威力步枪的白人猎手发动正面进攻。

活下来的印第安战士打算将伊萨 - 泰千刀万剐。不过，最后他们还是决定饶伊萨 - 泰一命。大家将伊萨 - 泰的名字“狼尾”当成一句骂人话，从此伊萨 - 泰只能永远活在白眼和唾弃之中。

第二次阿杜比沃思之战，对印第安人来说不啻为一场灾难。印第安人只好重新拾起从前惯用的战术——以小股分散的形式，沿着德克萨斯、俄克拉荷马和堪萨斯边疆，袭击劫掠偏僻孤立的农场、牧场，以及开阔平原上的小股白人猎手。

九、最后一役

作为阿杜比沃思之战的直接后果，1874 年 8 月，联邦军队命令居住在俄克拉荷马州保留地中的佩纳塔卡部族上交所有步枪和其他武器。科曼奇人断然拒绝，全体离开保留地，撤向德克萨斯柄状狭长地带的埃斯塔卡多平原。那里成为科曼奇人最后的避难所。联邦军队决心摧毁科曼奇人与基奥瓦人的抵抗，于是便爆发了所谓的“雷德河之战”(Red River War)。联邦军队发动三管齐下的钳形攻势，动用了包括加特林机关枪和山炮在内的重武器，将印第安部落团团包围，将他们赶回到保留地去。

9月12日，联邦军队第8骑兵团的3个连在雷德河支流甜水溪（Sweetwater Greek）附近发现大批科曼奇和基奥瓦战士。联邦军队骑兵随即发起冲锋，印第安战士一路向东北且战且退。

这批战士由一个名叫“孤狼”(Lone Wolf）的基奥瓦酋长率领。当时印第安人的妇女儿童都藏在一处高高的山脊后面。“孤狼”率战士们拼死将联邦军队从那里引开。听着远处的枪炮声，基奥瓦人的老弱妇孺收拾起营帐向西南方撤去。骄阳似火，柄状狭长地带的天空仿佛在燃烧，印第安战士们沿河而下纵马奔驰数英里，最终甩开了追兵。这便是所谓的“甜水溪之战”(Battle of Sweetwater Greek)。

⊙ 晚期的科曼奇战士（1874年）

与此同时，年纪一把的“花斑马”正配合另一支由科曼奇人和基奥瓦人联合组成的队伍，包围并袭击了一支给联邦军队运送给养的马车队。印第安战士们将这支马车队包围了三天三夜，最终未能突破白人的防御。印第安人只得撤围而去。

“花斑马”率100多名战士向南撤退，准备与部落会合。他们偶然发现了4名联邦军队士兵和2名白人民兵的侦察兵。这些人是由指挥联邦军队第6骑兵团的纳尔逊·米尔斯(Nelson Miles）上校派出来的。

科曼奇战士高呼战吼发起冲锋，将这几名白人士兵团团包围。这些白人士兵下马卧倒，向印第安人快速射击。看守马匹的士兵中弹身亡，马匹全部惊散。随着战斗的进行，除了一个名叫比利·迪克森（Billy Dixon）的侦察兵，其他士兵全负了伤。迪克森发现地上有一处浅浅的洼地，这里名叫“野牛坑”（Buffalo Wallow）。5名士兵相互搀扶，一瘸一拐挪进坑里。他们全力开火，让印第安战士无法靠近。但他们的处境越来越糟。谁知，到了下午时分，荒野中突然刮起大风暴，猛烈的大雨倾泻而下。如此，印第安战士们放弃了进攻，撤围南下去与部落会合。迪克森等人算是捡回条命。

“战死正在今日”（It is a good day to die）

雷德河之战的最后一场较大规模战斗爆发于1874年9月27日。当时，麦肯齐上校的联邦军队第4骑兵团经侦察发现，科曼奇人与基奥瓦人的营地就隐藏在帕罗杜罗峡谷中。传说中，这条荒凉的峡谷里有鬼魂出没。强烈的阳光将雷德河畔旱獭镇（Prairie Dog

⊙ 帕罗杜罗峡谷

town）要塞塔楼尖顶的影子投射到谷底，仿佛奇形怪状的幻影。劲风呼啸着撞击峡谷陡峭的石壁，巨大的回声在峡谷中久久回荡。迷信的人说，这是旱獭镇河流两岸枉死的鬼魂在哭喊。

这条峡谷长约120英里（190公里），贯穿埃斯塔卡多平原。帕罗杜罗峡谷海拔3500英尺（1070米），谷底深1000多英尺（约300米）。这条峡谷既是印第安人的庇护之所，也为从加拿大平原蜂拥而来的“北方佬儿”——野牛群提供了一处容身之地。旱獭镇的河流流经谷底。年景好些的冬天，峡谷中牧草丰美，会有数以千计的野牛栖息在这里。

在麦肯齐上校的营地里，通卡瓦人侦察兵回报：峡谷中发现数千匹战马，还有长长好多列圆锥顶帐篷沿河流排布。得悉这些情报，麦肯齐当即命令军号手吹“全体上马”号音。联邦军队第四骑兵团全体上马，向 25 英里（40 公里）外的敌人营地全力扑去。

9 月 28 日黎明，通卡瓦人侦察兵发现了通往谷底的路。联邦军队以迅雷不及掩耳之势杀进谷底，一个骑兵连先夺取了峡谷中的 1000 多匹印第安战马。军号响起，骑兵团主力向毫无防备的印第安人营地发起了冲锋。

毫无防备，又失去了战马，印第安战士们只能徒步作战。他们困兽犹斗，用手中的杠杆枪机连发步枪打出了火力压制，掩护女人和孩子从峡谷另一头逃出去。联邦军队骑兵用卡宾枪还击，很快形成了反压制。一名印第安战士绝望地哭喊：“我们输了，我们只能投降！”

只有极少数战士将马拴在自己的帐篷旁，“花斑马”就是其中之一。“花斑马”大呼：“宁死不降！”他丢掉步枪，冲回帐篷，拿起长矛，戴上作战时才戴的羽饰，然后翻身上马。“花斑马”倾尽全力向年轻的科曼奇战士们狂呼，声音盖过了震耳的枪声：“战死正在今日（It is a good day to die）！”

“花斑马”满头长长的白发迎风飘扬，长矛上装饰着许多块头皮。他催动胯下坐骑，冒着迎面而来的枪弹，冲向联邦军队骑兵。一个年轻的联邦军队中尉被眼前这一幕吓坏了——白发苍苍、年已老迈的印第安酋长竟然高呼战吼向自己冲来。中尉举起指挥刀，指着“花斑马”，大声喊道：“集中火力——射击！”十几支卡宾枪一齐开火，“花斑马”和他的坐骑倒下了。

老酋长倒在地上，手里还在挥舞折断的长矛，口中用科曼奇语骂不绝口。终于，他断气了。“花斑马”是科曼奇人在最后一场大战中最后一名倒下的战士。

又过了几分钟，一切都结束了。余下的科曼奇战士们分散逃窜，纷纷躲进干涸的河道和峡谷的缝隙岔道。等到夜幕降临，他们才敢出来寻找自己的妻儿。

⊙ 投降的夸纳 · 帕克

总的来说，此战联邦军队骑兵仅仅打死 4 名印第安战士，自己反倒伤亡十余人。但是，联邦军队从印第安人手里缴获了近 1500 匹战马。麦肯齐上校将其中 500 匹马奖励给通卡瓦人，其他 1000 多匹马全部就地枪杀。然后，他下令将所有圆锥顶帐篷和印第安营地中一切物资全部焚毁，就连印第安人储存来过冬的粮食也不能留。

被打散的科曼奇人和基奥瓦人在峡谷中躲藏了好多天，生怕给联邦军队的骑兵巡逻队发现。马匹没有了，野牛群没有了，储存的粮食也没有了，凛冬将至，妇女儿童在饥饿和寒风的折磨下默默哭泣。沮丧的印第安部落不情愿地迁回俄克拉荷马州保留地。夸纳·帕克与 400 多名顽固派又苦撑了一段时间，最后于 1875 年 6 月在俄克拉荷马州的希尔要塞向联邦军队投降。科曼奇战争至此终告落幕。

在 150 多年的时间里，科曼奇人一直是北美大平原上的霸主。而现在，他们落到要在保留地中耕田放牧，贫苦度日。接下来，科曼奇人在困苦不堪中度过了四分之一个世纪。截至 1901 年，这个曾经傲慢无畏的印第安部落只剩下 1000 名成员。人们几乎忘了令人恐惧的科曼奇战士纵马驰骋、声震美国西南部的那些岁月。

十、尾声

接下来的那些年，科曼奇人的生活条件有所改善。美国经济腾飞，高质量的学校建立，加之人们的不懈努力，终于让科曼奇人迈入了现代文明。

第二次世界大战期间，科曼奇人尚武的传统回归了。年轻的科曼奇人踊跃参军，与他们的美国同胞并肩作战。科曼奇部落成员在美军所有兵种部队中都有服役。

1944 年 6 月 6 日，盟军在诺曼底登陆，隶属于美军第 4 步兵师第 4 信号连的 13 名科曼奇士兵也随部队冲上了犹他海滩。他们架设好无线电设备，从团部用科曼奇语向师部发送炮兵引导坐标。列兵查尔斯·奇比提（Charles Chibitty）从海滩上发回了第一条请求增援的信号："右面 5 英里处已标明地域。内陆 5 英里处战斗激烈，我们需要支援。"

虽然许多科曼奇密码员在战斗中英勇负伤，但他们都活到了战争结束。他们使用的密码，德军一直未能破译。这些密码员从头到尾让德军情报部门深感迷惑。他们保证了通讯的安全畅通，挽救了数不清的盟军将士的生命。战争结束后，他们得到了美军和盟国将领的隆重表彰。

时至今日，德克萨斯人会定期庆祝并重现阿拉莫（Alamo）战役和圣哈辛托（San Jacinto）战役，但他们从不愿提起市政厅之战、梅溪之战和帕罗杜罗之战。对这些战斗的参与者以及他们的子孙后代来说，有太多的恐怖和创伤不愿再度忆起。再后来的一代代德克萨斯人干脆忘记了边疆拓荒的岁月和北美大平原上那些血腥惨烈的战斗。

目前，科曼奇部落有 1 万多人，大多生活在俄克拉荷马州西南部。这 1 万多人中有成就卓然的医生、律师、农场主和牧场主，还有为数不少的商人。

决战澶渊

——宋辽千年一盟探秘

作者：张国保

宋真宗景德元年、辽圣宗统和二十二年（1004 年），辽军大举南侵，两军在各地陆续发生激烈战斗，双方各有胜负。掌握战争主动权的辽军主力突然孤军深入河北腹地，宋廷朝野震动。有大臣提议退让逃跑，危急时刻寇准力排众议，促成宋真宗亲临澶渊（今河南濮阳）前线。宋军士气大振，辽军攻势受挫后不得不罢兵言和。双方签订了史称“澶渊之盟”的和平条约。千百年来，有的人颂扬这是一个平等盟约，也有人认为这是屈辱的城下之盟。事情究竟如何，本文就对这一历史事件及其相关史料做了一番梳理，力图还原本来面貌，并透过表象重新认识这一历史事件。

一、景德之役前宋辽态势

历史沿革

唐末五代以来，燕山之南、黄河之北的广袤平原地区，一直是辽宋争锋、角逐的战场。

宋辽之间征伐不已，兵连祸结，沿边宋民“丁壮毙于转输，膏血涂于原野”，百姓流离失所，苦不堪言。长期战争也导致辽地人民“丁壮备徭、老弱供赋”，农桑废业。在经历了数十年的战乱后，两国都已产生了弭兵敦好的意愿。

宋太宗第二次北伐失败之后，朝内大臣明确提出要和平不要战争的主张。元老重臣赵普上书认为攻辽是“兴不急之兵，颇涉无名之议”，宰相李昉也建议用当年汉高祖“外示羁縻”的“和亲之策”，殿中侍御史赵孚更是主张“精选使命，通达国信……立誓明著结好欢和”。宋太宗也失去了进取心，公开宣称“国家若无外忧，必有内患。外忧不过边事，皆可预防；惟奸邪无状，若为内患，深可惧也”。从此，宋统治者已经开始认真考虑对辽议和的可能性。

经历了几十年的战争，辽方也出现了厌战倾向，表现最为明显的就是辽军大将耶律休哥。耶律休哥参加了历次对宋作战，并且战功卓著。在统和四年（宋太宗雍熙三年、986 年）沙河战役后，耶律休哥炫耀战功，“收宋尸为京观”。后又上书称可乘宋疲弱，向南扩张至黄河，与宋以黄河为界。可是，奏疏报上去之后如石沉大海。从此，耶律休哥转变了思想，在驻防南京析津府（今北京西南）时，“戒戎兵无犯宋境，虽马牛逸于北者悉还之”。无独有偶的是，另一个辽军大将耶律学古与宋将潘美“各守边约，无相侵轶，民获安业”。然而，边境上暂时的平静，并不意味着宋辽战争的终结。

⊙ 宋太祖赵匡胤像

历史上，中原农耕文明与北方游牧文明一直处在争战中，沿长城一线的险峻地形始终是以步兵为主的中原部队抗击北方游牧民族骑兵的天然屏障。后晋时，石敬瑭为称帝割让了燕云十六州给契丹。从此中原失去了抵御游牧民族入侵的最重要天然屏障，宋王朝门户洞开，契丹铁骑可朝发夕至，侵扰北方州县。

宋太祖时期，宋军基本是以易州作为前沿防御阵地，退可守、进可攻，背倚西山之险，将重兵集中于镇、定、高阳关，同时利用易水、徐河、唐河、滹沱河、拒马河为天然屏障，防御具有一定的主动性和机动性。极边地带则以缘边都巡检司管辖，驻兵较少，有警则相互应援，以积极防御为主。

宋太宗即位之初，基本继承了宋太祖对河北军事防御区域的设置，但两次北伐失败后，丢失了易州这个前沿阵地，对辽前沿防线退到了拒马河一带。除在河北沿边步步设防、屯集重兵外，将一些镇、县升级为州军，以增强军事功能，同时希望依托塘泊来限制辽朝铁骑。宋时，华北大平原地势平衍无垠，自古在防范北方游牧民族南侵中无险可守，但黄河下游海拔一般都在五十米以下，河、淀交错，水域连绵可资利用。由于契丹连年南侵，边患外侮日亟。沧州节度副使何承矩上疏建议从安顺砦西开易

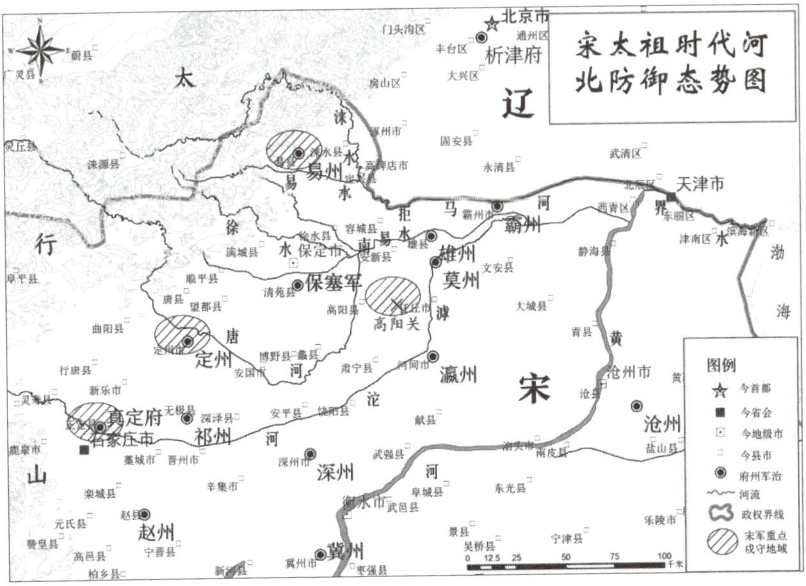

⊙ 宋太祖时代河北防御态势图

⊙ 宋太宗赵光义像

河蒲口，导水东注于海，筑堤贮水屯田，不但可以阻遏敌骑奔突，还可以播种稻田。宋太宗立即同意了这个一举两得的好办法，于是发边境戍卒开始大规模兴修水利工程。形成西依太行山、东达沧海"潴水为塞"的水上防卫体系。宋人因地制宜的防卫工程，有效减弱了辽军来如飘风、去如闪电的骑兵优势，使辽军的南下不再有恃无恐。

直到金末元初，蒙古兵南侵，"惟燕南雄、霸数州乃三关旧地，塘泺深阻兵不能入"（《大金国志》）可见，北宋时兴修的塘泊工程限制戎马的作用直到金元之际仍然存在。

宋太宗时期，宋军在北境第一层防线为河北沿拒马河各州军，重点在霸州、雄州、遂城、保州等地。

第二层防线以沧州、莫州、高阳关、定州为重镇。

在纵深方面虽然继承了宋太祖时期的布置，然而将从中御，束缚将领的手脚，缺少战略上的机动性和主动性。

宋真宗时期：基本上继承了宋太宗时期的做法，只是更加强调集中兵力、战区之间的

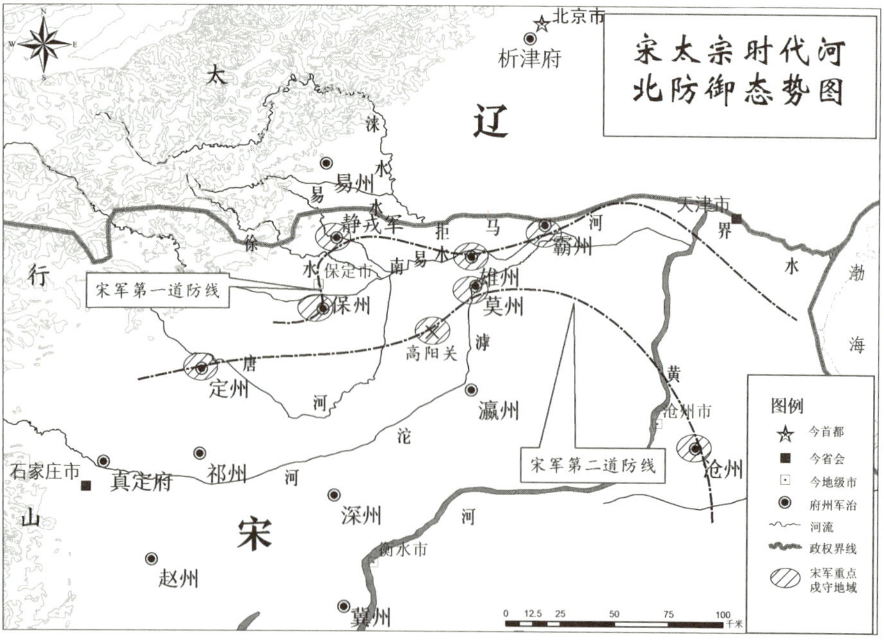

⊙ 宋太宗时代河北防御态势图

互相声援，另外在纵深方面也有所加强，在河北沿边设置三道防线——

第一道：骑兵六千屯威虏军（今河北徐水县西），由魏能指挥；骑兵五千屯保州（今河北清苑县），将领杨延昭；骑兵五千屯北平寨（今河北满城县西南），将领田敏。

第二道：高阳关、沧州、定州。将镇、定、高阳关三路兵马全部集结于定州，沿唐河南北岸布置防线，由镇、定、高阳关三路都部署统领。在大阵外设立营栅，以防辽军突破。

第三道：天雄军（今河北大名东），由石保吉率重兵驻守。

另外有孙全照、王德钧、裴自荣领骑兵八千屯宁边军（今河北博野县），李重贵、赵守伦、张继旻领骑兵五千屯邢州（今河北邢台市），控防辽军南下时向东南方向进攻。石普领兵万人屯莫州（今河北任丘），以阻扼辽军归路。

表面看来，河北重要的军事要点基本上掌握在宋军手中，辽军如果冒进有可能面临孤军深入，后方被阻断的危险，但是宋军之间缺乏有效而统一的指挥系统及协同配合，互相

⊙ 宋真宗赵恒像

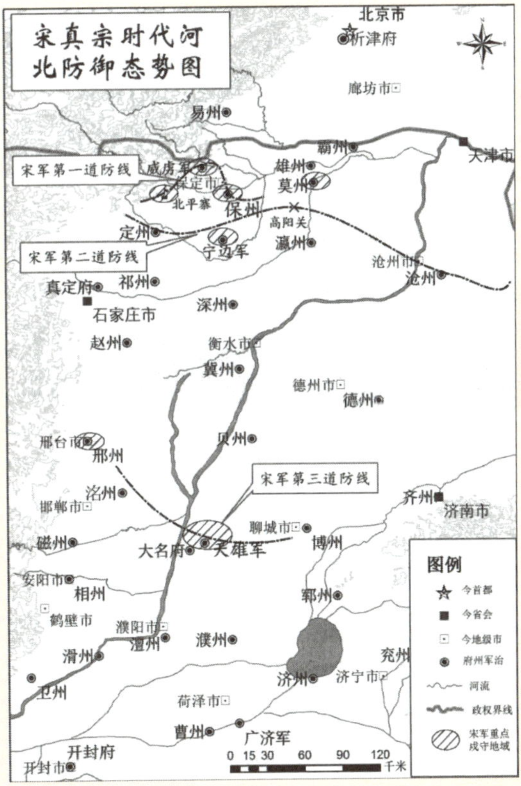

⊙ 宋真宗时代河北防御态势图

间无救援，处于消极被动的状态。宋真宗时期的军事防御区域的设置突出了各战区之间的相互应援，是为了集中兵力，加强纵深，但是将镇、定、高阳关三路大军驻扎在定州，后来又将第一道防线的骑兵部队也撤回到此地区，使得三道防线减少为两条。而第二道防线兵力过于集中，侧翼防备空虚，调动不便，防御区域过于僵化。

宋王朝消极防御的恶果就是辽人采取了绕行的策略，往往会顺利突破宋的防备，兵临河北腹地，导致宋在军事方面的被动。

自从宋太宗两次北伐失利后，契丹人便牢牢掌握了战争的主动权，以其机动的骑兵经常驰骋于河北大平原之上，如入无人之境。

东自燕山西至雁北，在宋辽千余里漫长的接壤线上，辽军选择的战略主攻方向多是宋的河北路。河东路山重岭覆，宋人有险可依，利于防守。河北路则距离辽上京临潢近便，更重要的是这里是平原地区，有利于契丹骑兵奔突，发挥优势。而且河北路是宋北方诸路中经济发达的地区，物产丰富，纺织业发达，素有“衣被天下”之称，对河北用兵，可以最大限度地满足契丹统治阶层的掠夺欲。在取得对宋作战的数次胜利后，辽统治阶层的领土扩张野心更加膨胀，辽名将耶律休哥就曾经上书建议：“可乘宋弱，略地至河为界。”

⊙ 耶律休哥像

辽统和七年(989 年）七月，辽人再次南侵，宋廷派李继隆发真定、定州兵万余护送粮车数千赶赴威虏军，辽将耶律休哥帅精骑数万企图偷袭劫夺。途中遭遇宋军尹继伦所部，由于历年对宋作战胜多败少，所以轻敌大意，尹继伦见有机可乘，率领手下军兵“人持短兵，潜蹑其后”。等到辽军行至唐河与李继隆发生遭遇战时，尹继伦率军突然发动袭击，宋军前后夹击，大败辽军。辽兵溃不成军，主帅耶律休哥也“为短矢中其臂，创甚，乘马先遁”。

唐河大败，辽人心有余悸，一连数年不敢南侵。宋太宗曾于辽统和十二年（994 年）八月、九月两次遣使议和，辽廷不许。此后，宋辽相安无事，双方暂时保持不战不和的局面。

宋至道三年（997 年），宋太宗驾崩，其子赵恒即位，是为宋真宗。辽人乘宋新君登基不久，人心浮动之际，厉兵秣马，积极准备南侵事宜。从此，宋辽战端再开。

瀛州与莫州之战

⊙ 辽圣宗铜像

宋真宗咸平二年、辽统和十七年（999年）九月，萧太后与辽圣宗母子二人统军大举南侵。其中东路由萧太后亲自督师，经遂城趋攻瀛州；西路军则由辽圣宗亲自统领，兵锋向定州直指大名府。宋镇、定、高阳关都部署傅潜拥步骑八万而畏战，只知“闭营自守”。坐视辽兵在祁、赵间烧杀抢掠。宋人的防御线形同虚设，辽铁骑索性深入至邢、洺之间，惊扰之下，当地百姓携老带幼纷纷躲入城郭躲避战火。众将领屡次请兵出战，傅潜只是不许。

十月间，辽东路军围攻遂城，哪知道这座小城却令他们铩羽而归。驻守遂城的是保州都巡检使杨延昭，杨延昭是宋初名将杨业第六子，本名延朗（因宋真宗尊赵玄朗为圣祖，杨延朗避圣讳，所以更名为延昭），俗称杨六郎。少年时代杨延昭就喜欢摆设军阵为戏，等到成年时，杨业每次征战，他都会随从。宋太宗雍熙北伐，杨延昭跟随父亲出征，为流矢穿臂，但轻伤不下火线，因功被任命为保州缘边都巡检使。辽军来势汹汹，遂城根本没有做好长期防御的准备。萧太后在城外亲自督战，辽军攻势如潮，志在必得。杨延昭召集城中壮丁登上城墙，亲自指挥严防死守。这时正是天寒地冻、滴水成冰的季节，杨延昭见辽人攻城甚急，于是“汲水灌城上”，水立即就冻成了冰，城墙光滑无法攀登，辽军攻城受阻，不得已只好解围而去。杨延昭力保遂城不失，已经是自助者天助了，《宋史》所谓获辽人铠甲器仗甚多应是不实虚妄之说。不过杨延昭为国戍守边防，功勋卓著，他所坚守的遂城也被誉为“铁遂城”。

眼见辽军来势凶猛，边境危急，十一月，宋真宗正式发布亲征诏书。一番准备后，十二月五日，真宗从汴梁城出发亲征。六日，车驾到达长垣县；七日，到达韦城县；八日，到达卫南县；九日，车驾驻跸澶州。此次亲征，以殿前都指挥使王超、权都虞侯张进为先锋大阵往来都提点，马步军都军头呼延赞、马军都军头王潜任先锋，滨州防御使王荣、马步军副军都军头（禁军职名）王继忠为策先锋。十二月十五日真宗御铠甲亲率中军赶至大名府，枢密使王显、副使宋湜分押后阵，宋军部伍严整、旌旗遍野，东西绵亘数十里。宋真宗亲率大军前来与辽军决战，哪知道一路之上不见辽军影踪。原来，辽圣宗得知宋军主力大军杀至，立即避其

⊙ 铁遂城遗址

锋芒，率西路军主动撤退。宋军劳师动众却成了一次拉练，宋真宗皇帝心下郁闷，只好派出使臣安抚地方。虽然没有达到军事目的，但亲征之举对稳定河北地方民心无疑起到了巨大作用。

眼见在短时间内无法攻破遂城，辽东路军只得主动撤围，转而派出萧继远攻狼山镇石砦。这一战萧太后仍然亲自督阵，辽军奋勇争先，连破宋狼山诸寨。辽军士气大振。

众将领屡次请兵出战，宋镇、定、高阳关都部署傅潜只是不许。定州都部署范廷召当面讥讽他“不如一妪”，傅潜不得已之下，分派骑兵八千、步兵两千，令范廷召率军迎敌，同时答应另外安排后续部队增援。这并非是因傅潜突然转变了战略思想，或者是尊重范廷召这个老军头，而是因为在真宗左右钱若水、李宗谔、孙何、梁灏等大臣都将宋军作战不利归罪于傅潜，左司谏梁灏甚至提议“斩潜以徇”。时任枢密使的王显与傅潜同是宋太宗藩邸旧人，一面千方百计为他开脱，一面将消息传递了出来。傅潜担心真宗皇帝问罪，这才派出范廷召率军迎敌。

翌年（1000 年）正月，辽师进至瀛州。范廷召率宋军前往迎战，得知辽军势大，急忙派人向高阳关部署康保裔求援。康保裔善骑射，是个久经沙场的将领。救兵如救火，接到求援信息，康保裔立即领兵一万赴援，援军屯扎在瀛州（即今河北河间）西南之裴村。这时范廷召所部后阵已经与辽军遭遇，范派人向康保裔“趣兵”，康保裔立即派出精锐兵丁赴援。眼见天黑，于是双方约定第二天清晨联合对辽发起攻击。令人大跌眼镜的是，前些时候还义正词严讥讽傅潜畏敌如虎不如一个老太太的范廷召率众连夜逃离了战场。可恨的是，他事先并没有通知赶来救援的康保裔。

第二天拂晓，睡眼蒙眬的康保裔才发觉自己率领的援军变成了孤军，陷入了辽人的重围之中。左右亲信见状，劝他“易甲而逃”。

康保裔慷慨激昂道：“临难毋苟免，此吾效死之日矣！”于是身先士卒冲入敌阵大呼酣斗，直到拼得兵尽矢穷，宋军士卒用手中的劲弩杀敌。左等援兵不至，右等援兵不来，康保裔和部下将校十三人悉数战死（另：康保裔名列《宋史 · 忠义传》之首，在《宋史》、李焘《续资治通鉴长编》、王称《东都事略》、陆游《老学庵笔记》中都说康保裔阵亡。其实，康保裔并非阵亡，而是被俘后降辽，《辽史》卷 14《圣宗五》统和十七年（999 年）条云：“次瀛州，与宋军战，擒其将康照裔、宋归，获兵仗、器甲无算。”统和十九年六月，“以所俘宋将康照裔为照顺军节度使”。对比双方史料记载可知，《辽史》中的康照裔正是《宋史》中的康保裔。《宋史》称战殁，《辽史》称被俘仕辽。应以《辽史》为是），这一仗打得极为惨烈，宋军基本上全军覆没。史料中将此战失败责任归咎于傅潜，而非范廷召，有失公允。傅潜不增兵固然有罪，范廷召即便是战败后“潜师遁”，也难逃临阵跑路之嫌。好在范廷召知耻而后勇，在瀛州败后不久，在莫州小胜一阵，多少为自己和宋真宗挽回些颜面。

辽军在瀛州胜了一场后，乘胜从德州棣州渡河，抄掠山东淄、齐诸州而回。由于放松了戒备，在莫州被范廷召率军打了个措手不及，辽军丢下辎重及掳获的数千老幼，轻装狼狈逃窜。《宋史》中所载“斩首万余级”，不过是文饰之语罢了，不足凭信。

此次萧太后与辽圣宗率军南侵，对宋廷不过是一次试探性进攻而已。宋真宗亲征至大名，摆出针锋相对的对抗姿态，河北人民积极支持当地官吏守城保家卫国。与此同时，宋河东路府州驻军也从西面主动出击，小有斩获。辽军眼见得不到什么便宜，只好撤军。

辽军撤后，在众人的一片声讨之下，宋真宗不得不追究责任，将傅潜削官夺爵，流放房州。

遂城之战

宋真宗深知辽军终会卷土重来，于是下诏令官员积极举荐有武干堪边任之人，要求“限五日以闻”。哪知此举并没有得到群臣响应，反而招来异议。吏部郎中、直集贤院、知泰州田锡奏疏称：“……况限之以五日奏举，若非相谙识，岂易得人？臣恐举非其人，有误陛下任使也……愿陛下于宰相近密商量，别画选求之策也……若止三班中求任使，文班中求武勇，臣窃惧失朝廷大计，失国家大事也。”

知雄州何承矩上疏道：“今缘边守将多非其才，不悦诗书，不习礼乐，不可守疆界，制御无方，动误国家，虽提貔虎之师，莫遏犬羊之众。”当今之计，应该“择良吏，出牧边民”，“深沟高垒，秣马厉兵，为战守之备”，辽军来侵就予以迎头痛击，撤去则严加防备。

然而就在宋军故态复萌之际，宋真宗咸平四年、辽统和十九年（1001 年）十月，辽军再次展开对宋军事行动。早在七月间，宋廷就侦知辽人谋入寇的军情，立即提前做好了应对工作。以山南东道节度使、同平章事王显为镇、定、高阳关三路都部署，天平节度使、马步军都虞侯王超为副都部署，殿前副都指挥使、保静节度使王汉忠为都排阵使，殿前都虞侯、云州观察使王继忠为都钤辖，西上閤门使韩崇训为钤辖，显仍兼定州，超镇州，汉忠高阳关都部署。（《续资治通鉴长编》卷四九咸平四年七月条）

除上述人事变动之外，对杨延昭、杨嗣、李继宣、张凝、秦翰等二十余位将领也有新的任命。宋军在河北沿线上排兵布阵，静待来犯之敌。

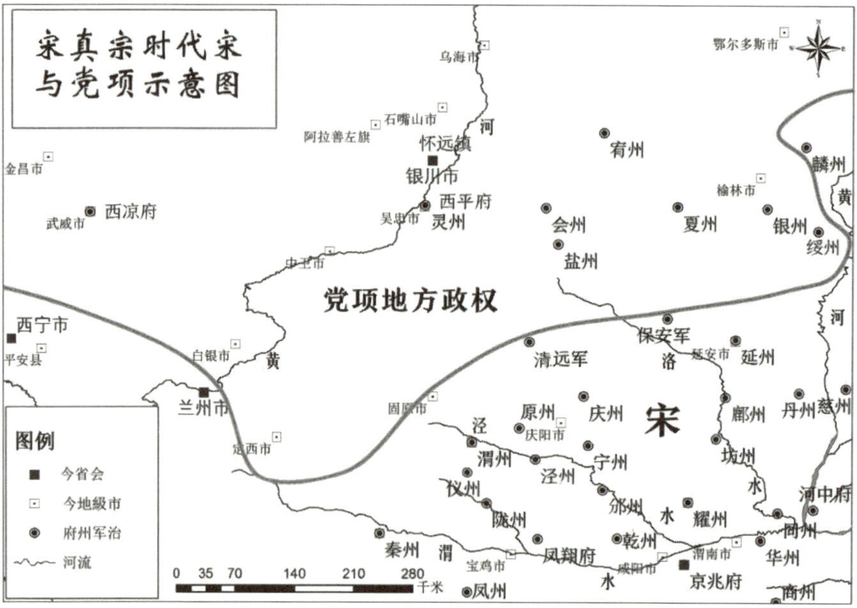

⊙ 宋真宗时代宋与党项示意图

辽军不仅有备而来，而且利用党项李继迁势力在西北给宋廷制造麻烦。就在这一年六月，李继迁遣使向辽王朝报捷称“下宋环(今甘肃庆阳环县)、庆（今甘肃庆城、华池、环县及吴旗县西部）州”。圣宗皇帝大喜,“赐诏褒之”。

趁北宋与辽朝对立时期，党项人李继迁趁双方无暇西顾的良机，迅速扩张，逐渐控制了河西走廊地区，成为影响宋辽大国实力天平的一支重要力量。宋初，夏州李氏曾入贡北宋。宋太宗时，宋辽战争爆发，李继迁见辽军事力量强大，于是果断叛宋附辽，“愿婚大国，永作藩属”。辽与北宋正连年鏖兵，李继迁主动归附自然是大有益处的。于是双方一拍即合，辽人慨然应允请婚，将宗室之女封为义成公主下嫁李继迁。从此，双方由宗藩之国一跃变为甥舅之国。李继迁借辽王朝声势牵制北宋，增加自己与北宋周旋的余地，为向西扩张创造条件；辽王朝也可借机向北宋朝廷施压，并利用与李的友好关系加强对其境内党项民族的统治。

宋辽战争期间，李继迁利用宋辽冲突左右逢源，同时向宋辽称臣，接受封号，但又不时侵扰北宋边界，扩充势力范围。

八月，李继迁率军攻清远军（今甘肃环县西北），西夏屯兵积石河，准备长围清远。宋清远军守将派人请灵、环、清远军等十州军驻泊副都部署杨琼出兵救援，杨琼派副部署潘璘率军增援，自己却顿兵庆州观望，未及时出兵。李继迁见状乘机日夜率军猛攻，“亲鼓其众攻清远南门，其子阿移攻北门，埋壕断桥以进”。在顽强抵抗后，因寡不敌众，九月，清远镇被西夏军攻陷。李继迁得手之后，乘胜率兵攻打怀远镇，当时镇中宋军数不满百，在顽强抵抗后，“食尽力竭”，镇将李赞自焚殉国，怀远镇也告陷落。

李继迁连陷两镇，率军直逼灵州。李继迁此举是为自己扩张，但辽也是间接获益者。李继迁的军事行动或许是出自辽国的授意，而在事实上起到了分散宋人注意力的作用，宋王朝陷入了两面受敌的窘境。眼见得契丹陈军境上意图南侵，宋廷也不得不从河北前线的五位前锋钤辖之一的张凝调往西线，担任邠、宁、环、庆诸州副都部署对付西夏军。

为了利用李继迁制造的有利形势，辽圣宗九月二十三日赶到了南京。十月一日正式誓师南侵。十月四日，辽军“次盐沟”。

盐沟在今北京市西南，辽军在这里吹响了南下的集结号。辽军这次行军路线，仍是沿着统和六年南侵的老路，意图摧毁宋军太行山东麓的防线。有所区别的是，这次南侵的兵力更加集中而已。辽军选择从这条路线攻宋，可以避开沼泽泥泞，利用骑兵运动，据《宋史》卷九五《河渠志》载：“自边吴淀西望长城口，尚百余里，皆山阜高仰，水不能至，契丹骑驰突，得此路足矣。”契丹铁骑从顺安、安肃、保、定州界，自边吴淀望赵旷川、长城口，这一条东西不足一百五十里的路是契丹人出入塞的要津。[①]

这里所说的长城口不是秦蒙恬所筑长城，而是战国时期燕赵分界处。长城口在遂城县境内，县治东北，是遂城县的外围防线。

宋辽双方在此接战，宋军先胜后负。史载，十六日，宋军北面前阵钤辖张斌与辽军在长城口发生遭遇战，当时正是大雨如注，由于辽人的弓全用皮做弦的，在湿了之后，无法正常使用。张斌趁机率军英勇杀敌，直到杀到边界，辽军伏兵四起。见势不妙，张斌这才引军退保威虏军。本来是一场双方互有胜负的战事，却在战后各自吹嘘胜利，讳言其败。

张斌与辽军在长城口激战后五日，宋廷仍在威虏军以南调兵遣将，部署对辽作战事宜，对张斌所部也没有增援。长城口之战后，张斌率军撤至宁边军（即永宁军，今河北蠡县）。辽军在后尾随，很快逼近至涿州。面对来势汹汹的辽军，宋军保州团练使杨嗣、莫州团练使杨延昭、西上閤门使李继宣、入内副都知秦翰等人各率所部齐集遂城严阵以待。杨嗣、杨延昭率所部伏兵于威虏军西北的羊山（遂城以西二十五里处），准备包抄辽军后路。宋军魏能率部在城下列阵邀击辽军，秦翰与田敏率部为两翼，李继宣部作为预备队在

---

① 宋太宗端拱二年（989 年），宋在丢失易州之后，在河北的防线几乎成了一条东西走向的直线。

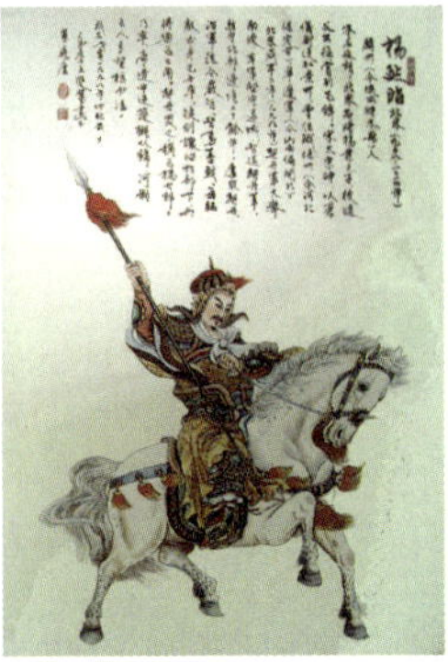

⊙ 杨延昭像

赤虏待命。

辽军虽然在人数上占据了优势，但因宋军背城布阵，无法施展擅长的迂回包抄战术，只有与宋军做正面交锋。可是单纯的正面交锋，辽军一直鲜有胜绩。甫一交锋，辽军就将重装骑兵派上战场，希望先声夺人从正面直接冲击宋军大阵。宋军中军主将魏能亲自率领精锐部队对辽军展开反冲锋，在左右两翼的夹击下不但一举粉碎了辽军的冲击，而且在反冲锋中一箭射杀了辽军主将。辽军士气低落，眼见不支，于是向西北羊山方向败退。

当辽军败退至羊山之时，埋伏在这里的宋军杀出，对辽军予以迎头痛击。前有伏兵、后有追兵，陷入绝境的辽军一下子迸发出强悍的战斗力。杨嗣、杨延昭部宋军虽然依托有利地形拼命阻击，但仍众寡不敌被迫退出战场。二杨的正面阻击虽然失败，但迟滞了辽军的撤退，为宋军追击部队的及时赶到争取了宝贵时间。辽军喘息未定，宋军秦翰、田敏、李继宣率部追杀而至。战场形势发生了转变，李继宣部原本就是宋军最精锐的主力部队之一，这次战役中还没有参战，在经过一整天的养精蓄锐后，终于有了用武之地。斗志昂扬的宋军争先恐后英勇杀敌，一直从羊山南麓追杀到北麓。辽军伤亡惨重，丢下两万余具尸体，其余狼狈退回辽境（史称“十一月壬申，王显大破契丹，杀二万余人，余众遁去”）。

羊山一役辽军损兵折将，宋军则迎来了一场久违的胜利。辽圣宗不甘心失败，亲自率军继续南下，准备找宋军主力决战。辽军进至满城，寒雨连绵，地面泥泞难行，眼见天时、地利都于己不利，辽圣宗只好暂时班师。

望都之战

羊山之役后，宋王朝为加强对辽防御，在河北沿边大浚河渠，辽也时时在边界上出兵骚扰。为阻碍辽人铁骑驰骋奔突，宋又于沿边广置“方田”。“方田”的性质和陷马坑相类似，是宋太宗朝翰林院天文官孙士龙所创制。与一般陷马坑不同的是，“方田”是有水之坑，和稻田、塘水相配合。方田是长宽约五尺（约 167 厘米），深七尺（约 234 厘米），一个个排列起来“状若连锁”的水坑。方田与寨栅相配合，是为了限制辽人骑兵机动性所创制的防御工程。

⊙ 方田

宋咸平五年（1002 年）五月，辽军入寇保州（位于威虏军南二十余里），宋缘边都巡检使、深州团练使杨嗣、莫州团练使杨延昭率军迎战，为辽萧挞凛所败。真宗皇帝闻讯不敢大意，加紧调兵遣将，积极准备防秋军事部署。哪知道辽军只是意在骚扰宋之浚渠工役，两国间并无大的战事发生。

第二年四月，辽南府宰相耶律瓜奴、南京统军使萧挞凛率数万精锐辽军再次南侵，兵锋直指宋定州望都县。

望都地势平缓，有利于辽军骑兵作战，辽军来势汹汹，志在必得。有老成持重者建议放弃望都，全力于唐河定州一线布防，但定州行营都部署王超决定率军解望都之围。

王超一面派出一千五百步军赶赴定州望都县迎敌，一面派人召镇州桑赞、高阳关周莹一并率军赴援。桑赞率军赶来，而周莹以“非诏旨不至”为由拒绝出兵。本来布置在定州一线的宋军总兵力仅六万有余，如今周莹不听调遣，宋军能够全部投入战场的兵力就更加少了。即便明知众寡不敌，王超仍然立即率军赴援。

宋军赶到望都时，县城已经陷落。第二天，双方在望都城南六里处相遇，宋军没来得及休息，就与辽军战在一起。定州路副都部署王继忠杀敌心切，率所部轻敌冒进，在康村陷入辽军重围。王继忠是真宗的藩邸旧人，做事忠心耿耿，因“谨厚”受到赏识。真宗皇帝践位以后，太宗朝的宿将逐渐凋零，王不断受到提拔重用，被任为定州路副都部署。定州在宋朝北部边防线上始终是重中之重，王继忠能担任这个职务，足见其深受真宗器重及个人能力之强。

王继忠身先士卒奋勇杀敌，一度曾令辽军退却。可是战到次日，辽军改变了战术，一方面集中优势兵力攻击王继忠所部，一面出奇兵绕到背后“焚绝粮道”。镇州副部署李福、拱圣军指挥使王升见势不妙率先逃离了战场，辽军逐渐占据了战场主动。继续在一马平川的望都和辽军厮杀显然不智，王超担心全军覆没，只好丢下前方浴血奋战的王继忠，主动退出了战场。王继忠率军左冲右突无法杀出重围，最终力竭被擒。

王超整军退出战场，辽军也不敢逼得太近。宋军高阳关援军也赶到了宁边军（今河北保定博野县），先前移驻河东的广锐军三十指挥一万五千名骑兵在并、代副都部署张进、韩崇训的率领下也在驰援定州的路上，王超在唐河重新组织起了防御线，“阵兵甚盛”。辽军在望都之战中虽然惨胜，但一样损兵折将，已成强弩之末。眼见宋军有备，无力继续南进，主动撤军北返。

此役史称“望都之战”，可以视为宋辽景德大战的前奏。

二、景德之役

景德之役前期

宋真宗得到前方战报，以为王继忠为国捐躯，为之震悼，下诏追赠他为“大同军节度”，用高规格的待遇处理后事。望都之战彻底暴露出了宋军各自为战，前敌缺乏统一指挥的弊端。宋真宗处罚了几个将校后，担心辽军秋季时会卷土重来，紧急调援军重新布防。宋军在河北边境线上加强了战备，辽军则针锋相对，不时派出小股游骑至境上进行侵扰，双方在局部地区不时发生小规模冲突。

自望都之战失利后，真宗“日访御戎之策”，对战败和王继忠战殁之事耿耿于怀，更对“复幽燕”念念不忘。宋真宗咸平六年（1003 年）八月，高丽国主遣使来贡，“乞王师屯境上，为之牵制”。扰乱西北的李继迁为西蕃首领潘罗支所攻，中流矢，于“景德元年正月二日卒”，其子李德明继位后，遵照父亲的遗嘱，积极与宋谋和。如此一来，宋廷在辽东多了高丽盟友，少了西北的羁绊，可以专心腾出手来对付辽人。

就在真宗积极准备北伐之际，辽军先发制人，萧太后与辽圣宗亲率大军南侵。此前一个月，辽廷特意“以南伐谕高丽”，警告高丽不要轻举妄动，在背后搞小动作。

⊙ 现代影视剧中的萧太后形象

景德元年（1004 年）八月，谍报称“闻契丹谋入寇”。宋廷立即开始备战事宜，布置城防，派使臣到河北、河东地区动员地方民兵，开始轮番战前军训。北宋军制，军队分为禁军、厢军、乡兵三种。禁军和厢军是国家正规部队，乡兵则是地方民兵部队。宋代乡兵又分为征籍制和招募制两种，乡兵数量最多的是强壮和保毅，属于征籍制乡兵，真宗即位后，参照正规军的编制，以五百人为一指挥，设指挥使。“寇至悉集守城，寇退营农”。史料记载，景德之役时，宋在河北、河东地区的民兵武装约有二十万人。

接到谍报不久，萧太后辽圣宗母子亲临南京（今北京西南）。闰九月初八日辽军大举南侵，此次他们宣称是为收复关南失地而战。

辽军东西两路并进，西路辽军五万人进攻岢岚军，用以牵制宋并州、代州可能东援的部队；东路辽军近三十万人，仍循传统路线——由西山入寇。辽军出师不利，在进攻北平寨时，为宋将田敏所败。不久，辽军在唐兴（即唐兴寨，为宋顺安军治所）大破宋军。其后，先锋萧挞凛与宋军战于遂城，再次获胜。紧接着，乘胜转掠各地。

⊙ 寇准像

虽然宋史中没有相关记载，但从宋廷朝堂君臣的反应来看，《辽史》记载所言不虚。辽军南犯的军情告急文书“一夕五至”，宰相寇准却秘而不发，仍和平时一样该吃就吃、该睡就睡。没有不透风的墙，消息很快传入真宗耳中，他急忙找来寇准一问究竟。寇准成竹在胸道：“官家如果想彻底解决边境的战事，只需要五天时间就可以的。”

寇准提出的意见是令沿边杨延昭、田敏诸军，会同定州的王超主力“迤逦东下，傍城牵制”。如此一来，辽军无法首尾兼顾，不敢继续深入。同时天雄军加强防御，遏阻辽军南下，与此同时，真宗征驾亲征澶州，鼓舞士气，方便就近指挥破辽。

十六日，宋真宗就亲征之事征询宰相毕士安。（景德元年七月，真宗依为肱股之臣的宰相李沆病逝，真宗临奠哭之恸。李沆死后，毕士安继任为相。真宗征询他的意见谁可同时为相，毕士安力荐寇准。于是，真宗任毕士安为同中书门下平章事兼修国史，时称史馆相；寇准为同中书门下平章事兼集贤殿大学士，时称集贤相。按宋制规定，史馆相位在集贤相之上，真宗精心安排，就是希望借德高望重的毕士安压制约束年轻气盛、行事冲动的寇准。）

忧心忡忡的真宗对宰相毕士安道：“近日接连得边关报警，契丹已经南侵。国家布置重兵在河北，辽人仍连年南犯，朕决定亲征，与辽人决一雌雄。你和大家商议一下，什么时候出发比较合适。”

毕士安的意见为，既然已经安排了相关人员负责边防事务，只管责成其事好了。如果一定要亲征，最好是驻跸在澶渊。然而澶渊地方狭小，无法容纳太多的车马，况且现在距离冬天还远，战事或者会有变化。亲征之事，当在仲冬（十一月）。

寇准则认为，宋辽双方决战在即，最好是请真宗御驾至澶渊。亲征之事，刻不容缓。

枢密使王继英的意见是，调发诸路援军至澶渊汇集，不过不能着急。如果各路兵马在短时间内齐聚澶渊，粮草后勤的供应怕是无力应付。真宗亲征，“不可更越澶州”。

从宋太宗两次北伐失败后，宋廷就开始推行以防御为主的对辽军事政策。随着州城规模的增加与屯军人数的增多，保证驻军粮食供应充足就等于保证了州郡的安稳与边疆的稳定。沿边州郡的物资储备就成了国之重事。真宗在位时期，因为与辽战事频仍，“兴师十万，日费千金”，战争消耗极大。兵马未动，粮草先行。不但是河北边界，就是其他州军，一样要依靠异地运输获得粮草等军需供应。军粮一般由转运司官员负责筹备，然后在军兵的押送下由丁夫送往战场或屯兵地。如果是在主动进攻时，这样的方式无可厚非；可是真宗一朝基本上都是在被动防御，辽军掌握战场主动权，经常会发起突袭。宋军粮草后勤短时内难以及时就位，往往会出现辽人带着掳掠所得已经北返，宋军还没有进入阵地的尴尬局面。后勤难以保障，也成了一些将领避战畏战的借口。宋廷一面大力推广屯田，一面减免赋税，鼓励河北人民的粮食生产。由于官运耗时费力投入巨大，宋廷又鼓励商人运粮输边。除非遇到灾荒之年，宋廷都要在当地大量购买粮食作为军储，真宗皇帝还从内府拨款在河北购买军粮。

宋廷一面加大军储，一面想方设法减少河北军粮的消耗。减少消耗的办法除了增加乡兵数量，再就是移兵就粮。根据辽军多数时候是在秋高马肥时南侵的特点，没有战事之时，宋廷就将后勤供应难度大的州军调往近边或者内地粮食供应相对简单的地方。咸平四年（1001年），河北饥荒，次年正月，宋廷将河北广锐军三十指挥一万五千人调往河东地区以省馈运。哪知道辽军在四月南侵，广锐军精锐骑兵一时无法回到定州参战，王超只得派遣一千五百名步兵先行赴援，严重影响了望都的战事。

王继英的担心不无道理，就算是宋军大队人马赶到澶渊，但后勤供应工作无法在短时间内完成，那么亲征的结果如何可想而知。

几个重臣的意见不统一，亲征的事情就暂时搁置不议。真宗皇帝先是向河北诸军颁发了战争总动员令，才隔数日，又发布诏书号召河北乡兵、边民中有能力的纠集民众，配合正规军作战。

真宗皇帝颁布的赏格为：

> 活擒一个契丹士兵，每人给钱十千；
>
> 斩首一人，每人支钱五千。

如果生擒十人已上或者枭十人以上首级，除了按数领赏之外，额外还有奖励。掳获所得都归个人所有，有关部门不得擅自扣留挪用。

如果杀的是契丹将佐，除了赏金之外，根据擒杀对象的官职高低“优与录用”。

⊙ 宋代钱币

从九月到闰九月开战前，宋廷战争机器高速运转，整个河北都动员起来备战，犒军衣物、添储粮草、调兵遣将，所有一切都在显示——真宗决心与辽一决雌雄。

宋辽之间大战迫在眉睫，就在真宗皇帝还在为什么时候御驾亲征纠结伤神时，辽军再次对宋展开大规模军事行动。双方互有胜负，辽军并没有占到多少便宜。先是，辽军先锋萧挞凛和萧观音“分兵掠威虏、顺安军”时，宋军“魏能、石普等帅兵御之，能败其先锋”。紧接着“东趋保州，攻城不克”。辽军转掠各地只是为了威逼宋军闭关自守，在达到战略目的后，萧挞凛与圣宗、萧太后会合，率军直趋定州。

双方在战场上兵戎相见打得不可开交，私下里的外交斡旋也在紧锣密鼓进行中，双方都有和平解决争端的意向。自从宋太宗发动收复燕云之战以来，宋辽双方的拉锯战断断续续进行了二十多年，事实证明，无论是辽军进攻，还是宋军防御，均需付出惨痛代价。

据《辽史·地理志》载，辽在最鼎盛时期，疆域“东至于海，西至金山，暨于流沙，北至胪朐河，南至白沟，幅员万里”。大体上北跨今蒙古人民共和国，包括贝加尔湖地区；东临日本海，包括今伯力、符拉迪沃斯托克；南达京津地区，由天津向西包括霸县、容城、涞源、五寨偏关（山西灵丘、应县、朔县、神池等地），河北包括唐山、承德、北京、张家口等，山西大同，及内蒙古西部准格尔旗、东胜等地。辽全境之内，社会经济发展水平最高的是燕京地区，史称“兵戎冠天下之雄，与赋当域中之半”。宋王朝想要收复燕京，无疑是与虎谋皮。

辽朝虽然号称以武立国，但因境内人口稀少，西夏与高丽日益强盛，辽必须调遣更多的兵力投入边防。所以数次南侵，兵力与宋相比，并不占据压倒性优势。军事方面与宋相较虽然不落下风，但其综合国力却远不及宋王朝。战事就这样胶着发展下去，最后的结果只能是两败俱伤。上至朝堂君臣，下至黎庶百姓，都希望双方息战言和。

究竟是宋辽谁先提出的议和，出于为尊者讳、亲者讳的原因，双方史料对此都讳莫如深。搁置此事不提，如果只看结果，王继忠无疑是极力促成和议之事的重要人物。王继忠在《宋史》《辽史》中皆有传，实属异事一桩。辽史称：“二十二年（辽统和二十二年，即宋景德元年，1004年），宋使来聘，遗（王）继忠弧矢、鞭策及求和劄子，……诏继忠与宋使相见，仍许讲和。”宋史的记载与此截然不同：“景德初，契丹请和，令继忠奏章，乃知其尚在。朝廷从之，自是南北戢兵，继忠有力焉。”辽史的记载称宋人先遣使议和，宋人称辽通过王继忠请和的，是非曲直究竟如何，已是杳不可知。

相较而言，宋史繁芜，对于此事的记载也远较辽史详细，另据宋史资料记载：“王继忠战败为敌所获，即授以官，稍亲信之，继忠乘间言和好之利。时契丹母老，有厌兵意，虽大举深入，然亦纳继忠说，于是遣小校李兴等四人持信箭以继忠书诣莫州石普，且致密奏一封，愿速达阙下，词甚恳激。只等言契丹主与母召至车帐前面授此书，戒令速至莫州送石帅，获报简即驰以还。”翻检故纸堆，推测可知：早在辽兵攻瀛州，或者干脆就是在定州对峙前，辽人就已经在向宋廷释放和议信息了。

辽人深知王继忠对宋廷的忠诚是经历了血与火考验的，坚持为我所用是出于对英雄的尊重与收买人心也勉强说得通。然而，萧太后和辽圣宗在南侵的时候会把他带在左右，这个事情就值得推敲了。此举，并非简单的便于顾问咨询。极有可能，辽人看重王继忠是因为他是真宗皇帝既为君臣，且是发小的亲密关系。仅此一点，王继忠就有利用的价值，所以在他被俘后，不但没有杀害，反而给了超规格的礼遇，不但封官，还知冷知热地为他又娶了妻子。感恩戴德的王继忠也明白宋辽双方多年交锋，辽人也意识到了想要以压倒性优势战胜宋王朝，饮马黄河有些不切实际。多年征战兴师动众不说，损兵折将更是得不偿失。所以，在这次南侵前，就做好了战与和的两手准备。战争是政治的延伸，目的是为了实现符合自身利益的和平，如果可以无须杀伐就得到财帛等物，谁又愿意兵戎相见、以命相搏呢？辽人也懂得杀敌三千自损八百的道理。

对辽人来说，能武力收复关南之地固然最好，但在辽人心底也非常清楚，收复关南之地与宋人提出的收复燕云故土一样不切实际。果然，战场上失利后，萧太后和辽圣宗带在左右的王继忠立即派上了用场。尽管宋辽双方都有和议的意向，但要让任何一方主动提出，还一时张不开这个口。双方必须要找到一个合适的渠道来做进一步的沟通，于是既是宋朝旧将，且是真宗心腹，现在又受到辽廷礼遇的王继忠被推到了历史前台，成为倡议和谈的不二人选。正是因为王继忠的这种特殊双重身份，使得究竟是宋辽哪一方首倡和议，成了难解的历史之谜。

王继忠物色的中间人是驻守莫州的宋将石普，石普与他一样都是真宗皇帝的藩邸旧人，二人交情不浅。王继忠给石普写了封私信，另外托他转交给真宗皇帝一封密奏。在密奏中，王继忠回顾了自己被俘的始末，重点提起自己陛辞之际真宗亲口讲的“惟以息民止戈为事”，自己身在曹营心在汉，现在作书就是为了玉成其事。真宗得知成为“烈士”的王继忠尚在人间不禁百感交集，他与王继忠相识相知二十多年，对王的笔迹书写语气自然十分熟悉，更何况王继忠陛辞之际说的话属于机密，他人绝对不可能知晓。所以对于辽人通过王继忠传递和议的事情，真宗觉得可以信赖。由于事发突然，辽军南侵以来虽然没有达到心理预期，但始终把握着战场主动权，现在突然主动提出和议，主战与主和的大臣都觉得事情蹊跷，纷纷劝官家郑重其事。不只是群臣如此，真宗皇帝也是心中打鼓，他担心的不是辽人和议的真诚与否，而是担心辽人提出关南旧地归属权的问题，这些陈芝麻烂谷子的事情公说公有理、婆说婆有理，根本就掰扯不清楚。如果辽人执意纠缠这个问题，宋廷就必须义正词严地拒绝，不惜一战也必须保全疆土完整。

关键时刻，宰相毕士安为官家剖析道："辽人南侵，是担心我朝长存恢复燕云之志。此次师出不利，就此退兵却心有不甘，势成骑虎，不得已通过王继忠请和，应该是出于真心。"斟酌再三后，真宗皇帝抱了"有枣没枣先打三杆子"的心理，用手诏的语气写信给王继忠，再次阐明自己息战安民，不愿穷兵黩武的初衷。王继忠提议由宋廷先遣使臣议和，但真宗不愿意贸然就派遣正式使臣，他还想摸清楚辽人的底牌，看看辽廷是否真的有和议的诚意。

真宗皇帝知道王继忠不可能是这封回信的第一个读者，有意用了回答臣子奏疏的语气。这样行文有理有利有节，不损大宋天朝的国威，在外交方面大宋朝暂时占得上风。

正如本文开始所讲，宋辽双方早就有意罢兵讲和之意，宋真宗即位不久，西京转运副使、太常博士、直史馆朱台符就建议真宗皇帝推行从前宋太祖提出的诱之以财货，许以关市与契丹讲和，以解决北部边患。朱台符的这个建议"时论称之"，可见讲和在当时是种共识。辽朝方面，萧太后也以年高为由，时而流露出厌战的苗头。辽廷本来想着以战迫和，争取战场主动权，期望在和谈的时候为己方增加更多砝码，哪知宋人摆出死磕的阵势，骑虎难下的辽人不得不发动了新一轮的攻势。

⊙ 毕士安像

瀛州保卫战

与此同时，辽人仍不断地通过王继忠与宋廷沟通，希望双方可以达成和议。大约过了月余，宋真宗收到了王继忠的第二封书信。在信中，王继忠告诉真宗，辽军已经率军直驱瀛州，因为这里是辽廷关南旧地，所以此次辽人志在必得。在书信中王继忠提醒真宗瀛州

“恐难固守，乞早遣使议和好”。真宗皇帝自然明白，书信确实是王继忠亲笔，但他只是一个传声筒而已，这是辽人在赤裸裸的恫吓和外交讹诈。

接下来事情的发展证明，真宗皇帝的担忧并非杞人忧天——关南之地真的是双方和议的瓶颈。真宗皇帝只是泛泛表达了言和的意向，辽人主动提出瀛州，显然这是他们和议的底牌。双方如果在这一问题上达不成共识，和议之事就难以继续进行。但“乞早遣使议和好”之句也暴露了辽人的真实面目：进围瀛州不过是他们以战促和的伎俩罢了，辽人在军事方面虽然仍掌握主动权，但目的仍是希望尽早达成和议。

在没有收到王继忠第二封信之前，真宗皇帝就令岢岚、威虏军、保州、北平寨的宋军主动向辽军发起进攻，这样既可以分散辽军的兵力，还可以令辽军首尾无法兼顾，扭转宋军在战场上的被动局面。所以成竹在胸的真宗皇帝不为所动，在臣下面前淡定的表示“瀛州素有备，非所忧也”。

闰九月二十二日，辽军赶至定州。数万宋军主力精锐在唐河严阵以待，主帅王超严格遵照真宗诏旨按兵不战。

真宗皇帝即位之前，虽没有参与国政的经验，但他在即位后，立刻用心审阅沿边地理，留意山川要害，不久即能指出边臣奏报中的错误所在，每年都亲自布置“防秋”大计。有其父必有其子，真宗皇帝和父亲一样，喜欢给前线将领颁制“阵图”，以实现“将从中御”。

“将从中御”一语最早见于先秦兵书《军志》：“将从中御，兵无选锋，必败”，《孙子兵法》云：“将在外，君命有所不受”，《六韬》也认为“国不可众外治，军不可从中御”。宋的军事不振，就是与“将从中御”的祖宗家法有关。准确地讲，与宋太宗有关。

宋在立国之初，赵匡胤实行积极稳妥的军事战略，对前线将领至多做宏观上的战略指导，不拘泥于阵法也不会用阵图束缚将领，对将领们的具体用兵不干预，不指手画脚。宋太祖的这种驭将之道，到了宋太宗时代出现了一些变化。出生在五代时期的宋太宗，对唐末五代以来“天子宁有种邪？兵强马壮者为之”的现象十分畏惧，为了扭转五代以来君权衰弱、武臣跋扈拥兵割据的局面，如何控制出征之将帅，是萦绕在他心头的大事。为了避免成为继五代后出现的又一短命王朝，赵光义想方设法控制前线将帅，做到“事为之防、曲为之制”，即便是损兵折将，斥地与敌，也不会放弃“将从中御”的政策。宋太宗通过预授将帅阵图等手段，剥夺了前线将领的指挥权，致使临敌的宋军难以随机应变，无法发挥出最大战斗力。

太平兴国四年（979 年），辽人大举南侵，宋军将领刘延翰、崔翰、赵延进、李继隆等奉命率军迎敌。宋太宗预先“以阵图授诸将，俾分为八阵”。当宋军挺进至满城时，遭遇辽军骑兵。崔翰不求有功、但求无过，准备“按图布阵”。结果导致“士众疑惧，略无斗志”。面对机动性高的契丹骑兵，如果仍固守僵滞的阵形对敌，非常容易为辽铁骑乘隙突破，导致全线崩溃。关键时刻，赵延进和李继隆愿意承担全责，宋军及时调整阵形，把分散的“八阵”整合成“二阵”，使之前后呼应。随机应变的调整后，宋军“士众皆喜，三战，大破之”。辽军一败涂地，“悉走西山，投坑谷中，死者不可胜计”。

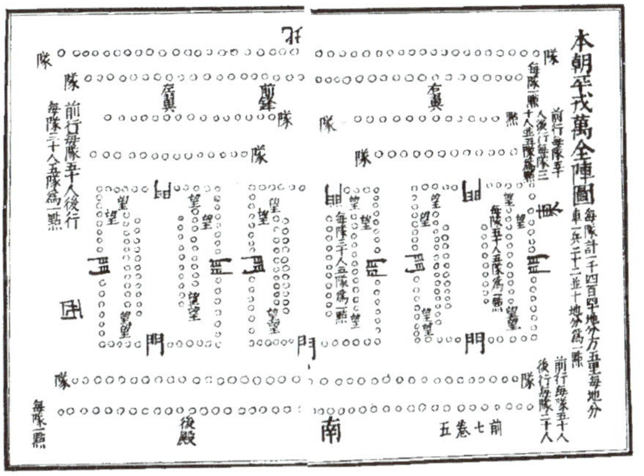

⊙ 平戎万全图

辽方在记载这次战役时，说是宋军使用了诈降计，主帅韩匡嗣信以为真，宋军乘机出奇兵攻击以致辽军大败。如果辽方记载属实，那么宋前线将领具有一定主动性，不但没有严格执行宋太宗呆板的“中御”之策，还主动以诈降邀击敌人。

端拱元年（988 年）十一月，辽军南侵，进至唐河（今河北唐县境内），诸将准备遵照宋太宗事前颁发的“坚壁清野勿与战”的诏令行事，定州监军、判四方馆事袁继忠分析了严峻形势，指出：“契丹在近，今城中屯重兵而不能翦灭，令长驱深入，侵略它郡，谋自安之计可也，岂折冲御侮之用乎？”他认为消极畏战不可取，力主抵制“中御”之策了，出战迎敌并鼓舞士气道：“我将身先士卒，死于敌矣。”中黄门林延寿等几人“犹持诏书止之”，这时定州都部署李继隆也坚决支持袁继忠，二人一起出兵迎敌，齐心协力杀敌，结果“契丹骑大溃，追击逾曹河，斩首万五千级，获马万匹。”

将领们“不遵成算”，不执行宋太宗的“中御”之策，往往在战场上占得先机，会取得胜利，而在宋辽涿州之战、宋夏乌白池之战中，有的将领死守阵图，不敢逾矩一步，导致了战场的被动挨打。明知“将从中御”在实行过程中弊端丛生，也不是所有的将帅都会切实贯彻执行，但它仍没有废止，而是成为有宋一代的“祖宗家法”，为以后的嗣君沿用。

战场军情瞬息万变，战机稍纵即逝，排兵布阵追求的是灵活机动，最忌生搬硬套。然而宋统治者以军事天才自居，运筹于深宫之中，授将帅阵图于千里之外，领兵将帅如不能根据实际形势变通，焉能不败？

到真宗皇帝即位，对辽作战的态度是“不须力战，但控扼备御，不失机便可也”。对辽军“来则备御、去则无追”，如此一来，沿边将领只知循规蹈矩、遵旨作战，基本上不会去主动出击。真宗皇帝没有任何作战经验，但在对辽作战屡败的情况下依然频频授前方将帅阵图，乐此不疲。在强敌压境之际，仍不忘将从中御，造成了宋军“士卒不惯行阵，将帅不知战守，加以士卒骄而将帅鄙”的弊端。咸平三年的瀛州之战，大将傅潜坐拥劲卒八万“闭门自守”，将士们“急欲击敌”，他不但不鼓励支持，反而“丑言骂之”。宋仁宗朝大将王德用评道：“咸平、景德中，赐诸将阵图，人皆死守战法，缓急不相救，以至于屡败。”

咸平四年，鉴于此前损兵折将的惨痛教训，真宗意识到旧的阵形需要调整要旨，及时创制了新阵法。为阻遏辽军铁骑奔突，在大阵之前增设了“前阵”，与大阵遥相呼应，及时侦知辽军动向；在大阵后方，为防备敌抄略后路截断粮道，增设了“拒后阵”殿后保护。改进后的阵图，前后都有了严密的队阵保卫。宋代的“大阵”除前阵和拒后阵之外，本身依地形之便利，或排成长阵，或作方阵，以步军枪手、刀手、弓弩手、床子弩、骑兵等 不同兵种，按任务需要布列队形。双方接战后，各兵种发挥所长，轮番出击敌军。其间还夹杂有“阵中之阵”的“先锋阵”、“策先锋阵”等，位于前阵的后方和大阵之间，以助大阵发动冲锋。此外，更抽选精锐骑兵组成马队，布列在大阵的左右两翼，称为东西“拐子马队”。如此设计，是为应付辽军突然调集优势兵力，实施突破，作为机动部队进行有效驰援。

望都之战败后，真宗综合各方意见，将镇、定、高阳关三路兵力，共六万人集中定州。定州城外有唐河自西北向东南流，战略地位重要。因此，宋军沿唐河两岸布下大阵：大阵北行至保州，安肃军、威虏军附近的徐水、鲍水两河，同样为西北流向东南，最后注入滹沱河，宋军在此依地形水势设“前阵”诱敌，唐、徐、鲍三水自南而北斜形排列，略呈平行，构成了战略纵深，因此以六千骑兵屯威虏、五千屯保州、八千屯北平寨为“前阵”犄角，拱卫大阵。另以一万步骑屯莫州，八千屯宁边军、五千屯邢州，形成东线防御纵深。其余部队则屯扎天雄，作为预备部队虚张声势。定州以南的宋军步骑混同编制，以步卒为主；以北地方则以骑兵为主，便于机动移位，执行攻防任务。辽军初至气势正盛之际，前方宋军坚守，耗至辽人再衰三竭后，才由“前阵”前锋出动，鸣鼓挑战，设法引诱敌主力至大阵，然后合拢包围，予以聚歼。

在沙盘前，真宗与手下对战场上可能发生的情况一一做了周密的推演，甚至考虑到了如果辽人不支遁走，如何扼险袭其归路，如何阻断其后路，如何邀击其辎重等突发情况。

这次排兵布阵，真宗可谓绞尽脑汁，如果辽兵胆敢来犯，唐河将成为战场实景与“阵图”配合最为切近的一战。百密一疏的是，他们没有料到辽人会避而不战。

辽人连年南侵，如入无人之境，正是因为他们熟悉了宋军的战法，掌握了宋师守而不攻、以保壁坚城为最高目标的作战特点，充分发挥了骑兵快速机动性强的特点，采取迂回战术，对于坚固要塞能攻则攻，不能攻则迂回，继续深入宋境。

兵法有云：勿击堂堂之师！久谙兵事的萧太后、辽圣宗母子见状，明智地选择了避实击虚，从定州东面绕城而过，直奔东南方向的武强（今河北武强东），然后在阳城淀兵分三路，一路萧太后辽圣宗亲自率领缘胡卢河越过南关转攻瀛州，另两路用以牵制关南外围。

十月六日（《长编》作十月十六日，疑误，今不取），在瀛州城下宋辽两军发生了一场空前激烈的攻防大战。

瀛州的护城壕是宋军的第一道防线，宋时护城壕的挖掘没有具体规定，一般“壕面各随其地为阔狭，大要在面阔底狭，其深及泉，使箭炮难及即住”。不过在河北的护城壕作用有限，因为多数时候辽军都是在秋高草黄的时节南侵，深入河北大多已经是隆冬季节。护城河水结冰之后，位于大城墙之外的羊马城就成了第一道防御工事。羊马城是为了防守御敌，建在城外数十米处筑的类似城圈的工事，宋城的羊马城建于壕堑内离城十步处，一般高八尺至一丈，厚六尺。城墙之上建有五尺高的女墙（宋《营造法式》对女墙的定义为“言其卑小，比之于城若女子之于丈夫”，女墙就是城墙上升起的部分）之外，还有敌楼、战棚、白露屋等防御工事，这些全是为城池上的士兵提供的藏身之所。“敌楼前高七尺，后五尺，每间隔一步，深一丈。其棚下约容二十人。若城愈阔，则愈深。上施搭头木，中设地栿，仍前出三尺。常法，一间二柱，此用四柱，以备矢石所摧，上密布椽，覆上厚三尺，加石炭泥之，被以濡毡，及椽栿之首并以牛革裹之，以防火箭。”战棚的规格样式和敌楼一样。“白露屋，以江竹或榆柳条编如穹庐状，外涂石灰，有门有窍，中容一人，以为候望。每敌楼、战棚上五间置一所，于两旁施木拒马、蓖篱笆，隐人于下，持泥浆麻搭，以备火攻。”

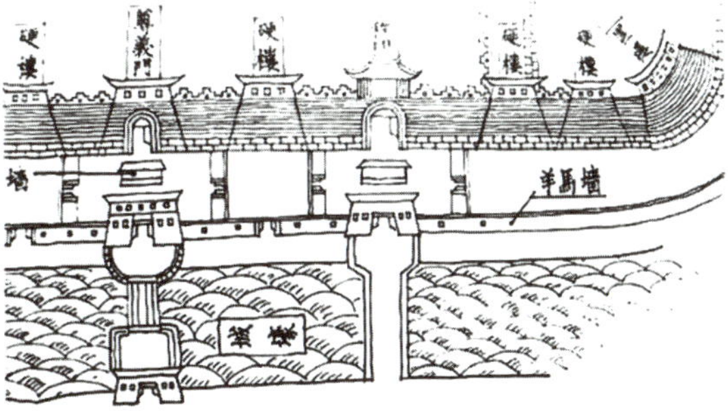

⊙ 羊马城建筑示意图

为阻滞辽军的铁骑奔突冲锋，消耗有生力量，减少城防压

⊙ 守城器械图（1）

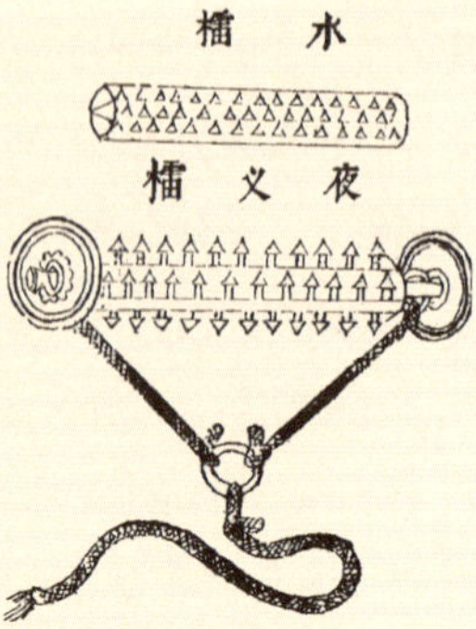

⊙ 守城器械图（2）

力，瀛州守军备有大量的铁菱角、铁蒺藜、鹿角木、地涩、搊蹄、木蒺藜等阻滞类武器。铁蒺藜主要部署在交通要道，减缓敌军的行进速度。铁菱角性质与铁蒺藜类似，只是部署在水较浅的壕沟或者是靠近城的溪流塘陂，防止敌军涉水渡河。鹿角木是长数尺的坚木，直接插入泥土中一尺左右，用于阻挡骑兵。地涩和搊蹄也是阻滞设施，地涩是以逆须钉入长三尺、宽二尺、厚三寸的木板。搊蹄则是由一具钉满逆须钉的七寸木框构成，和地涩一样都针对敌军的战马。

瀛州城内的宋军为了对付辽军攀爬城墙，准备了大量巨石檑具、车脚檑、狼牙拍、飞钩、铁撞木、穿环等城防工具。檑具根据材质不同分为木檑、泥檑、砖檑几种，木檑是在巨大的木材上钉上逆须钉，以增加投掷时的杀伤力；泥檑是以土混合猪鬃、马尾等物制成；砖檑是用烧砖技术烧成，与木檑、泥檑形制差不多，都是一次性使用品。如果敌军长期围城，对付蚁附攻城的辽兵，就用到了可以回收再利用的车脚檑和夜叉檑。车脚檑是在城上面立一个绞车，用车轮作为檑具，投掷后再用绞车收回。夜叉檑施放后，两端的轮子可以迅速帮助檑木复位，而不会受逆须钉和城墙摩擦的影响。

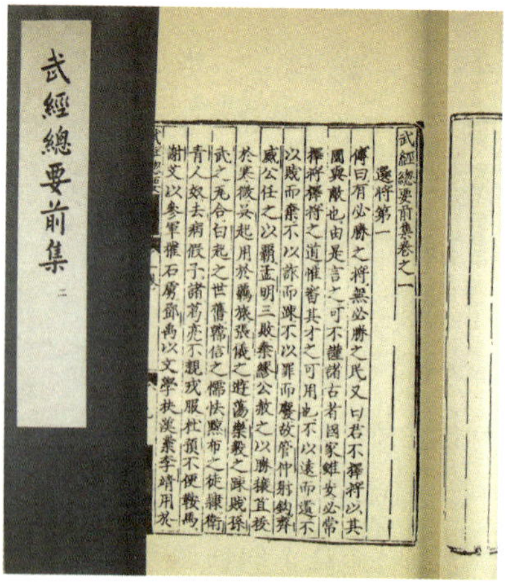

⊙ 武经总要图

炮是攻守双方使用的一种利器，在瀛州攻防战中，宋辽双方都有使用。严格讲来，千年前的“炮”应该写作“砲”，它只是一种人力抛石机而已。在战争中使用人力抛石机，始于何时，已经难以做出确切考证。汉唐之际，虽然出现并推广了名为“砲”的战具，但其形制和结构一直缺乏详细记述。今人对它的了解，仍是缘自宋代的军事著作《武经总要》。

“凡砲，军中之利器也。攻、守、师行皆用

之，守宜重、行宜轻。”北宋的专业砲兵有“飞山雄武”、“宣毅床子弩砲手”等，辽则专门设有“砲手军详稳司掌飞砲之事”。此次辽军南侵，长途跋涉无法携带双梢砲、五梢砲、七梢砲等重砲，只能带些旋风砲、单梢砲、虎蹲砲这种轻型砲。因此在攻城战之中，辽军的砲并没有发挥重要作用，只好万箭齐发，运用人海战术了。

而宋军守城，轻重砲车都有配置。轻炮中的旋风砲“凡一砲五十人拽，一人定放，放五十步外，石重三斤，其柱须定埋，即可发石。守则施于城上战棚左右。”（按：每宋尺约合 0.31 米，每步为五宋尺，旋风砲的射程约为 75 米。）

⊙ 宋代独脚旋风砲

据《武经总要》记载可知，不同类型的砲，其抛射物也不尽相同，北宋军中的砲抛射物有撒石星、火球、火枪、火鹞、蒺藜火球、烟球、毒药烟球、粪砲罐、金火罐、引火球等。北宋真宗年间是进入冷兵器与火药武器并用的时代，瀛州守军的砲有石砲和火砲的区分，两者兼用。火砲主要用于焚烧辽军攻城器械，威力并不高于石砲，也无法替代石砲。宋军掌握的火药制造技术属于国防机密，因此严禁外传。由于宋人的封锁，辽人直至辽道宗时，才完全掌握了制造火药的技术。所以攻城辽军既无重砲也无火砲，并没有给瀛州城防带来太大的危害。

石油不是中国人最早发现和使用的，而汉语“石油”一词则始于宋人沈括。当他看到森林资源日益枯萎时，曾经预言石油“后必大行于世”《元和郡县志》卷 40 记载，玉门县“石脂水在县东南一百八十里，泉有苔，如肥肉，燃之极明，水上有黑脂，人以草盉取用，涂鸱夷酒囊用户膏车。周武帝宣政（578 年）中，突厥围酒泉，到此脂燃火，焚其攻具，得水愈明，酒泉赖以获济”。这是石油最早运用于军事的相关记载。五代时，江南不产石油，但吴越国主钱镠从海外进口了石油用于军事。《辽史 · 太祖淳钦皇后述律氏传》载，吴国曾经向耶律阿保机“献猛火油”，使者宣称，攻城时可以用猛火油焚烧楼橹，敌人将束手无策，因为燃起的火是用水浇不灭的，而且愈浇愈旺。阿保机一听大喜过望，决定立即发精兵攻打幽州城，见识一下这个新式武器的威力。幸亏述律后觉得此举欠妥极力劝阻，阿保机这才作罢。因试验武器就攻人国家，实在是岂有此理。

北宋的城防中也备有猛火油，据《宋会要》记载，开封设有广备攻城作，设十一作，其中就有专门生产猛火油的车间。宋人的“猛火油柜”是由熟铜制作的四脚方柜，一次可

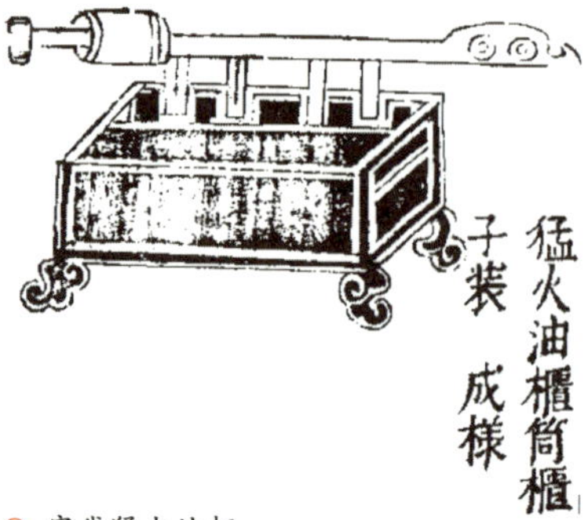

⊙ 宋代猛火油柜

以注油三宋斤（一宋斤约等于 0.6 公斤）。上面设有唧筒，用火药发火，喷出烈焰，“中人皆糜烂”。根据史料的记载推测可知，“猛火油”就是宋人的火焰喷射器，辽军“以冲车等进”，宋军立即针锋相对“穿以铁环、木镙、放猛火油”抵御。宋代产石油的地区仅是甘肃玉门、陕北两地，辽境并不产石油，因此在攻城器械中也没有配备猛火油，在宋军猛火油的烈焰面前，辽军避无可避，被烧的焦头烂额，伤亡惨重。

澶渊之盟缔结后，真宗考虑到河北民众数十年遭受战乱之苦，读书人学业荒废，特意为河北举子举行了一次优待科考。据《宋会要辑稿·选举》记载，景德二年五月，真宗录取河北举人正、特奏名进士、诸科共两千零四十六名，其中参与了瀛州城防的士子计有九百九十七人，一并赐进士及第，授试监簿、州助教、摄州助教、补殿侍隶三班。其中张存、任弃二人“虽事业荒疏，亦皆被泽”。读书人为保家园挺身而出，上阵杀敌，本是一桩美谈，但二人学业不精，因此而进士及第，难免招惹非议，被一些眼红的士子讥讽为“张存解放旋风炮，任弃能烧猛火油”。

瀛州城内军民同心协力，利用各种城防设施狠狠打击侵略者，攻城的辽军死伤累累。即便如此，辽兵仍然日夜不停地攻城，击鼓伐木之声闻于四野。灯笼火把照的夜如白昼，辽兵驱赶着奚族人“负板秉烛乘墉而上”。

与宋的募军制不同，辽军实行征兵制。侵宋的辽兵征自宫帐、部族、京州和属国四个系统。辽的宫帐，契丹语称之为斡鲁朵，原意为座位，后演变为帐篷、村落和宫、院。辽前后有九帝、二后、一个皇太弟和改契丹姓的汉族大臣韩德让，共置十三个斡鲁朵，汉语称为十二宫一府。每个斡鲁朵包括平民、奴隶，有汉民也有契丹族人，是独立的行政和经济实体，不受辽廷管辖的国中之国。皇帝、皇后去世后，斡鲁朵并不解散，而是移置于某地，“有调发，则丁壮从戎事，老弱居守”。十二宫一府计有“丁四十万八千，出骑军十万一千”，这个数字可能是宫卫征兵额的最高上限，实际上不可能全部征发。按情理忖度，辽圣宗在位时期，辽的宫帐最多可征发军兵六万人而已。除了斡鲁朵之外，辽朝对其臣民的统治体制还有部族制、州县制、各贵族领地的头下军州。部族制只适用于契丹人、奚人和其他的游牧民族，几经调整发展，至辽圣宗、辽兴宗时期，大致可分为辽内四部族、四大部族、四十八个小部族等部族圈。“各部族分隶南、北府”，“胜兵甲者即著军藉”。京州系统是指五京道州县征集汉族、渤海族等壮丁为军。辽分五京，有上京临潢府、东京辽阳府、中京大定府、西京大同府、南京析津府。其中，辽太宗于会同元年(938 年）升幽州为南京，又称燕京，府名初为幽都。辽圣宗于开泰元年（1012 年）又改幽都府名为析津府。辽兴宗重熙十三年（1045 年）升大同府为西京。据《辽史》记载，“大约五京民丁可见者，一百一十万七千三百为乡兵”，这个数字应该也只是征兵额的最高上限。《辽史》卷 36《兵卫志》载，“辽属国可纪者五十有九，朝贡无常。有事则遣使征兵，或下诏专征，不从者讨之。助军多寡，各从其便，无常额”。许多属国，本来就没有什么武装力量，令他们“点检强壮，置办人马衣甲”从征，实在强人所难，所以人数不会很多，战斗力有限。

奚是辽廷的部族之一，据《新唐书》卷 219 记载，最初，奚与契丹为邻。契丹住地称松漠府(今西拉木伦河与老哈河流域)，奚原居饶乐府阴凉川，后徙至琵琶川（今辽宁喀左县东大土城)。奚族与契丹语言相通，原本实力相当。可是契丹族壮大后，奚却成了其役属。在契丹的压迫下，一部分奚民迁往妫州（河北怀来）山后等地，开始了半耕半牧的生活。奚人“善耕种步射”，奚军“少马多步”，因为这个缘故，奚军成了辽军步军的重要组成部分。攻打瀛州城时，奚族人自然成了辽人的炮灰。

辽人此番有备而来，携带的攻城器械多是仿制中原王朝的，壕梯、云梯等物应有尽有，而且梯、冲、竿、牌用铁皮包裹了，“皆锋锷铦利”。

知瀛州李延渥亲自率军与贝、冀巡检史普所部严防死守，用礌石巨木狠砸蜂拥而上的辽军，攻城的辽兵“累累而坠”伤亡惨重。一连攻城十多天，瀛州城安如磐石岿然不动。战况最激烈时，萧太后、辽圣宗母子二人轮番击鼓督战，“矢集城上如雨”，宋瀛州通判睦元凯（《宋史》载为陆元凯，《续资治通鉴长编》载为睦元凯，未审孰是）脸部中箭，血流满面，仍然坚守阵地不退。宋军伤亡惨重，情势最危急时，城中的和尚与尼姑也拿起刀枪上了战场帮助守城，抗击入侵者（《续资治通鉴长编》载，景德二年四月，真宗诏：瀛州僧尼曾经城守者，赐以紫衣……)。宋军民团结一心、众志成城，辽军虽然攻势如潮，却始终无法突破防线。战争结束打扫战场，光是箭矢就从护城壕里清扫出四十余万枝，辽军攻城不遗余力据此可见一斑。

辽人是游牧民族，与其后迅速崛起的女真人善攻坚作战不同，他们的攻城作战力低下。如果是小的城镇还可以实施攻坚，面对宋人规模较大的州军，攻城往往会铩羽而返的。辽军进攻瀛州伤亡惨重，与宋人防御作战能力强和辽人不善攻坚有关。

就在宋辽两军斗的不可开交之际，王超仍然按兵不动没有赴援。不但如此，就连辽军饶过定州南下，真宗亲征途中，下诏令其率军赶赴行在，王超依然迟迟不肯赴援。公允地讲，分析一下辽军的作战特点就会明白，王超这样做并非完全是畏敌如虎，其中也有持重用兵的成分。宋廷中一些有识之士，对辽人的作战特点也有着清醒的认识：“其用兵之术，成列而战，休兵而乘之，多伏兵，断粮道。”宋辽双方连年鏖兵，宋军数次大败或者是先胜后败都是因为辽军作战“多伏兵、断粮道”。

辽军每正军一名，配备马匹三匹。据史料记载，辽人“常选南征马数万匹，牧于雄、霸、清、沧间，以备燕云缓急”，宋辽一旦有战事，还可以征集各地散养战马及民间马匹用于作战。利用骑兵机动灵活的优势在运动中进行伏击是辽人的拿手好戏。在运动战设伏消灭对手是游牧民族的一贯伎俩，匈奴冒顿单于困汉高祖刘邦的白登之围就是经典战例。在与中原军队作战时，一落下风，游牧民族就会打马如飞遁去，并在撤退途中暗置伏兵，伏击追击之敌。另外他们不注重一城一地的争夺，擅长在大踏步前进途中设伏，引诱敌军出城追击予以歼灭。

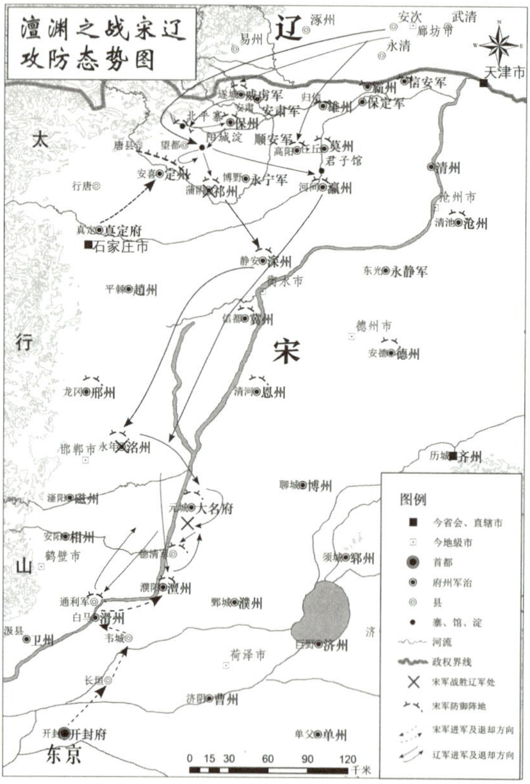

⊙ 瀛州之战宋辽攻防态势图

有宋一代，规定马匹等级有四等，由高到低依次为御马、臣僚用马、诸军用马、驿马四等。作战用的马匹位居第三，这些战马又以士兵俸廪、身份高低及马匹岁口、体格等为标准确立等级，分配给相应的作战部队。最好的马匹却用做不急之务，所以两宋年间的战马数量常常不足，质量更无法得到保障，解决战马的供应始终是困扰统治者的棘手问题。养马最多的是宋真宗在位期间，虽然有二十余万匹，但与唐朝七十万匹的数字相差甚远。

景德之役发生时，宋朝所辖疆域虽然比五代十国的全疆略大，却失去了出产马匹的冀北之野与甘凉河套之地。北宋朝廷被迫花费大量人力财力养马和买马，然而内地所养之马，体质羸弱，根本无法在战场上与辽人争雄。而且购买的马匹数量少，质量也不高。产马地的丢失对宋廷国防战略产生了深远影响，马匹的缺失令宋朝无法组建能与辽军正面对抗的大规模骑兵部队。在与辽作战时，宋军一旦失利，就会溃不成军，容易被辽军追击围歼；而辽军作战失利，就会立即骑马远遁，快速撤离战场，宋军始终无法在运动战中对辽军造成大规模杀伤。由于这一限制，宋廷不得不大力发展城池防御体系，以抵消辽人作战的机动灵活性马匹的缺乏与马质的低劣。

王超被后世人讥为庸将，其实有失偏颇。他既然“总握禁兵、时称名将”，自然深谙辽军的作战特点，也明白宋军的相对劣势所在，身为主帅的他选择持重之策也就不难理解了。

辽军死伤数万依然无法攻陷瀛州，眼见无法突破城防，不得不主动撤围而去，转而南下攻城略地。虽然自出军南侵以来一路损兵折将，但据史料记载，“契丹自瀛州遁去，其众犹二十万”。

十四日，辽军攻陷祁州（今河北安国）。

三、澶渊之盟

王钦若出镇大名

瀛州保卫战的胜利提振了宋军的士气，真宗皇帝一边不吝赏赐“官吏进秩，赐物有差”，一边督令河北诸州官兵随时抵御来犯之敌。由于宋军有备，辽军侵扰贝州（今河北清河）、冀州（河北冀州）都劳而无功。知冀州王屿早就憋足了劲想要教训狠狠地教训一下辽军，此前就日夜操演兵马，训练民兵。辽军逼近冀州，被他数次率军击退。宋军周莹所部奋战于铭（河北永年）、贝二州，大败辽军。自九月兴兵南侵以来，辽军转战千里损兵折将，士气低落。宋军保州张凝、北平寨田敏两部奉命挺进辽境，向辽易州守军发起主动进攻，辽军边防告急，哪知道萧太后与辽圣宗置之不顾，反而加快了南下的步伐。

辽军摆出一副破釜沉舟、鱼死网破的架势，深入河北腹地，宋廷上下震惊不已。胆战心惊的参知政事王钦若和签书枢密院事陈尧叟分别建议真宗皇帝移驾金陵和成都。真宗皇帝委决不下，于是去问寇准。寇准佯作不知事情原委，故意吃惊道：“什么人为官家出此下策，罪不容诛！”寇准为真宗分析了一下敌我双方战事上的利弊，指出：只要御驾亲征，辽军就会主动退却。不然的话，出奇兵袭扰辽军后方，坚守避其锐气、击其惰归，也可以稳操胜券。又何必丢弃祖宗陵寝之地，远幸楚、蜀呢？

寇准的剖析，坚定了真宗皇帝抗辽的信心。趁此良机，寇准再次提议真宗驾幸澶州。为了排除来自朝堂之上逃跑派官员的阻力，寇准荐举王钦若出镇大名。真宗准奏，任命王钦若“判天雄军府兼都部署、提举河北转运司”，与时任天雄军都部署、知军府事的永清军节度使周莹“同议守御”。寇准用光明正大的理由将政敌送上抗辽前线，王钦若虽然恨得咬牙，但也无计可施，只好硬起头皮匆匆履新。（史料记载：王钦若在闰九月二十四被任命为知大名，十月初二日到任。据此可知，他没有看到王继忠的第二封书信，更不清楚真宗派遣曹利用为议和使人的事情。）

宋廷不断收到辽人释放的和议信号，眼见和谈在即，宋辽双方都加紧了军事上的较量，毕竟和平是需要强有力军事力量支撑的，战场上的胜负决定了谈判筹码的轻重。作为政治家，不但萧太后、辽圣宗母子知道这一点，年轻的宋真宗也深谙此道。

为了加重己方在未来和议中的砝码，真宗最终听从了寇准的建议，下定决心御驾亲征！与此同时，他也不愿意和议的大门在自己手中关闭，毕竟在战场上完胜辽人没有什么把握。在“募神勇军士李斌持信箭赴敌寨”后，真宗令枢密院推荐使辽的正式人选，殿直曹利用毛遂自荐，枢密院使王继英顺水推舟予以荐举。

真宗皇帝才张罗着亲征事宜，就再次收到了王继忠的书信。战场的胜负决定了话语权，王继忠奉上的书信语气大变，瀛州之战大败的辽人全然没有了上次的嚣张气焰，转而表示“不敢劫掠，以待王人”。攻瀛州死伤数万，西路进攻河东的辽军也损失惨重。据宋王珪《华阳集》卷三六《高穆武王（高继勋）神道碑》载：高继勋与知岢岚军贾宗与五万辽军战于草城川，宋军利用有利地形邀击辽军，追杀辽军直至寒光岭，辽军“斩首及自相腾轹以死者万余人”。

辽人久候宋使不至，只好再次命王继忠作书敦促。“王人”曹利用并非腿脚不利索，而是途经大名府时被王钦若扣留了。

原来，王钦若赶到大名没几天，辽军就兵临城下。虽然宋军在大名府部署了重兵，但王钦若看到“戎虏满野”的景象后，束手无策，吓破了胆的他不是积极整军备战，而是命人紧闭四门，自己则每天只知道吃斋念佛，祈求佛祖保佑他渡过此劫。

眼见辽军打上门来，军政主官王钦若职责所在，避无可避，只好召集手下将领商量守城之事。素有多智之称的王钦若举措乖张，居然想出了抓阄的办法来安排防守四门的高招。临危受命，被真宗任为钤辖的孙全照挺身而出：“全照将家子，请不探符。诸将自择便利处所，不肯当者，全照请当之。”辽军南侵，北门首当其冲，所以孙全照当仁不让地担任起了守御北门的重任。见孙全照这样，王钦若只好假惺惺地表示自己守卫南门（为方便跑路）。孙全照表示反对，强烈要求王钦若居中调度指挥。此举正中王钦若下怀，于是就躲在衙署中发号施令。

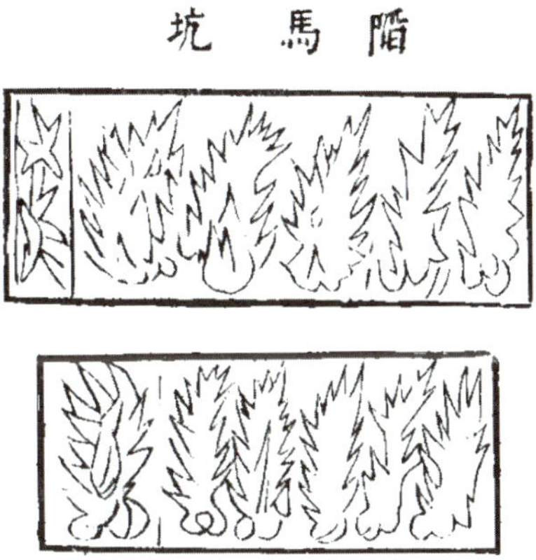

⊙ 陷马坑

辽军前锋到了大名府北门，却见城门洞开，吊桥一如平时模样没有拉起。宋时，城门是城墙防御的重点，也是城池防御系统中极其薄弱的环节。北宋年间的城门不似明清城门中砖石券门洞，多是梯形木构城门洞，主要是由两侧靠门洞壁的壁柱（排杈木）和横梁（洪门栿）组成。这样形制的城门最大的弱点是不牢固，特别害怕火攻。因此吊桥不但是控制城内外交通的工具，而且在战时拉起来保护城门的作用尤显重要。“桥后去城约三步，主二柱，各长二丈五尺。开上山口，置熟铁转输为槽，以架铁索并绳，贵其易起。若城外有警，则楼上使人挽起，以断其路，亦以护门。城上常以炮及弓弩御敌，虑以火燔烧及被攻斫。”为了避免城门直接暴露在敌军的攻击下，宋人采用了“屈直开门”的设计理念，羊马城门、瓮城门和大城门都是屈直相通，没有直对。为了强化城门防御，宋军在城门外布置了“长五尺，阔三尺，深四尺”的陷马坑，坑底布满了削尖用火烤过的鹿角枪和竹签，呈“巨”字形排列。在护城壕上面还有一种陷阱装置叫机桥，表面看上去与普通便桥无异，其实内藏机关。其中有一根梁设为转轴，两端有横栝，战时就把栝取掉，敌军一旦踏上桥面，桥立即就会翻。

孙全照部下有一支“射人马洞彻重甲，随所指麾，应用无常”指哪射哪儿的“神枪手”部队，辽军“素畏其名”。现在见城门大开，不敢轻易冒犯，于是绕过北门，转而去攻打大名府东门了。

哪知道东门也是防备森严，辽军攻城受阻。攻城未果的辽军故技重施，“潜师过城南，设伏于狄相庙”。见辽军撤围，不知抽住了哪根筋，王钦若突然变得胆气豪迈起来，立即“遣将率精兵追击”。闯入辽军埋伏圈的宋军左冲右突都无法脱身。孙全照立即意识到战局到了千钧一发之际，慷慨请缨：“如果失去这些精兵，就等于丢失了大名府。请允许我率军去救他们！”

大名府是宋朝设在黄河北岸的军事重镇，掌控着黄河以北大片疆土，是守卫汴梁的北大门。守住大名府，就等于堵塞了辽军南渡黄河的通道。王钦若虽然没有什么军事才能，但也知道厉害，明智地选择了放权，听任孙全照率军赴援。最终在孙全照等将领的力战下，陷入重围的宋军被营救出险，大名府侥幸得保不失。

据《辽史》记载，十一月“甲子（十四日）东京留守萧排押获宋魏府官吏田逢吉、郭守荣、常显、刘绰以献”。显然，这些宋军将士，就是因王钦若的指挥失误而陷入重围被俘的。

肩负议和重任的曹利用途经大名，却被孙全照扣留了。孙全照对辽人和谈的诚意表示怀疑，“劝王钦若留之”。因为大名府全靠孙全照力战才得保不失，王钦若再次采纳了他的建议。

也不能怪王钦若成事不足、败事有余，毕竟数十年间宋辽双方兵连祸结，仇结得深了，王钦若从来没有想到有朝一日双方会坐到谈判桌前来。不但是王钦若不了解内情，就连辽方的一些重臣也被蒙在了鼓里。《辽史》载：“统和二十二年十一月丁卯（十七），南院大王善補奏宋遣人遗王继忠弓矢，密请求和……”按情理忖度，善補奏疏中的“宋遣人”应该就是李斌了。李斌见到萧太后、辽圣宗时，正是辽军未能攻陷大名府，在准备攻打德清军之前。

虽然正使曹利用被王钦若扣留在了大名府，但李斌却顺利完成了信使的艰巨任务。于是，王继忠的第三封信送到了真宗御案前。

这封书信并没有交由李斌带回，而是仍然交由石普代为转交。所以如此，极可能是为了及早促成和议之事。

接下来史料中关于此事的记载，则是令人一头雾水了。

正史《续资治通鉴长编》一书载：“（景德元年十一月）上前赐王继忠诏许遣使，继忠复具奏附石普以达。普自贝州遣指挥散直张皓持诣行阙，道出敌寨为所得。契丹主及其母引皓至车帐前，问劳久之。因令抵天雄，以诏促曹利用。王钦若等疑不敢遣。皓独还。契丹主及其母赐皓袍带，馆设加等，使继忠具奏，且请自澶州别遣使速议论和好事。于是，皓以其奏入。上复赐钦若诏，又令参知政事王旦与钦若手书，俾皓持赴天雄，督利用同北去，并以诏谕继忠。”

野史《梦溪笔谈》之说可补正史之不足，兹录如下：“……明年虏兵大下，遂至河，车驾亲征，驻跸澶渊，而继忠自虏中具奏戎主请和之意，达于行在，上使曹利用驰遗契丹书，与之讲平。利用至大名，时王冀公守大名，以虏方得志，疑其不情，留利用未遣。会围合不得出，朝廷不知利用所在，又募人继往，得殿前散直张皓，引见行在，皓携其九岁子曰：'臣不得虏情为报，誓死不还，愿陛下录其子。'上赐银三百两遣之。皓出澶州，为徼骑所掠，皓具言讲和之意，骑乃引与俱见戎母萧及戎主。萧搴车帏召皓，以木横车轭令皓坐，与之酒食，抚劳甚厚。皓既回，闻虏欲袭我北塞，以其谋告守将……"

仔细分析可知，不管正史、野史的记载都有不靠谱的地方。《续资治通鉴长编》一文中，张皓是石普从贝州派出送王继忠书信的使人。如果真的是这样，辽人不可能不知道他的身份，更不会发生"道出敌寨为所得"的事情了。"因令抵天雄，以诏促曹利用"更是讲不通了，如果是真宗皇帝的诏书，那么张皓是从何得来？

《梦溪笔谈》中的记载不合情理之处甚多，宋辽双方和议之事早在真宗驻跸澶渊之前就已经暗地里开始了，首先时间上就错了。还有就是一个小小的殿前散直哪里有条件提要求，所谓赏银三百两更是小说家言罢了。（沈括为张皓孙女婿，所以《梦溪笔谈》的记载不足采信。结合史料大胆忖度，张皓确实是殿前散直，不过在战前被派往了军前效力。石普派他任信使，也算是知人善任。）

按正常逻辑推测，张皓奉石普之命携带书信，快马加鞭赶到御前，真宗皇帝很快就收到了王继忠的第三封书信，而且知道正使曹利用并没有如期到达辽营（也有可能是在王钦若派人打探事情原委时已经知道）。不得已之下，只好再次派遣张皓前往辽军告知事情原委。真宗皇帝回王继忠书载于《宋大诏令集·卷 232》："葛霸等以卿奏状来。曹利用往，兼报卿令人援接前去。寻闻道路艰阻，尚在天雄。今有付利用手诏，同封付卿，便可闻于大辽，遣人赍送接援付彼。"为了取信辽人，真宗皇帝居然将付与曹利用的手诏也一并封在了给王继忠的书信中。为了促成和议，真宗皇帝也是蛮拼的。

张皓前脚离开，王继忠的第四封奏疏又到了。辽人可能通过特殊渠道也得知曹利用被王钦若扣在大名府的事情，于是令王继忠作书宋真宗，希望就近从澶州另外遣使议和。收到王继忠第四封来信，是十一月二十一日，宋真宗离开汴梁的第二天，驻跸于长垣县。收到王继忠的来信，真宗不得不重新解释了一番。对王钦若无端扣留曹利用之事，他也表示遗憾。

如果上述推论成立，那么就可以解释得清《续资治通鉴长编》中关于此事的记载了。张皓带着回书顺利地见到了萧太后、辽圣宗母子二人，辽方高规格地接待了他之后，张皓按照行程安排"抵天雄，以诏促曹利用"。可是王钦若仍然留着曹利用不放，张皓不得不独自返回辽营。

王钦若扣着曹利用不放行，不但真宗无奈，就连萧太后和辽圣宗对此也无语。眼见和议之事一波三折，只好让王继忠再写信给真宗皇帝，要求另派使者，前来议和。送信的使人自然非张皓莫属。收到王继忠的第五封信后，真宗皇帝不得已重新写了手诏与王钦若，为了保险，又令王旦作书与他说明事情原委。王钦若一再不奉诏，真宗虽然恼火，却也无计可施，担心因此而触怒了辽人，永远关闭了议和的大门，真宗不得不写信给王继忠再次就此事做出澄清：

继省来章，专候使命。昨自孙崇等回后，寻降手诏与天雄军，令速发利用往彼。今张皓到阙，再览卿奏，果称天雄军以未奉诏旨，尚且稽留。今再降诏命，令皓赍去勾取。候利用才到大辽，可令皓赴阙。

⊙ 古澶州城一段

宋真宗御驾亲征

和议之事紧锣密鼓地进行，真宗皇帝对战事也不敢大意，本着两手都要抓，两手都要硬的原则，迅速完成了作战部署：

十一月十六日，宋真宗令随驾军兵先赴澶州。

十八日，得知辽军进逼澶州，真宗任命“山南东道节度使李继隆为驾前东面排阵使”，“武宁节度使石保吉为驾前西面排阵使”。值得一提的是，宋真宗丢开成见，重新启用了宿将李继隆。五十五岁的李继隆不负众望，因地制宜地改进了澶州的城防工事，有力地阻遏了辽军的攻势，力保澶州城不失，为宋方在和议中增加了筹码。

二十日，辽军攻陷德清军（今河南清丰县西北）。德清是澶州城与大名之间的军事要津。地方虽小，战略地位却十分重要。但是因“素不修完，屯兵寡少”，真宗知道德清无法坚守，此前就有旨守将，“如戎寇南侵，不须固守，率城中军民并赴澶州”。哪知道驻军面对强敌毫不畏惧，英勇抵抗，最终寡不敌众，守将张旦及手下十四名将领战死沙场，以身殉国。

眼见辽军就要越过黄河了，就在这一天，再也无法淡定的宋真宗终于离开了汴梁城。然而，就在真宗上路的时候，“司天言日抱珥，黄气充塞，宜不战而却，有和解之象”。根据史料记载可知，直到真宗亲征，多数大臣仍赞成与辽人讲和。

二十一日，车驾次长垣县。

二十二日，真宗一行人驻跸韦城县（今河南滑县东南）。为防止辽军铁骑渡河，真宗皇帝下旨命地方官员组织民夫凿开黄河冰面。前方战报称，辽军兵临澶州，已经从东、北、西三个方向将澶州城围住。咸平六年（1003 年），为防止契丹南侵，真宗皇帝曾经专门下诏修葺定州城，当时负责此事的大臣谢德权对辽军入侵的必然性有着清醒的认识，建议将天雄城、澶州城、德清军的城池一并修葺，以免战事发生后措手不及。事实证明，谢德权未雨绸缪之举，有益于宋人大名府、澶州城的防御作战。

真宗皇帝驻跸韦城，前方军情再次告急，立即就有随驾大臣再次提议迁都，有的人认为应当避其锋芒，一时甚嚣尘上。真宗皇帝乱了分寸，召来寇准商议对策。寇准慷慨陈词："群臣怯懦无知，不异于乡老妇人之言。"如今之计"惟可进尺，不可退寸"，否则的话就会一溃千里，军心瓦解，被辽军乘势追击的话，根本到不了金陵就会成为阶下囚。

任凭寇准磨破了嘴皮，无奈真宗就是不作声，他此时已心乱如麻。

离开汴梁才几天的工夫，发生的事情就令真宗心力交瘁。十一月，宋真宗颁布了亲征诏书，"而议者犹哄哄"，拖着病体的宰相毕士安与寇准一道劝慰真宗"坚定前计"。正当真宗整军将行之际，突然出现了"太白昼见，流星出上台，北贯斗魁"的奇异天象。汴梁城中种种流言蜚语四起，有的人说"太白昼见"不该出兵，有的人说"流星出上台、北贯斗魁"必有一个大臣殒国。这些迷信谣言不但有可能会打乱真宗的亲征计划，还会瓦解军心。卧病在床的毕士安焦虑不安，写信给寇准，自己无法随行，现在亲征大计既定，军国重事就拜托了，"士安得以身当星变而就国事，心所愿也"。没有毕士安在身边，真宗皇帝感觉好无助。好在毕士安身在汴梁，却心系社稷，担心寇准误了大事，不久，抱病追到澶州。

皇帝亲征，按惯例都要安排一个人在国都留守，主持日常事务。不知真宗皇帝出于何种心理，他选择了数年前就卧病在床的弟弟雍王元份为留守。结果，一行人还没有到达澶州，就从京师传来元份病危的消息，前方战事胜负未卜，如果汴梁城再出什么意外，后院着火的话，真宗皇帝就面临着进退失据的尴尬局面。事关重大，真宗想到了"堪任大事"的王旦，命令他立即返回京师权留守事。王旦临别之际，提出"愿宣寇准，臣有所陈"的要求。寇准到了后，王旦这才请示真宗："十日之间未有捷报时，当如何？"王旦这样做，其实就是等于在非常时期，婉转地要真宗交代后事。真宗听了沉默许久，这才心不甘情不愿地嘟囔："立皇太子！"

⊙ 王旦像

王旦非要真宗当着寇准的面说出这番话，不过是想要寇准做个证人而已。前方兵凶战危，一切皆有可能，万一出了什么差池，真宗皇帝也怪怨不到他。好在他做事稳重，没有惊动任何人悄悄地潜回京师，表面上仍是元份任留守，免得令真宗的皇兄弟们生出非分之想。这样做，既保全了真宗的皇位，也稳定了后方政局。

一想到这些糟心的事情全攒到一处，真宗皇帝心中就像压了无数的大石。所以，寇准的话对他触动不大。

见年轻的天子一副神不守舍的样子，寇准无奈只好退出另想办法。一出殿门，正好碰到了殿前都指挥使高琼，于是问他："太尉受国恩，今日有以报乎？"高琼是个武夫，根本没有丝毫犹豫，立即表示："琼武人，愿效死！"寇准听了立即拉了高琼返回殿中，对真宗说："官家不以臣言为然，盍试问琼等。"

于是寇准"遂申前议，词气慷慨"，真宗还没有表态，立在庭下的高琼就大声道："寇准言是。"见真宗一脸期盼地向他望来，高琼面不改色、侃侃而谈："今契丹去国大入，其势不可久，官家亲御六军，羽檄召天下兵将至，进则可以决有功，今止军不发，众情大惑。国之安危，事在转漏，尚何议也。"真宗一听高琼所言仍是老调重弹，顿时有些不耐烦起来。高琼察言观色，继续道："避狄固为安全，但恐护驾之士中路逃亡，无与俱西南者。"事实如此，高琼并非是在危言耸听：随驾的军兵妻子父母全在汴梁城，真宗皇帝一旦跑路，他们惦记妻儿父母，怕是会一哄而散，那会儿悔之晚矣。见真宗听了面上变色，高琼趁热打铁，说道："陛下即幸澶州，臣等效死，契丹不难破。"见真宗仍在踌躇，寇准冲着高琼使了个眼色，大声吩咐道："机不可失，宜趣驾！"

真宗求援似的向身边侍立王应昌望去，希望这个手持兵器的贴身侍卫帮腔。哪知道王应昌也站在寇准、高琼的一边，同样认为："陛下奉将天讨，所向必克。若逗留不进，恐敌势益张。或且驻跸河南，发诏督王超等进军，寇当自退矣。"

见身边文武重臣、亲信都催促他上路，真宗担心激出兵谏之事，"始决北伐之策"。车驾立即望澶州进发。

十一月二十四日，真宗一行人到达卫南。这天张皓从贝州带了王继忠书信赶至行在。也就是在这一天，辽军前锋大将萧挞凛率军进至澶州城下，为宋军伏弩射杀。

雍熙北伐失利后，宋廷在对辽战争中处于战备防御状态，北宋政府更多的将注意力放在防御能力较强的武器研发和推广上。由此给弩的改良和创新注入了活力，这也是床子弩和大型床子弩在宋时大显身手的历史原因。

辽军的主要作战部队都是披有重铠的骑兵，他们惯用的战术是：在远距离时以弓箭射击，打散敌军阵形，接近后利用速度优势冲击敌军阵形。步兵为主力的宋军想要有效抵御辽军的骑兵进攻，就必须在辽军弓箭射程外杀伤敌人，使其无法接近。只有这样，宋军才能破坏辽军的进攻，在战场上不落下风，因此射程远、杀伤力大的弩就成为必然的选择。

唐代士兵作战使用的都是擎张弩，这种“张迟，临敌不过三发”的弩杀伤力不大、射程近，已经无法满足宋代战争的需求。为达到“制骑以弩”的目标，宋人在前人的基础上对弩进行了改良与创新，“极今古之工巧”。临阵时可以做到“阵中张，阵外射，番次轮回，张而复出，射而复入”的实战效果，不但装填速度大大提高，距敌五尺之外仍能发射杀敌，是宋军步兵主要作战装备。

宋军使用的床子弩有威力大、射程远的优点，它的致命缺憾是无法单兵使用，不便携带，只“可以守，不可以战也”。在《武经总要》一书中，共记载了三弓斗子弩、大合蝉弩、小合蝉弩、斗子弩、手射弩、三弓弩（又称为八千弩）、三弓弩、次三弓弩等七种床子弩。其中斗子弩相对最为简单，一次发射两只弓箭，四个人就可以操作，“发小凿头箭”，射程是一百五十步（约 220 米）。其中三弓弩威力最大，一次射三张弓，得七十人才能完成操作，“发一枪三剑箭”，射程三百步（约 450 米），是斗子弩的两倍。这些弩安装在结实的四脚大木弩床上，绞轴拉弦后，由弩手用铁锤猛砸扳机，将箭射出。

宋军使用的弩箭可分为蹶张弩和床子弩两大类。蹶张弩箭有四种，分别是点钢、木羽、风物、三停。真宗在位时期，宋军装备部队主要是木羽箭，这种箭“以木为簳（箭杆）羽”，“裁尺余而所激甚远，吕铠甲则簳去而镞存，牢不可拔”，最为辽人畏惧。风羽箭是将箭尾安装羽毛处剔空，利用内槽产生涡流阻力使箭稳定飞行。虽然很科学，但这种箭并不常用，只是在翎羽缺乏的时候应急，发放数量不大。三停者，箭形至短，羽、簳、镞三停，故云三停。箭中物，不能出，以短故也。

床子弩用箭主要有斗子箭、铁羽大凿头箭、大凿头箭、小凿头箭、踏撅箭、一枪三剑箭。斗子箭又称“云寒鸦箭”，它是在床子弩的弦上系铁斗，在铁斗中放入数十只箭。这样发射出的箭杀伤力惊人，一次发射出的箭可以杀伤敌军数十人。一枪三剑箭是需要百人开张的三弓床弩的专用箭。这种箭木杆铁羽，外形较一般弩箭大许多，发射出去威力惊人，可以一发而贯三人。踏撅箭是次三弓弩所用之箭，外形比一枪三剑箭要小，一般以铁或者翎为羽。次三弓弩较三弓弩要轻巧，与三弓弩只用在守城时使用不同，次三弓弩便于移动，还可以在攻城时使用。踏撅箭被次三弓弩发射出

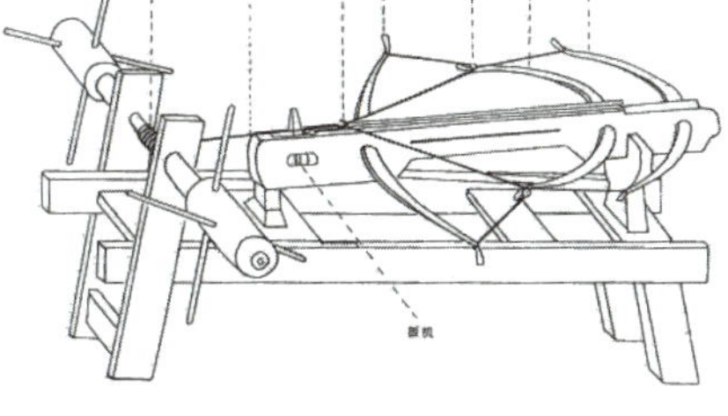

宋代三弓床弩复原示意图

后可以钉在城墙之上，作为攻城部队登城的阶梯使用。其得名也因此而来。能承受成年男子的重量，可以想见踏撅箭杆的粗细。

大型床子弩虽然射程远、威力大，但是动辄需要数十人张发，而且体型巨大，开张困难，发射间隔过久，所以一般不用于野战。相较而言，小型床子弩的机动性要好很多，因此合蝉弩和斗子弩被大量生产。宋军专门装备和使用床子弩的部队有三支：床子弩雄武、定功床子弩手，宣毅床子弩炮手。当然床子弩并不仅限于这几支部队使用，它作为一种射程远、杀伤力大的武器在各地均有装备。

而按辽国兵制，男子十五以上，五十以下皆隶兵籍。一有战事，每个士兵需自备“弓四、箭四百”，辽军作战使用的主要远程兵器是弓箭，所用弓为胶弓，这种弓坚韧不易折，弦一般用牛、马等动物的皮革制成。辽军所用箭是鸣镝箭，镞铁制、长 10.8 厘米，小孔，射出后与空气摩擦会发出声响。辽军的箭虽然射程远，但其威力与宋军的床子弩比起来，只能是小巫见大巫了，根本不是一个重量级的。

射杀萧挞凛

十一月二十四日（《辽史》记为二十二日），真宗车驾行到卫南县时，辽军先锋萧挞凛率部进抵澶州北城，辽军“围合三面，轻骑由西北隅突进”。

宋军为了增加澶州城防御纵深，避免被动防守，按照惯例，在城池外围另建有弩台。弩台与城池之间隔有相当一段距离，一般讲来，“高下与城等，去城百步，每台相去亦如之。下阔四丈，高五丈，上阔二丈。上建女墙，内通暗道，安屈膝梯，人上便卷收之。中设毡幕，置弩手五人，备粮水火。”弩台在外观上类似近代军事史上的碉堡和岗楼，主要配有弩等远射武器，是城池防御的前哨阵地。它可以对攀登城池的敌人进行侧后射击，与城墙上的守军组成交叉射击系统。

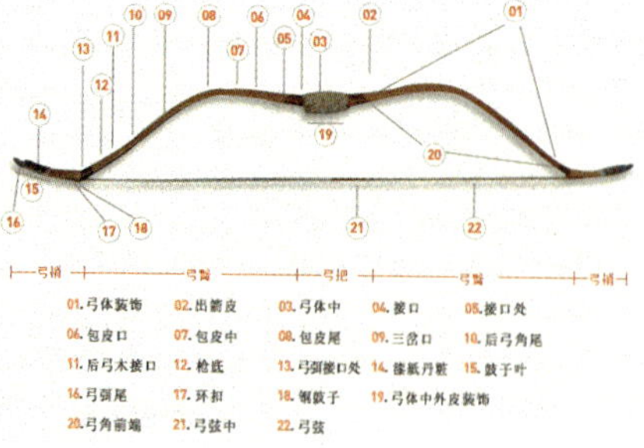

⊙ 古代中国弓结构示意图

宋军主将李继隆率军在城外迎敌，“分伏劲弩、控扼要害”，严阵以待。老于兵事的他一到澶州就发现“澶渊城壁不足守，无敌栅战格之具”。重新修筑城墙显然不现实，李继隆当机立断命部下军兵“毁车为营”，步军骑兵都驻扎在营中，“以大车数千乘重叠环之”。为防备辽人铁骑的奔突，“掘重壕，堑埋鹿角数十里”。

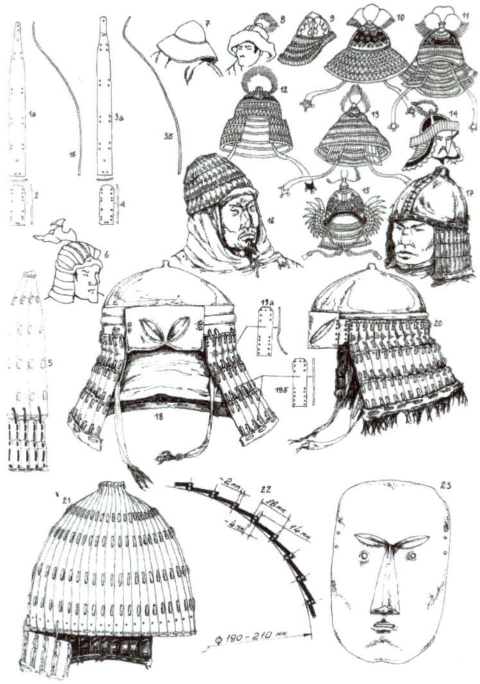
⊙ 辽人铠甲图

李继隆布的军营，是沿袭前人故智，“其制，取常用车，接其衡扼，驾以牛，布为方阵”。宋时的步兵，一队有五十名战士，其中队头一人、队副一人、执旗一人、兼旗二人，配备的武器有枪十五根、弩五具、弓矢十具、棒六具、陌刀五具、拍把四具、牌五具。布好方阵后，在车上置枪，枪刃一律向外，车上蒙上皮革防备对手施展火攻。宋军士兵列队在车外，前排的持枪和盾，后排的士兵持弓弩。辽军如果发起攻势，后排的士兵立即上车，每辆车上站四个人，各持弓弩引而不发。每六辆车或者四辆车，上面结为重楼，设置强弩。等敌军冲到阵前时，“击鼓为节以射之”。等到敌人溃散之际，军营中的骑兵再出击。

辽统军大将萧挞凛是萧太后的族弟，辽武将中的领军人物，不但对宋战争中立下了赫赫战功，在讨伐高丽、阻卜、敌烈等部的战争中，他更是担任了实际统帅。萧挞凛身经百战，威震东北。这次因为是辽圣宗亲征，所以他成了冲锋陷阵的先锋官，率军兵临澶州城下后，见宋军军容严整，李继隆布的阵几乎无懈可击（大军既成列，戎骑止而不进）。一番思考后，为了不引起宋军注意，他有意“异其旗帜”率领左右亲信“按视地形”。仔细观察之下，终于发现宋军西北一隅是防守薄弱环节。于是率手下轻骑突进，哪知道智者千虑、必有一失，萧挞凛本来打算率领小股精锐试探一下宋军虚实，却一头扎进了李继隆的伏击圈。宋威虎军头张環（山东寿光人）守床子弩，见一员辽将率军闯进了床子弩的射程之内，立即瞄准发射，一箭将萧挞凛射于马下。萧挞凛左右亲信一拥而上，拼命将他抢回军营。这一箭正中额头，萧挞凛当天晚上伤重不治而死。

辽军士兵的铠甲由九个部件构成，与宋军制式基本相同，只是腿裙部分略微短一些，前后的两块方形鹘尾甲则覆盖于腿裙上面。所以如此，可能是为了方便骑马的原因。辽军甲衣胸前正中有大的圆形护具，这个是辽人特有的。不但是辽军士兵身披铠甲，就连战马

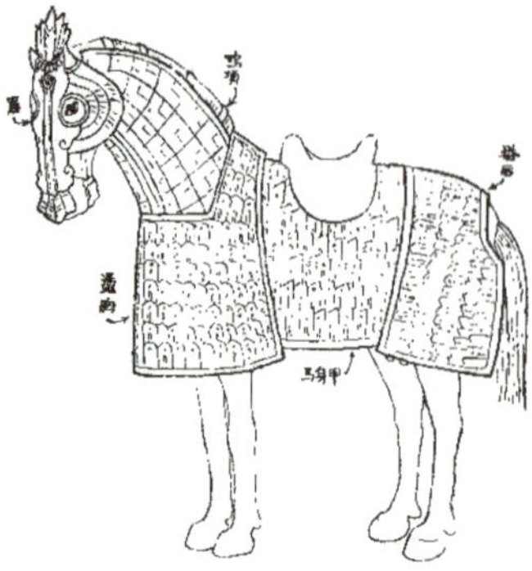

图五九 《武经总要》中的马甲复原示意图

⊙ 宋代马甲复原示意图

也有铠甲，马匹身上的铠甲或是皮制或是铁制，主要是依据马匹的承载力大小决定的，马甲包括面廉、鸡颈、当胸、马身甲和搭后，全副武装的辽军骑兵和战马，利用冲锋作战和对敌阵地发起冲击。如果不是一箭射在萧挞凛的额头，他根本不会丧命。

《宋史》寇准本传中，将萧挞凛之死记在真宗至澶州之后的十余日，明显有误。原因是辽主担心军心不稳，有意封锁了萧挞凛死的消息。从这一点来分析，萧挞凛的死只是个意外，而不是一些专家推测的王继忠泄密，宋军事先得知了萧挞凛行踪，所以设伏射死了他。

射死萧挞凛的弩箭究竟是从哪里发射的？发射的箭究竟是哪一种？史料缺如。但是从他中箭仆地，晚上方死来分析，显然他中的不会是三弓弩（三弓弩射中脑部，估计萧挞凛当场就得挂了，不会拖延到晚间方告不治）。射死他的极可能是斗子弩，这种弩方便携带，便于伏击使用。

萧挞凛死讯传出，辽军士气大挫。萧太后悲恸不已，命辍朝五日。“朝会”（或称为“朝参”）是古代诸侯、大臣朝见君主，协助君主处理政务的一种集会形式。唐时，朝会每隔一日或每日举行，逐步制度化。只有在特殊情况下，皇帝才会停止或取消朝会，即为“辍朝”。辽王朝在保留本民族特色的同时，也逐渐吸收学习中原王朝的一些先进制度和文化，一些心腹重臣去世后，辽统治者为了表示哀痛、缅怀和尊重也罢朝停止处理政务。辽人辍朝的时间有一、二、三、五、七日之别，辍朝七日可考者仅三人而已，就连名将耶律休哥死后也只是辍朝五日。萧挞凛获此殊荣，可见他的身份地位尊崇。

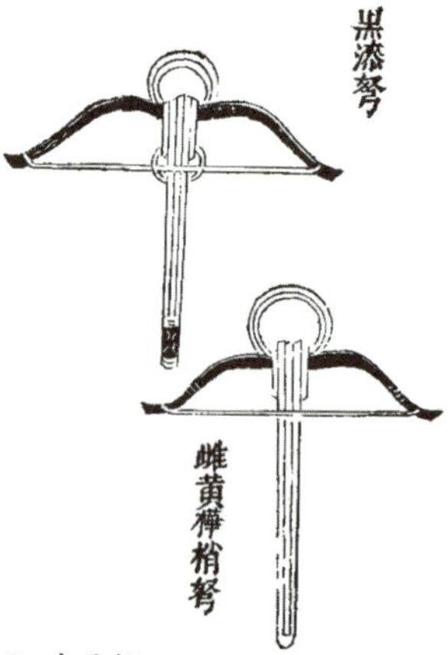

⊙ 斗子弩

十一月二十五日，辽军攻破宋通利军（宋滑州黎阳县、属河北道澶州，今河南浚县东）。知军王固弃城宵遁，辽军尽掠城中民众而去。

十一月二十六日，真宗一行人走走停停，终于赶到了澶州南城。短短的二百五十里路走了五天时间。

即便如此，真宗皇帝隔了黄河望见辽军旗帜飘扬、刀枪映日、人吼马嘶的景象之后，从未经历过战争洗礼的他不禁胆战心惊。立即有大臣“献言愿驻跸以观形势”，真宗皇帝从谏如流，当场拍板决定就留在这里隔河观望军情，一旦情势危急，就可以在第一时间开溜。

今河南省濮阳老城北城墙就是当年宋真宗御驾亲征，却一度望而止步的澶渊北城门楼遗迹（宋神宗年间南城被黄河水淹没）。县城十字街四牌楼的匾额上，赫然写着“澶渊旧郡”“颛顼遗都”“河朔保障”“北门锁钥”十六个大字。北宋时期，澶渊居大河要津，距京城汴梁城仅二百五十余里，重要的地理位置，使澶渊对阻扼北方铁骑南下，藩屏京师发挥了巨大作用。“北门锁钥”四字就是澶渊作为军事重地的生动写照。

历经千年沧桑，由于河患与战争，澶州城屡坏屡修，只依稀可见当年高大雄伟的模样。现存澶渊城遗址，地面以上平均高约六米，西南部城墙最高处约十二米。遗留城墙最宽为四十六米，残长约有三千米。《武经总要》对城墙的尺寸作了如下规定：“平陆筑城，下阔与上倍，其高又与下倍。”据此推算，宋代澶州北城城墙下部宽约六米，上部宽约为三米。

澶渊据中国要枢，自古以来就是兵家必争之地。春秋时晋楚“城濮之战”、郑晋“铁丘大战”都发生在这里。唐末五代时，仅后梁与后唐就在这里交战二十余次。春秋时，澶渊是卫国的一个城邑。隋开皇十二年，析昭河、顿丘、内黄三县置澶渊县，这是澶渊行政建置之始。唐初，为避高祖李渊之讳，改“澶渊”为“澶水”县。五代梁、晋相争，为扼守天险，后唐晋王澶州守将李存勖令大将李存审于黄河要津德胜渡夹河而筑南北两城（称夹河寨），在河中连舟为梁以济交通，“河流阔远，两城相距三十里，故有南北澶州之目”。这就是澶州城的雏形。后晋天福三年（938 年），为防契丹南侵，升澶州为防御州，并将治所由顿丘（今河南清丰县境）迁至黄河要津德胜北城，“郭下做浮桥，以通南北”。至此，澶州城在战争中诞生。

入宋后，为澶州澶渊郡镇宁军节度，俗称澶渊。由于澶渊“据北道之会，扼大河之津”，因此宋廷在军事上政治上予以高度重视。有宋一代，扼守澶渊的将领俱为名将。这个时候，担任知澶州的是老于边事的何承矩。

现在真宗皇帝就站在黄河南岸，却不肯移驾过河前往澶州北城。短短的三十里，不但被他视为畏途，黄河也就此成为天堑（资料显示仁宗天圣 1023 至 1032 年间，澶州南北城之间用四十九只大船连成浮桥。大胆忖度，真宗时期的浮桥应该相差无几）。寇准见状苦口婆心劝道：“陛下不过河，则人心益危。敌气未慑，非所以取威决胜也。”寇准对真宗晓以利害，可是真宗觉得活着才是硬道理，站在那里就是不动身。寇准扭头望了高琼一眼，示意道：“事情到了这步田地，太尉怎么一言不发？”高琼推辞道：“大人所谋

⊙ 高琼像

者大，高琼一介武夫怎么敢知道？不知道您对官家说了些什么？”寇准急切道：“如果渡河，河北之地可传檄而定；不过河则敌势愈炽，人人自危，一旦有变，不知如何善后啊！”高琼听了，大声嚷道：“陛下听准言，准言是也！”

听到高琼的大呼小叫，本来打算回内室歇休的真宗只好不情愿的现身，与寇准重新商议。一边的签署枢密院事冯拯见状呵斥道：“高琼何得无礼？”高琼脖子一梗，横眉冷对反唇相讥：“君以文章至大臣，今虏骑充斥如此，犹责琼无礼，君何不赋一诗咏退虏骑耶！”

一句话噎得冯拯哑口无言，只好保持沉默。寇准趁热打铁，命他带领侍卫部队先渡河。等高琼率众上了船，寇准亲自牵了真宗的御马过来（也有记为真宗乘辇过河的）。眼见势成骑虎，真宗无奈只好硬起头皮上马。

御驾亲征，象征意义重于军事意义。到了北城，寇准对真宗说：“六军心胆在陛下身上，今若登城，必擒贼矣。”请真宗皇帝登城检阅部队。真宗找不出理由拒绝，只得同意。在寇准和高琼等人的簇拥护卫下，真宗皇帝不顾疲劳，登上城楼慰问前线宋军将士。真宗见李继隆“所部整肃，叹赏久之”，城外的宋军将士望见城头上猎猎飘扬的黄龙旗，立即山呼万岁，史称“声闻数十里”，辽军为之夺气。无巧不成书的是，正好郓州抓获了一个辽人间谍，押送到澶州处理。“缚至、斩之”，城外契丹军兵见宋军二话不说就杀人，如此暴戾颟顸，“相视益怖骇”。

不一会儿，有数千辽军来澶州城下挑战。真宗皇帝令出城迎击。在官家的注视之下，出战的宋军士气如虹，人人奋勇、个个争先，将辽军杀得大败。辽军损兵折将，溃败而去。这不过是辽人在试探宋澶州的城防实力，并不是什么大规模的军事行动，所以双方对这一战并没有太多的渲染，只是《宋史纪事本末》中寥寥数笔而已。

真宗召见了李继隆等将领，温言抚慰，赐“诸军酒食、缗钱”，做完这些功课后，主动的“尽以军事委准”。这次亲征，真宗皇帝基本是被寇准赶着鸭子上架的，所以就把军事指挥大权交给了寇准。虽然当了甩手掌柜，却心中又对寇准放心不下，时不时会派出身边亲信去窥探寇准动静。史载，“会暮，上还宫，留准居城上。上使人视准何为”，左右跑断了腿，一会儿回来报告一次寇准的行踪——“曰相公饮酒矣！”“唱曲子矣！”“掷骰子矣！”“鼾睡矣！”寇准与杨亿等人通宵达旦地在澶州城墙上饮酒欢歌，谐谑喧哗，并非是有俱怀逸兴壮思飞的雅趣，纯粹是为了安定军心，此举可谓用心良苦。得知消息的真宗皇帝悬起的心放下来，表示“得渠如此，吾复何忧”。

千年一盟

在王继忠的不抛弃、不放弃下，宋辽之间的和议之事终于步入正轨。王钦若这次没有再阻挠，和议正使曹利用终于见到了萧太后和辽圣宗。他享受到的是上宾待遇：萧太后和韩德让两人坐在骆驼拉的奚车上，曹利用坐在车下，“馈之食，共议和事”。

⊙ 奚车

萧太后与辽圣宗亲征坐的车，因为是由奚人负责制作，所以称之为奚车。据元人胡三省考证，这种车“后广前杀而无股，材俭易败，不能任重而利于行山。长毂广轮，轮之牙，其厚不能四寸，而轸之材不能五寸”。奚车虽然不是特别坚固，但轻便灵活，适合辽人作战特点。当奚车停止时，在辕上支三脚架使车平正，便是一个临时居所。辽军出征，必有无数奚车随军，不但作为运输物资的工具，还会有送葬用的灵车随行。（另：辽军大将萧挞凛阵亡后“明日，輴车至，太后哭之恸”輴车，就是灵车的一种。）

曹利用人微言轻，对于萧太后提出的和议附加条件，无权做主，萧太后虽然心底失望，却也理解，于是“遣左飞龙使（差遣官，类似于孙悟空的弼马温）韩杞持国主书与利用俱还”。

十二月初一日，真宗皇帝接见了辽使，见到了辽使递交的“国主书”。真宗最担心的就是辽人索要关南旧地，偏偏怕什么来什么，辽圣宗国书“以关南故地为请”。真宗看了书信，扭头对寇准等宰辅之臣道：“吾固虑此，今果然！唯将奈何？”

其实，早在此前真宗皇帝就曾经流露出以金钱换取和议的意思。他认为“为民屈已，诚所不辞，但言归关南地事极无名，朕守祖宗基业，不敢失坠，必若固求，当决一战。所念河北重扰，当岁以金帛济其不足，于体无伤”。

宰辅之臣对官家心思岂能不知？于是建言献策：“关南久属朝廷，不可拟议，或岁给金帛，助其军费，以固欢盟，惟陛下裁度。”把皮球又踢给了真宗皇帝。

真宗就坡下驴，严正重申如果辽人非要索回关南旧地，那他只好不惜一战。如果提出“以金帛济其不足”的要求，则一切好商量。指示在答书中“不必具言”，只是让曹利用和韩杞转述就可以了。(《宋史纪事本末》一书如实记载了真宗皇帝的心思:“所言归地事极无名,若必邀求,朕当决战!若欲货财,汉以玉帛赐单于,有故事,宜许之!”)如果辽人一味地提出领土要求,出于尊严真宗皇帝也必须要拼个鱼死网破。如果只是求财,那么有前例可寻,这个好商量。基于此想,真宗耳提面命曹利用,“地必不可得,若邀求货财,则宜许之”,这是宋廷和议的底线。曹利用对官家的意思心领神会,主动宽慰真宗:微臣手下有通契丹语的,无意中听到韩杞对左右说:尔见澶州北寨兵否?劲卒利器,与前闻不同。吁,可畏也!微臣这次再往辽营,一定打探清辽军虚实,如果他们坚持狮子大开口,“必请会师平荡”。

对辽使韩杞,真宗皇帝也不吝啬,赏赐他袭衣、金带、鞍马、器币等物。韩杞高兴地接受了赏赐,可是在辞行之际,又改回了左衽。担心被人误会,画蛇添足地解释说是真宗皇帝所赐袭衣稍长、不合体。专门负责接待他的翰林学士赵安仁质问道:“君将升殿受还书,天颜咫尺,如不衣所赐之衣,可乎?”韩杞担心因此而产生外交纠纷,只好重新换了宋人服饰。

打发走了曹利用和辽使,真宗皇帝仍然不放心,他一直担心黄河澶州段结冰,初三亲自前往南城临河亭,赏赐了那些冒着严寒凿冰凌的士兵绵襦和缗钱等物。

有了真宗的最高指示,曹利用说话也有了底气,他义正词严地拒绝了辽人关南之地的领土要求。耐人寻味的是,他过早的亮明了宋方观点:“北朝既兴师寻盟,叵岁希南朝金帛之资以助军旅,则犹可议也。”

面对辽方一些官员的虚言恫吓,曹利用的表现倒也可圈可点,大义凛然地指出:如果辽人需索无度,结果只能是“地固不可得,兵亦未易息也”。萧太后和辽圣宗知道后,“意稍怠,但欲岁取金帛”。

萧太后与辽圣宗心中明白,辽军虽然陈军澶州城下,但此时已经是强弩之末。本来辽军擅长的就是在运动中消灭敌人,攻坚并不是他们的长项。表面上看辽军似乎掌握了战场的主动权,但悬军深入宋境千里,后勤补给供应困难。如果宋军坚壁清野,不与他们打阵地战,就是拖,也会把辽军拖垮的。打消耗战,辽人根本没有一点儿的胜算。如果宋人假借和议故意拖延时间,那么师老兵疲的辽军处境堪忧。在体面的结束战争前,如何将利益最大化才是一个合格统治者应该具备的素质。

望都之战败后,宋真宗一度转驻河东广锐军一万五千人援镇定,并对防秋的兵力部署进行调整,增加了兵力。除去合屯定州及天雄军的主力外,分屯威虏、保州、北平寨、宁边军、邢州、莫州等地协同作战的兵力大约有四万九千人。咸平六年十月,宋真宗徙北面都部署屯天雄军及邢、洺州，其威虏军兵屯顺安军、莫州，北平寨兵屯定州，宁边军屯平虏城、深州，镇定两路兵屯邢、洺、磁、相州，蕃人寇则会而前进。咸平六年秋，仅唐河宋军屯兵就增到六万。辽军兵临澶渊城下之时，这些部队基本上还保留着完整的战斗力。

辽军南侵具体数字虽然在史料中没有明确记载，但应该不会低于二十万。此时澶州城中的宋军、王钦若大名府的宋军、王超定州所部宋军以及从河东等地赶来勤王的宋军，再加上河北民兵，宋军至少已经是辽军的两倍。

地之守在城，城之守在兵，兵之守在人，人之守在粟——在战争中，无论是攻击还是守御的一方，军需粮草的保障都至关重要。维持众多士兵的口粮以及士兵相配备马匹的畜草，就必须要有非常稳定的后勤保障。辽军队的粮草来源方式，与宋不同，大致有“打草谷”、行军狩猎、军屯、战争缴获、士兵自备和国家供给五种方式。《辽史 · 兵卫志》载，辽朝每名正军出征自带“粆一斗”（炒米），即四五天的干粮。四五天的时间显然无法完成作战任务，为了维持战斗力，只好寻求其他方式解决军需粮草的供给了。“打草谷”就是契丹人对《孙子兵法》“掠于饶野、三军足矣”的最好诠释，辽初没有建立起中原王朝式的军需国家供给制度，而是依靠抢掠方式“以战养战”，一来是掠夺沿途百姓，还有就是打劫敌军粮草，这也是辽军作战热衷于劫粮道的重要原因。这种低成本或者无成本的军需供应方式虽然也曾为辽军带来了一些积极效果和作用，但也存在着很大风险。一旦处于守势，根本无暇抽身劫掠对手粮草。因此，辽军利在速战。

咸平六年，河北地方大熟，宋军即便粮草不继，还可以从汴梁等地源源不断的运送至澶州支援前线对辽作战。而城外的辽军师老兵疲，利在速战速决，然而攻坚作战并非强项，强攻澶州只能无谓地牺牲。所以双方暂时相安无事，城里的宋军出不来，城外的辽军也进不去，双方隔了城池对峙，只待和议之事出现转机。

从闰九月兴师南侵以来，辽军深入宋境已经三个月时间。因为战线拉得太长，后勤补给也成了大问题。宋军一边依靠坚城固守，一面坚壁清野，并没有给辽军留下多少粮草。宋军虽然暂时没有主动发起进攻，但并不等于他们永远与辽军对峙下去。关键时刻，王继忠再次派上了大用场。他被安排与曹利用见面，婉转地表达了辽人的意思——南北通和，实为美事。国主年少，愿兄事南朝！

宋真宗968年生人，辽圣宗972年生人，真宗年长圣宗几岁，圣宗称真宗为兄长也很正常。后晋石敬瑭虽然不是汉人，但他建立的政权为中原王朝，当年他拜比自己年幼十几岁的辽太宗为父，成为世人笑柄。现在，辽圣宗拜宋真宗为兄，可谓此一时、彼一时也。

时不我待，隔了一天（甲申日、初五），萧太后就派出右监门卫大将军（环卫官，正四品）姚柬之带了新的国书和曹利用返回澶州。重返澶州，辽使官职也随之提高了许多，可见辽人对和议之事越来越重视。来而不往非礼也，辽人不愿意失了礼数，同时为真宗献上了御衣、北方的土特产等物。

第二天，辽使奉上了新的国书。萧太后虽然是一介女流之辈，但她深谙政治之道。在新的国书中“犹言曹利用所称未合王继忠前议”。虽然在骨子里害怕，但仍然不能在气势上输给宋廷。这次宋真宗的表现堪称完美，他并没有急于回复辽使，而是在行宫中大宴群臣，辽使姚柬之自然是座上宾了。辽使不得要领，心中焦急，只怕酒喝得索然无味。

第二天，姚柬之向真宗皇帝辞行。为显示郑重其事，应王继忠“遣近上使臣持誓书至彼”的请求，真宗皇帝命西京左藏库使（正七品）、奨州刺史（从五品）李继昌假左卫大将军（正四品），“持誓书俱往报聘”。随着和议进入到实质阶段，如果仍然只是派曹利用独自前往，一来显得没有诚意，二来也不成体统。

曹利用临行，“面请岁赂金帛之数”。真宗面授机宜：“必不得已，虽百万亦可！”

可是等曹利用一出来，寇准就又把他带到一个隐秘的地方，叮嘱道：“虽有敕旨，汝往，所许不得过三十万。过三十万勿来见准，准将斩汝！”寇准这样说，绝非虚言恫吓，而是会说到做到。寇准是个具有敏锐洞察力的政治家，他主张暂缓与辽议和，希望一战“保百年无事。不然，数十岁后，戎且生心矣”。可是真宗怯战，认为“数十岁后，当有能扞御之者”。真宗求和心切，恰好坊间攻击寇准“幸兵以自重”的谗言纷纷。迫于压力，寇准只好违心地与真宗在政治上保持一致。把岁赂数字压缩到三十万，他也只能做这么多了。

史书记载“利用股栗，再至虏帐，果以三十万成约而还”。显然，这个记载意在突出寇准高大上的形象，并不符合历史实际。曹利用当初既然敢毛遂自荐，当然也是胆色过人之辈。在和议期间，曹利用得知了萧挞凛的死讯，所以在谈判桌前不疾不徐、不卑不亢，辽人漫天要价，曹利用从容应对，一口咬定只许二十万。因为这个数字距离辽人心理预期遥远，所以双方迟迟没有达成一致意见。最终还是辽人沉不住气，曹利用在这个时候才松口，将价格涨到了三十万，双方终于谈妥。

曹利用不辱使命归来之时，真宗皇帝正在用膳，不方便接见他。可是他又急于知道事情的结果，就派了个内侍去问曹利用。曹利用故意道：“这是国家机密，必须面奏官家！”真宗皇帝再次派人要他“姑言其略”，曹利用仍不肯说，只是“以三指加颊”。传话的内侍不得要领，回到里面告诉真宗：“三指加颊，莫非是三百万啊？”真宗听了先是吃了一惊，过了一会儿回过神来，自言自语：“如果这事情就此了结，三百万也不算多！”

草草吃完饭，真宗立即召见曹利用。真宗急于知道真相，可是曹利用只是跪在地上连连叩首，口称死罪。再三表示“许之银绢过多”，真宗皇帝一迭声地催促，这才告诉说“三十万”。真宗听了喜出望外，对他不吝赏赐，为之加官晋爵。任命曹利用为东上閤门使、忠州刺史。

在使辽前，曹利用只是一个宿卫皇宫的小小殿直，出使时的职务是閤门祗候（从八品），假崇仪副使（从七品）。议和达成后，官职飞速升迁：东上閤门使（横行武阶第五阶，北宋中期为正六品）、忠州刺史（无职事，为武臣加官而已。正任武官六阶中，为最末一级）。短短几天，曹利用就从一个名不见经传的殿直华丽转身，一跃成为朝廷命官。后来更是做到枢密使一职，成为宋帝国军界大佬。

在双方的共同努力下，宋辽终于结束了数十年来的敌对战争状态，达成了史称“澶渊之盟”的和议。辽人担心宋庭在边境线上“开移河道、广滩壕堑”，做出不利于辽朝的举动，所以通过王继忠传话，希望双方订立誓约，“并乞遣近使上使臣持誓书至彼”。

李继昌带了誓书前往辽营，萧太后、辽圣宗隆重接待了他。“馆设之礼益厚”，几天后就派遣了西上閤门使丁振奉誓书来见宋真宗。宋真宗赐宴后，派遣曹利用送至境上。

历经波折后，宋辽双方终于达成和议，签订了盟约并互致“誓书”，双方规定：

一、宋辽以河北白沟（今大清河、海河一线）为界，维持旧疆。沿边州军各守疆界，两地人户不得交侵，或有盗贼逋逃，彼此无令停匿。垄亩稼穑，南北勿纵骚扰。

二、宋廷每年输赠银十万两、绢二十万匹与辽，宋廷差人搬运至雄州交割。

三、所有两朝城池依旧存守，淘濠完葺，一切如常，不得创城隍，开掘河道。

四、宋辽为兄弟之国，辽圣宗称宋真宗为兄，宋真宗称萧太后为叔母。

在誓中真宗撂下狠话——“有渝此盟，不克享国”；辽圣宗也诅咒发誓——“苟渝此盟，神明是殛”。匪夷所思的是，誓书怎么看，都更像是君子约定。真宗皇帝与辽圣宗表示愿意世代友好，“自此保安黎庶，谨守封疆，质于天地神祇，报于宗庙社稷，子孙共守，传之无穷”。只是双方只顾着诅咒发誓，在盟约中仅是含含糊糊地写着双方“各守疆界”，关于关南旧地与幽燕故土的最终归属权问题则只字不提。以至于时隔数十年后，双方再起纠纷。彼时双方究竟是一种什么样的心态，值得后人沉思玩味。或者，在真宗和圣宗心底，始终残存着领土要求的念头。

十二月十四日，志得意满的真宗皇帝大宴群臣于行宫。

毕士安拖着病躯也赶到澶州躬逢盛会。席间，仍有一些大臣在议论纷纷，认为每年拿出三十万来给辽人太多。毕士安挺身而出，力排众议："不如此，则契丹所愿不重，和事恐不能久也。"

作为三朝老臣，毕士安这样做并非是完全附会真宗意图，而是实事求是。几十年来形成的恐辽症，形势即使对宋有利，宋廷君臣仍不敢相信真的能打败辽军。在真宗的心底，十分担心战争如果继续，寇准等人掌握了军权，进而会威胁到他的统治。如果用金帛可以换取相安无事，那么花再多的钱也是值得的。更何况只是花了三十万？这只是当时北宋王朝财政收入的九牛一毛而已。(按，宋真宗景德中，一年财政收入的钱帛粮银总数为47，211，000。)

"澶渊之盟"表面上看来是宋人吃亏，其实这是一个双赢的和约。

盟约既定，十二月十八日，辽军班师。王继忠应辽主之命，特意作书与真宗，请求他约束沿边将领"无使杀伤北朝人骑"尽管双方已经签订了和约，但宋朝的一些将领一直想要乘辽军撤退，击其堕归。宋真宗对此及时制止，这才没有再次酿出事端。即便如此，杨延昭仍然深入辽境攻略，张凝则率军一直尾随在辽军后面，直到辽人全军离境。真宗也要王继忠转告辽主，"悉放所掠老幼"。尽管和约已经生效，但双方不精心维护履行的话，和约也不过是一张纸而已。

宋真宗见和约已定，河北战事已了，宋辽化干戈为玉帛，欣喜之余作《北征回銮》诗一首以纪其事：

> 我为忧民切，戎车暂省方。
> 征旗明爱日，利器莹秋霜。
> 锐旅怀忠节，群胡窜北荒。
> 坚冰消巨浪，轻吹集嘉祥。
> 继好安边境，和同乐小康。
> 上天垂助顺，回旆跃龙骧。

其志得意满之状，溢于言表。为了表示两国关系、民族关系的改善，宋真宗主动改威虏军为广信军，静戎军为安肃军，破虏军为信安军，平戎军为保定军，宁边军为永定军，定远军为永静军，定羌军为保德军，平虏军为肃宁军。

宋辽实现邦交正常化后，宋辽两朝于边境上重开榷场。宋方贸易场所设在雄州（今河北雄县）、霸州（今河北霸州）、安肃军（今河北徐水境内）、广信军（今河北徐水境），称为“河北四榷场”；辽方则定在新城（今河北高碑店市）、朔州（今山西朔州市）二地。此前，宋廷贸易货物有辇香药、犀、象、茶、苏木。重开榷场后新增了缯帛、漆器、粳糯；从辽方输入的货品有银钱、布、羊马、橐驼等物。昔日干戈之地，自从互市后，商业发展，宋人设税场，广信军一年商税四千一百五十六贯，安肃军一年四千二百四十贯，霸州一年五千零九十六贯，雄州一年更是高达一万两千八百九十三万贯。不仅如此，宋廷利用经济优势，在双边贸易中收益逐年增加，后来的贸易顺差与税收总收入甚至可能高过三十万的岁币数额。宋辽双边贸易，对两国的商业发展以及边民恢复发展生产都有好处，两国边境上出现了“商旅辐辏”的繁荣景象。

“澶渊之盟”签订后，宋辽结束了长期的战争状态，北方地区出现了安宁的和平环境。史称“自景德以来，四方无事，百姓康乐，户口蕃庶，田野日辟”。人民得以休养生息，社会经济得到了迅速发展。出现了“牛育蕃息，牛养被野，戴白之人，不识干戈”的盛世景象。

和约签订后，宋廷开始精兵简政，大幅削减军费开支，发展农业生产，“以契丹讲和，大赦天下。放河北诸州强壮归农。罢诸路行营，合镇定两路为一省，北面部署钤辖都监使臣二百九十余员，河北戍兵十之五，缘边三之一。诏缘边毋出境掠夺，得契丹牛马，悉纵还之。通互市、葺城池、招流亡、广储蓄，由是河北得安业。”

回銮碑

邦交正常化后，宋的全国耕地面积大量增加。户籍也迅速增加。宋太宗时期，全国户口约六百八十六万多户。真宗以后七十年间“承平既久，户口岁增”。1006年，全国有七百四十一万多户，一千六百二十八多口；1043年，增加到一千零二十九万多户，二千六百二十多万口；1066年，又增至一千二百九十一万多户，二千九百九十多万口。这种人丁兴旺的景象，也从侧面证明了社会生产力的发展。

在商业、手工业、交通和科学技术各方面，也都有了长足发展。宋太宗时，全国一年的商税收入仅四百万贯，宋仁宗庆历年间，就增加到了近二千万贯。活字雕版印刷术、磁性罗盘指南针等发明相继面世。与此同时，煮盐制铁、瓷器制造、印染刺绣等技术蜚声中外、誉满天下。所有这些，如果没有一个安定的和平环境，北宋社会的经济和科学技术就不可能发展得如此迅速。

燕云十六州，是一块“水甘土厚，人多技术”、“锦绣组绮，精绝天下，膏腴蔬蓏果实稻粱之属，糜不毕出”的好地方。但是在“澶渊之盟”签订之前，这里是宋辽鏖兵角逐的战场，土地荒芜，更不用讲发展农业经济了。和议生效之后，辽廷减免燕云地方租赋，实行休养生息，安业劝农，深得民心。很快，燕云地区就成了辽廷大规模经营农业的基地，同时带动了整个辽境的农业生产。

“澶渊之盟”的缔结，促进了宋、辽双方的政治、经济和文化各领域的交流，密切了各族人民之间的友好往来。辽人大量吸引学习汉文化“典章文物，饮食服玩之盛，尽习汉风”，“文物彬彬、不异中华”。无论后人如何评价，至少在公元十一世纪初，景德之役催生的澶渊之盟，对于兵戎相见数十年的宋辽双方而言，不失为一个双赢的结果。

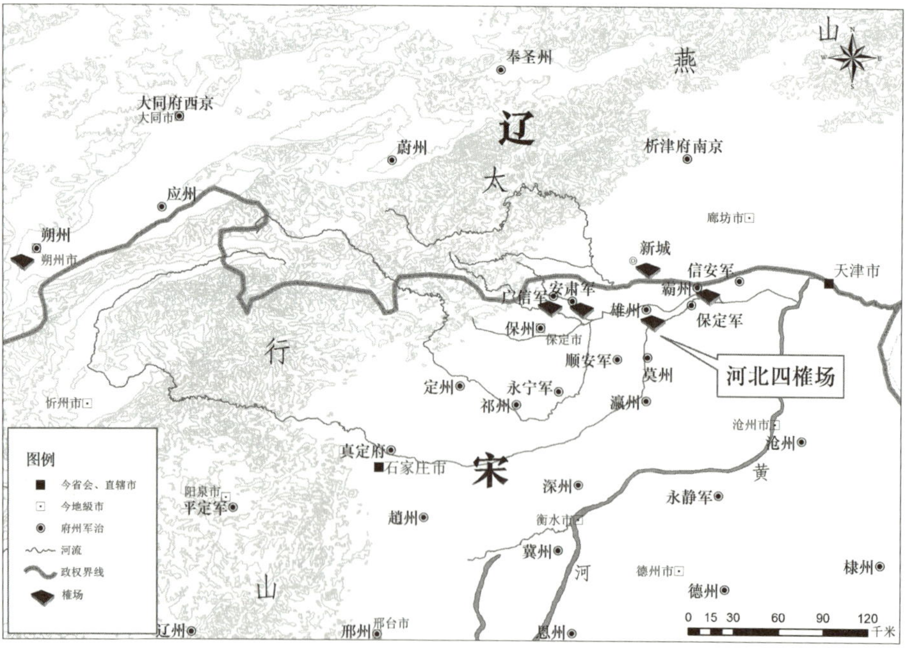

⊙ 宋代榷场分布图

苍狼前传

——铁木真崛起前的蒙古草原

作者：赵恺

关于铁木真领导下蒙古帝国崛起的历史，各方面的专著早已汗牛充栋。但对于其家族早期的经历却相对而言可谓空白，本文结合了《蒙古秘史》及同期金、宋两国的史料，首次从大视野的角度为读者展现铁木真崛起之前蒙古草原的政治生态和部族战争。

一、战争迷雾——南宋官方年报中的金蒙早期军事冲突

公元1161年，在历经两年的全力备战之后，金宋两国的主力部队已经于淮河两岸全线展开。在战争一触即发的情况下，南宋方面派了徐仿、张抡两名官员作为“起居称贺使”前往金帝国，寻求和平的最后一线希望。金帝国方面当然不会给予对方使团窥探前线机会，在完颜亮的首肯之下，翰林侍讲学士韩汝嘉抵达两国交接的泗州宣读了一份颇有玄机的口谕：“自来北边有蒙古达勒达等，从东昏时数犯边境，自朕即位，已久宁息。近准边将屡申，此辈又复作过，比前生聚尤甚，众至数十万，或说仍与夏通好。若不即行诛戮，恐致滋蔓。重念祖宗山陵尽在中都，密迩彼界，是以朕心不安。以承平日久，全无得力宿将可委专征，须朕亲往以平寇乱，故虽宫室始建，方此巡幸，而势不可留。已拟定十一月间亲临北边，用行讨伐，然一二年却当还此。”

⊙ 现代画家笔下的女真重甲骑兵：铁浮图复原图

韩汝嘉所说的大体意思无非是由于完颜亮要御驾亲征骚扰北方边境的蒙古、塔塔尔诸部，所以不方便接待南宋使节。对于金帝国方面的回应，正使徐仿不敢表达异议。倒是武官出身的副使张抡问了一句：“蒙古小邦，何烦皇帝亲行？”韩汝嘉一时竟也无言以对。

完颜亮借韩汝嘉之口所说的“亲征蒙古”自然是基于战略欺骗所释放的烟雾。因为仅仅在不到两个月之后，金帝国庞大的战争机器便咆哮着扑向长江流域。但空穴来风未必无因，身为一国之君的完颜亮口中所说的那来自蒙古草原的威胁，却的确曾长期困扰着金帝国。而有趣的是系统保存着金帝国与蒙古草原诸部早期军事冲突的，恰恰是取材于南宋政府半官方年报的《建炎以来系年要录》。

按照南宋政府的说法，蒙金交兵始于公元1135年。“是冬，金主以蒙古叛，遣领三省事宋国王（完颜）宗磐提兵破之。蒙古在女真之东北，其人劲捍善战，以鲛鱼皮为甲，可捍流矢。”南宋方面的这则记录，后世遭到了诸多史学家的质疑，其疑点主要集中在“蒙古在女真之东北”和“以鲛鱼皮为甲”两点之上。认为文中所说的蒙古其实是今天生活于黑龙江、松花江和乌苏里江三江流域，以大马哈鱼皮为衣的赫哲族。但值得注意的是赫哲族虽然在明代被归入东海女真的范畴，但却被满族主流称为“鱼皮鞑子”。显然这个清代初年才逐渐形成较稳定族体的民族，本身就有着来自蒙古的基因。而广义的蒙古也并非单指策马牧羊、逐水草而居的“草原百姓”，还包括了广泛分布于西伯利亚及中国东北森林地带、以渔猎为生的“林中百姓”，而这些“林中百姓”的生产、生活模式大体与近代的赫哲族相近。

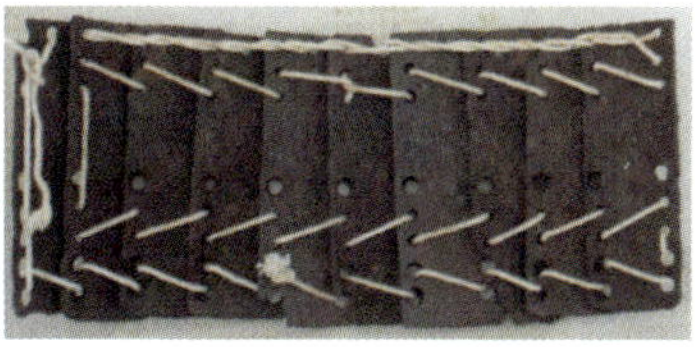
⊙ 出土的金代甲片实物

至于民国史学家王国维以《金史》没有相关记录，而认定南宋方面有关蒙金战争的记载均为道听途说、实无其事的说法。也随着近年以来金代史料的不断发掘被证明过于主观。通过现存于吉林省博物馆中《金源郡王完颜希尹神道碑》中“萌古斯扰边，王偕太师宗磐奉诏往征之”的记载，不仅可以确认公元1135年蒙金交兵的确存在，更证明领军参战的除了太师完颜宗磐之外，还有尚书左丞相兼侍中的完颜希尹。那么为什么从唐末纷乱一直到辽宋对峙期间都仿佛人畜无害的蒙古部族，会在金帝国崛起的同时成为来自北方的威胁？而这系列的战争记录又缘何会在元帝国官方修撰的《金史》中彻底消失？这一切的答案或许要从草原政治生态系统的演化说起。

⊙ 身着鱼皮衣物的赫哲族

自唐帝国贞观年间连续灭亡东、西突厥以来，蒙古草原之上原有的庞大中央集权便归于覆灭。不仅突厥集团的主体部落被迫内附或西迁，即便是原本臣服于突厥的铁勒、回鹘诸部也在争夺其政治遗产的过程中逐渐归于消亡。从公元745年最后一任突厥可汗阿史那鹘陇匐为回鹘所杀，献首长安，至公元10世纪，契丹族确立其在漠北的统治地位。近三个世纪的时间，对于地球的历史或许只是短暂的一刹那，但对于一个民族而言，却足以

⊙ 历史学家王国维先生

令其在恐龙般横行的突厥、回鹘等庞然大物灭绝后，逐渐进化成新的主宰。起源于科尔沁草原、半农半牧的契丹人固然是抓住这一历史机遇的成功者，那么未来横行欧亚大陆的蒙古诸部又何尝不是呢?

根据王国维先生的《鞑靼考》和《萌古考》等专著，我们不难看到自唐代中叶以来，塔塔尔部和蒙古诸部便出现于中原史料之中。前者被音译为鞑靼，后者则易写为室韦。在中原帝国眼中这两个部落虽然同为北狄范畴，但源流却并不一致。欧阳修的《新五代史》认为："鞑靼，靺鞨之遗种"，而蒙古则被归入"契丹之别类也"的范畴。而其活动区域也泾渭分明，蒙古诸部广泛分布于"东至黑水(黑龙江)，西至突厥，南接契丹，北至于海"的蒙古高原之上，而鞑靼则"本在奚、契丹之东北，后为契丹所攻，而部族分散，或属契丹，或属渤海，别部散居阴山者……后从克用入关破黄巢，由是居云、代之间"，大体上分布于呼伦贝尔草原至阴山山脉一线。从这个角度来看，在宋代之前中原对蒙古草原上生活的游牧民族还是有相对清晰的概念的。而之所以出现后世蒙鞑不分的现象，主要还是缘于契丹崛起之后，中原与蒙古草原的联系被切断所导致的。

契丹人称鞑靼为阻卜，而对蒙古诸部则称谓颇多，如谟葛失、毛割石、袜劫子等不一而足。后世所常用的蒙古之名也主要脱胎于契丹人口中所称的萌古子、萌份子、盲古子、蒙国斯之名。有趣的是辽帝国很早便将鞑靼纳入其统治范围，而对蒙古诸部则敬而远之。按照曾长期滞留契丹国内的汉族士大夫胡峤的说法，是因为蒙古诸部"其人髦首，披布为衣，不鞍而骑，大弓长箭，尤善射，遇人辄杀而生食其肉"，因此"契丹诸国皆畏之"，甚至出现"契丹五骑遇一袜劫子，则皆散走"的情况。

胡峤于公元947年跟随契丹贵族萧翰北上，在辽上京（今内蒙古自治区巴林左旗林）附近生活了七年之久。他对蒙古诸部生活习性的描述显然要比《建炎以来系年要录》的作者——南宋人李心传要深入和贴切得多。不过根据王国维先生的考证，袜劫子并非蒙古诸部的统称，而是特指活动于鄂尔浑河和色楞格河流域的蔑儿乞惕部，而未来与其爆发多次抢亲大战的铁木真家族所在的乞颜部此时仍是浩瀚草原上的一朵不起眼的小花。

根据铁木真家族的祖谱——《蒙古秘史》的记载，乞颜部发轫于公元 8 世纪中叶的一次西迁："奉天命而生的孛儿帖 · 赤那，和他的妻子豁埃 · 马阑勒，渡过大湖而来，来到斡难河源头的不儿罕 · 合勒敦山扎营住下。"这里的大湖指的是位于呼伦贝尔草原的呼伦湖，不儿罕 · 合勒敦山则对应今蒙古国的肯特山。孛儿帖 · 赤那缘何要进行这样的一次西迁？《蒙古秘史》虽然没有给出答案。但后世学者则大体倾向于是受到了来自外部的武力威胁。

在柯劭忞所编著的《新元史》中是这样描述这次西迁的："其（乞颜部）先世与他族相攻，部族尽为所杀。惟余男女二人，遁入一山，径路险山戏仅通出入，遂居之。"这段描述虽然不无道理，但显然过于夸张。事实上孛儿帖 · 赤那在蒙古语意为"苍狼"，豁埃 · 马阑勒意为"白鹿"。这两个富有象征意义的人名，显然代表着乞颜部最初的图腾信仰，未必是真的只剩下一对男女。

从家族谱系来分析，孛儿帖 · 赤那是铁木真的二十二世先祖。而最终得到蒙元帝国官方追认始祖的则是他的第十二代子孙——孛端察儿。从孛儿帖 · 赤那到孛端察儿中间的家族传承，《蒙古秘史》记载的颇为简略。但从其记录的几处细节仍不难管窥出乞颜部早期的生活方式。比如孛端察儿的伯父都蛙 · 锁豁儿据说是一个额头长了第三只眼睛的"二郎神"。而他的第三只眼睛不仅能看到三天路程之外的地方，甚至站在肯特山上还能看到顺着鄂嫩河上游支流迁徙来的一群人中有一位还没嫁人的美女。最终将通过孛端察儿的父亲朵奔 · 蔑而干聘娶那位名叫阿阑 · 豁阿的女孩，实现了蒙古部与突厥分支豁里 · 秃马惕部的政治联姻。

草原部族离散无常，生聚的同时往往也埋下了离散的种子。都蛙 · 锁豁儿死后其四个儿子选择了与叔叔分家，迁徙到呼伦湖的姐妹湖贝尔湖居住。形成了意为"四子部落"的朵儿边部。而朵奔 · 蔑而干死后，他同父异母的五个儿子也分了家产，而其中唯独少了最年幼的孛端察儿那份。深感世态炎凉的孛端察儿只能骑上一匹患了脊疮的短尾青白马离家出走，他临走说的那句"死就死吧，活就活吧！"的气话，后来被《元史》改为"贫贱富

⊙ 被家族离弃的蒙牧民往往会成为草原上孤独游走的雇佣兵

贵，命也，赀财何足道”，顿时显得“霸气侧漏”。

孛端察儿沿着斡难河流浪了一年多的时间，靠着附近兀良哈部牧民的接济才侥幸没饿死。但当他的哥哥们良心发现前来接他回家之时，他却第一时间提出那群接济自己的牧民“无所属附，若临之以兵，可服也”。他的几个哥哥顿时对这位小弟刮目相看，各自出动家中的壮丁，一举将那些牧民掳为奴隶。

孛端察儿这种恩将仇报的行径虽然不怎么厚道，但却折射出蒙古部由原始部落走向奴隶制的社会发展趋势。虽然早在其父朵奔·蔑而干时代，蒙古部便已经出现了豢养奴隶的现象。但朵奔·蔑而干的做法不过是用自家多余的鹿肉换取穷苦牧民的子女留在家中奴役。这种明火执仗掳人为奴的做法，则由孛端察儿首开先河，也难怪他的后世子孙忽必烈对他颇为欣赏，钦点其为“毅玄皇帝”，上庙号为“元熙祖”。而孛端察儿所开创的蒙古部分支也被称为孛儿只斤氏。

孛端察儿的第一个妻子便是他掳来的那些兀良合部牧民中的一个女子。不过这个女子被掳之时已身怀六甲，孛端察儿倒也没有嫌弃，为其取名札只剌歹，意为“外姓之子”。札只剌歹成年之后自立门户，其家族经过四代营聚，最终诞生了一位险些统一蒙古草原的豪杰，他就是与铁木真三结安答的札木合。

如果说孛端察儿时代蒙古部的扩张和劫掠还只是针对“无所属附”的小股牧民的话。那么在其曾孙海都一辈，蒙古草原的纷争逐渐上升到了整个部落生死存亡的层面。据说海都的幼儿时期，他的祖母莫挐伦（蒙古语中的意思是“给力”）因为牧草而与邻近的札剌亦部发生战争。札剌亦部曾是当时蒙古草原上较为强盛的部族之一。但是因为拒绝成为辽帝国的从属，而被契丹军队驱逐赶到了莫挐伦的牧地，流亡的札剌亦部无所依赖，小孩只能掘草根来果腹。而恰逢“给力”的莫挐伦乘着自己的大车路过。对于札剌亦部的遭遇，莫挐伦不仅毫无同情心，反而大加呵斥。随后驱策自己的牛车前去冲撞，随即造成了死伤。

铁木真的曾祖辈，蒙古草原的纷争逐渐上升到了整个部落生死存亡的层面

札剌亦部以抢走了莫挐伦的马群作为报复。莫挐伦是一个颇能生育的光荣妈妈，她的儿子们听说了自己的马群被抢，第一时间蜂拥而出，甚至连战甲都没来得及穿。此时挑起争端的莫挐伦才感到事态的严重性：“吾儿

无甲，何以御敌？”马上让自己的儿媳妇们“载甲从之”。但是为时已晚，等这些女人们赶到战场，家族的男丁们已经悉数战死。札剌亦部又乘胜杀死了“给力”的莫拏伦和她的儿媳妇。整个家族只有被自己的奶妈藏起来的小孙子海都和他此前便早已入赘巴尔虎部的小儿子纳臣幸免于难。

遭遇如此惨重的打击，孛儿只斤氏本该一蹶不振。但在纳臣的帮助之下，海都却很快完成了部族的复兴，并轻松完成了对札剌亦部的逆袭，将其征服为自己的附庸。这一戏剧性的转变并非是海都天生英武不凡，而是在不断的冲突和联姻中，一种全新的游戏规则正在蒙古草原之上逐渐成形。随着奴隶制的日渐成形，蒙古草原各部族的生产力均有极大的提升，此时衡量一个部族实力的指标便不再是男丁的多寡，而是马群、奴隶乃至盟友部落的数量。

⊙ 复原的蒙古部生活场景

正因如此，史料中没有记载海都击败札剌亦部的过程，而是不惜笔墨地描写了纳臣伪装成路人杀死札剌亦部看守马群的孩子，夺回家族马群的经过。有了这些失而复得的马群，孛儿只斤氏在经济上便对只能用草根充饥的札剌亦部形成了绝对优势。随后再通过联合巴尔虎部等其他盟友，合力绞杀札剌亦部这样的外来户就并非难事了。不过对于和自己有着血海深仇的札剌亦部，海都并未赶尽杀绝，而是与其建立起“世为主奴”的附庸关系。当然札剌亦部并非唯一依附海都的部落。根据《元史》的记载，随着孛儿只斤氏的日益强大“四傍部族归之者渐众”。

海都及其子孙盘踞斡难河流域之时，正是辽帝国统治的巅峰时期。公元1004年，辽帝国于今蒙古国首都乌兰巴托西南建立镇州、防州、维州三边防要塞。正式确立了其对蒙古草原东部的统治地位。以镇州为治所的辽帝国西北路招讨司除负责驻军镇戍、开辟屯田之外，还负责管理鞑靼及蒙古诸部。起初辽帝国采取直接派员充任蒙古诸部节度使以加强统治，但面对辽帝国马、驼、貂鼠皮、青鼠皮的岁贡，且需应征出兵的劳役，草原诸部多不堪其扰。辽朝任命的节度使只要不善抚绥，便往往会引起了群起反抗。

⊙ 辽朝疆域图

无奈之下，辽帝国不得不改变对蒙古草原的统治策略，改为由诸部首领管理部内事务。海都次子察剌孩便受封为“令忽”（为汉语中“令公”的音转），察剌孩之子必勒格则更进一步升级为“详稳”（汉语中“相公”的音转）。由此可见，海都的子孙不仅被辽帝国册封为地方官吏，更开始逐渐接受辽帝国输入的“二手”汉文化。

公元 1125 年，强盛一时的辽帝国在女真入侵和内部宗室叛乱的双重打击下最终归于崩溃。与辽帝国治下诸多汉族官吏、难民向南涌入宋朝领土形成鲜明对比的是，诸多契丹贵族选择了向北，退入蒙古草原。其中便包括了辽帝国的末代皇帝耶律延禧以及未来在中亚建立西辽王朝的耶律大石。客观地说，大多数逃亡蒙古的契丹贵族或多或少都动过借用蒙古诸部力量复国的念头，耶律延禧以夹山（今内蒙古大青山）为最后的容身之所，耶律大石取到蒙古汪古部的地盘西进都是这一思路的具体体现。

蒙古诸部对于契丹流亡贵族大体上还是支持的。耶律延禧带着不足三十骑避难“入夹山四部族帐”。为了配合辽帝国流亡政府反击云中的战略，蒙古诸部更出动三万之众：“天祚（耶律延禧）驱鞑靼众三万余骑，乘粘罕（完颜宗翰）归国，山后虚空，直抵云中府袭击。兀室（完颜希尹）率蔚、应、奉圣州、云中府汉儿乡兵为前驱，以女真军马千余骑伏于山谷间，出鞑靼军之后，鞑靼溃乱，大败。”或许正是因为这次重创，在耶律延禧兵败被俘之后，耶律大石北逃汪古部后，蒙古诸部对其的支持更多的是物资上的——“进献马匹四百只、驼二十只、羊若干”。

离开汪古部之后，耶律大石抵达辽北庭都护府所在地——可敦城（即镇州）。在那里他召集鞑靼、蒙古诸部的首脑，颁布了他“借力诸蕃，翦我仇敌，复我疆宇”的战略规划。但耶律大石虽然整军精甲，但他军旗所指的方向却不是辽帝国的故土，而是遥远的西域。耶律大石之所以做出这样的选择，除了如《辽史》所说，是因为盘踞高昌的西州回鹘曾与辽帝国订立过攻守同盟，更是基于蒙古草原实际情况的无奈之举。辽阔的大漠草原固然孕育了无穷无尽的良马和骑兵，但内无强兵之铁，外无富国之资。要获取武装部队的铁矿资源和赖以支持与中原长期战争的经济基础，向西是唯一可行的选择。正因如此，昔日的匈奴、突厥都将控制西域作为自身发展的首要任务，日后成吉思汗及其继任者们，在与金帝国多次交兵都占据上风的情况下，仍执意发动两次西征。

耶律大石率领驻守漠北的最后一支契丹族军团踏上了漫漫的西行之路。留下群龙无首的蒙古诸部，独立面对如日中天的女真铁骑。应该说灭辽后不久便卷入与宋室漫长战争的金帝国，对经略蒙古草原始终处于一种有心无力的状态。《新元史》等诸多史料，都记载了金帝国试图招揽铁木真曾祖父合不勒的故事，但这点小恩小惠显然无法抵消金帝国所出台一系列政策对蒙古诸部日常生产、生活的巨大影响。

作为来自白山黑水之间的渔猎部族，人口基数的不足可谓是长期限制女真族发展的“阿喀琉斯之踵”。面对治下数倍于己的契丹人，出于长治久安的考虑，金帝国在其建立之初，便有计划地对契丹族人进行强制迁徙。除了长白山脉以东之外，蒙古草原也是金帝国安置契丹人的主要方向。而出于便于监管和前线军事需要的双重考虑，金帝国在蒙古草原之上恢复并加强了辽帝国时代便已成型的“国营”牧场——群牧所。

“滋蕃群牧，务在戢兵”的群牧制度可以说是辽帝国的立国之基，但到其统治末期已经衰弱不堪。金帝国违背客观经济规律，一口气强行上马多达二十二个群牧所的举动，非但得不到已

⊙ 率领契丹族西迁的耶律大石

⊙ 冷兵器时代，马匹是重要的战略资源

由转向农耕经济的契丹人支持，更因为要抢占“无蚊蚋、美水草”的优劣牧场而与蒙古诸部产生摩擦。而女真贵族对契丹群牧所的管理更可谓“简单粗暴”。不仅所牧牲畜长到三岁即转交公，遇有战事，则征括殆尽。更要受到地方官吏每借向金廷进马驼鹰鹘等之机，“辄率敛部内”的勒索。

群牧所内契丹人的遭遇，或许也同样降临在邻近的蒙古诸部头上。而遍布火山军（今山西河曲县）、武州（今河北张家口）、云内（今内蒙古固阳）等地的民间走私贸易，更给了蒙古诸部敢怒也敢言的底气。在对蒙古部落控制力相对较强的辽帝国时期，曾屡次下诏“禁鬻生铁于蒙古等界”。而辽金交接之际，则官员唯利是图，铁禁遂弛，因而大量铁钱源源流入蒙古草原，“北方得之，多作军器，甚而有以坚甲利兵与之回易者。爪牙既成，始不易制矣”。终于在公元1135年左右，合不勒杀死了前来召他入朝的金帝国使者，正式举起了对抗女真暴政的义旗。

合不勒发动反金起义之际，正值宋金战争的高峰期。公元1134年农历四月，南宋将领吴玠、吴璘于西线的仙人关一线大破完颜宗弼的金帝国野战军主力。五月，岳飞自鄂州渡江北伐，经过两个月的奋战后收复襄阳六郡。十月初一，宋高宗赵构宣布亲征，率六军前往长江，俨然摆出一副总决战的态势。其后局势虽然有所缓和，但金帝国的主力部队仍不得不长期驻守于陕西、河南、山东、安徽一线。公元1135年二月，金太宗完颜吴乞买又恰巧去世，朝野人心惶惶。合不勒在此时插上的“背后一刀”，对正值内忧外患之际的金帝国而言可以说是致命的。或许正因为前线的强兵悍将无法抽调，且远水难解近渴。秉持朝政的完颜宗磐才不得不亲自领军出征。而或许正是鉴于完颜希尹曾有

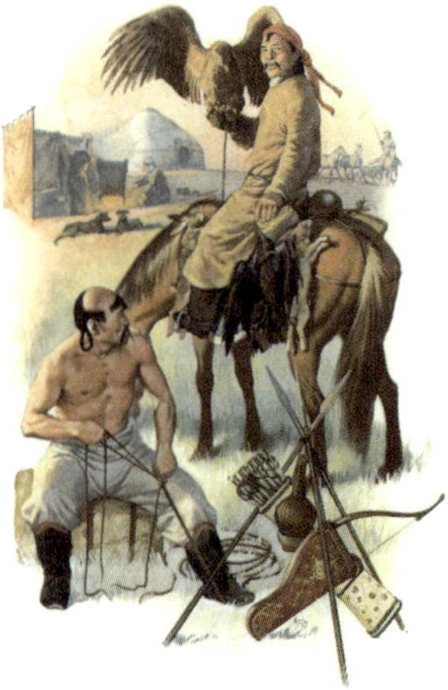

⊙ 合不勒时代的蒙古骑兵

过在云中大破鞑靼、蒙古联军的记录，刚刚即位的金熙宗完颜亶才特地委派其为完颜宗磐的副手。

依旧停留在部落联盟阶段的蒙古诸部联军显然不是完颜宗磐麾下金帝国近卫军的对手。史料中虽然没有提及此战双方战场上的损失，但从“宗磐悉以所获□赏军士”以及事后其与完颜希尹还因为战利品分配的问题发生争持来看，此战应该所获颇丰。有趣的是在“来路不明”的金帝国民间编年史《大金国志校证》中，记录此战的过程中特意提到“宗磐乘其不意而攻之，由是失盲骨子之附，而诸部族离心矣”。似乎完颜宗磐是先发制人，而且在交战的过程中有殃及其他部落的现象。而在遭遇重创的蒙古乞颜部中，退回草原的合不勒不久便因病去世了。虽然其有七个儿子，但按照兄终弟及的传统，汗位最终由其弟俺巴孩继承。

二、五强并立——俺巴孩之死和蒙古草原的新格局

谈及金帝国初期对蒙古的军事政策，最常见的就是宋末诗人、画家郑思肖的笔记《心史》中说法：“昔金人盛时，鞑（蒙古）虽小夷，粘罕（完颜宗翰）兀术（完颜宗弼）辈尝虑其有难制之状，三年一征，五年一徙，用蒿指之法厄其生聚。蒿者，言若删蒿也。去其拇指，则壮丁无用。”也就是说在金帝国元勋宿将的要求之下，女真军队除了定期的屠杀和劫掠之外，还会采取“蒿指之法”来遏止蒙古各部的生产能力，所谓“蒿指”就是像割野草一样将蒙古族壮丁的大拇指剁去。而除了血腥的屠杀之外，金帝国还从蒙古草原大量掠夺人口充作奴隶。直到金帝国灭亡之时，中原的汉族百姓依旧对当年的情景记忆犹新，“二十年前，山东、河北，谁家不卖鞑人为小奴婢。皆诸军掠来者”。

虽然在金帝国的官方文献中至今仍未发现所谓“三年减丁”政策的相关依据，但从《建炎以来系年要录》所记载的蒙金交战记录来看，却大体符合“三年一征，五年一徙”的时间特征。在完颜宗磐征讨蒙古“入朝奏捷”的三年之后，公元1138年“女真万户呼沙呼北攻蒙古，粮尽而还，蒙古追袭之，至上京之西北，大败其众于海岭”。

金帝国的“上京”在今天哈尔滨阿城区的白城镇，“海岭”则是金代大兴安岭的统称。依照这则记录所提到的几个地名，大体可以判断此次军事行动由金帝国远征军翻越大兴安岭深入呼伦贝尔草原开始，由其后勤不继，撤退过程中遭遇对手的追击而大败告终。对于这一条记录，王国维同样以《金史》无载给予否定。但考虑到呼伦贝尔草原当时是被称为“鞑靼”的塔塔尔部的牧场，宋朝政府又向来蒙鞑不分，因此讳言鞑靼的元朝修史者

⊙ 金国上京遗址

将其隐匿也在情理之中。

塔塔尔部虽然在当时被称为海岭的大兴安岭重创了金帝国军队，却并没有进一步围攻“上京”。除了实力不济之外，另一个重要的原因或许是因为此时其正由于一场“医疗事故”而与蒙古诸部恶斗连场。根据《新元史》的相关记述，事情经过大体是由于合不勒的小舅子——弘吉剌部贵族赛因特斤患病，于是请来了塔塔尔部的巫医，谁知道既“不效而卒”，患者家属一怒之下“执巫者杀之”。从医患关系的角度来看，弘吉剌部多少有些理亏。而且在当时蒙古草原的社会阶层之中巫医在部落中地位往往仅次于酋长，塔塔尔部的愤怒自然可想而知，随即出兵攻打弘吉剌部。

弘吉剌在突厥语中意为“褐色骏马”，在蒙古语中被引申为“有姿色的人们”，据说以盛产美女而著称。弘吉拉的牧场位于克鲁伦河下游至呼伦湖一带，恰处于蒙古乞颜部与塔塔尔部势力的交界地带。因此简单的医患矛盾的背后，交战双方似乎都有着更深层次的政治、经济考量。

乞颜部作为弘吉剌部的姻亲出兵相拳。但大举参战的同时，乞颜部内却有着不同的意见，合不勒诸子要替自己家出头，自然个个奋勇。但身为酋长的俺巴孩却认为这样的敌对情绪没必要长久的延续下去。不知道通过什么渠道，他向塔塔尔部提出的和亲的提议：通过塔塔尔部的某位贵族迎娶自己的“女儿”来结束这场战争。而为了表达诚意，俺巴孩亲自前往送亲，结果却为塔塔尔部擒获，转手送给了金帝国。

塔塔尔部在同意和亲之后还诱捕乞颜部的酋长，多少有违草原民族一诺千金的性格。而王国维则认为逮捕俺巴孩的并非塔塔尔人，而是效忠于金帝国的游牧雇佣兵集团——乣军所为。乣军历史悠久，自辽代便已有之，主要由边境地带忠于辽、金帝国的游牧民组成，因此成分相对复杂。但无论是将俺巴孩押往金帝国上京的乣军如何组成，乞颜部酋长在塔塔尔部的地盘上出事，后者都难辞其咎。从这个角度出发，乣军的这次突袭不仅堪称“斩首行动”，更能挑动两大敌对游牧部落的相互争斗，可谓一石双鸟。

或许正是不愿意自己的死为敌人所利用，被押解到上京被处于木驴之刑时俺巴孩让自己的随从回乞颜部转达自己的死因和向金帝国复仇的决心。而为了使这个重要的口信顺利传达，俺巴该用激将法对金熙宗完颜亶说：“汝假他人之手以获我，又置我于非刑。我死，则我之伯叔兄弟，必能复仇。”年轻气盛的完颜亶果然中计，大手一挥放了俺巴孩的随从，并表示：“此言可告汝部众，朕不畏也。”而根据《新元史》所给出的时间点，此事发生在公元1143年。

完颜亶之所以不畏惧蒙古乞颜部的复仇，或许是因为其早已做好了一举荡平对手的军事准备。根据南宋方面得到的情报："是月（农历四月），蒙古复叛，金主命将讨之。"而除了试图抓住乞颜部酋长新亡、群龙无首这一战略机遇期之外，此时金帝国在辽阔的蒙古高原之上已经建立起被称为"团寨"的小型据点网络，其最远的触角已经延伸到了克鲁伦河以西，在辽帝国的龙兴之地——临潢府形成了一个割裂塔塔尔和蒙古诸部的战略突出部。完颜亶似乎有计划先剿灭相对弱小的蒙古乞颜部，再回头收拾塔塔尔人。

可惜的是随着俺巴孩的死讯传到乞颜部，不仅举族上下同仇敌忾，更迅速形成了合不勒汗的第五子忽图剌为首的新一代领导核心。而金帝国远征军内部却发生了异动。《建炎以来系年要录》记载："鲁国王（完颜挞懒）既诛，其子胜花都郎君者，率其父故部曲以叛，与蒙古通。"不过《金史》并没有记录完颜挞懒有一个叫胜花都的儿子，因此这条记录也曾被王国维视为伪作。但纵观世界历史，诈称先君重臣之子发动叛乱的案例不计数。完颜挞懒曾位居金帝国左副元帅，麾下门生故吏当不在少数。这些人自完颜挞懒死后便一再受到打压和排挤，此次征讨蒙古更可能处于负弩前驱的先锋位置。拥立一个自称挞懒之子的胜花都发生叛乱也并非不可能。南宋方面认为是这次叛逃直接影响了蒙金双方的力量对比——"蒙古由是强，取二十余团寨，金人不能制"。

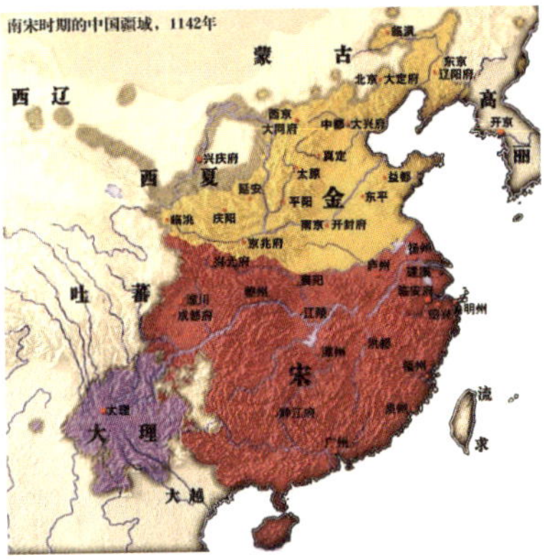

⊙ 公元1142年金国版图

当然除了胜花都的阵前倒戈之外，金帝国内部军事体系的演变也是导致此次远征蒙古失利的重要原因。自完颜亶即位以来，其在全国范围内所实行官制改革，其本质是变女真族奴隶制统治为以多民族的封建皇权制，而为了适应这种变化，原本分布于女真、契丹聚居区的猛安谋克体系便需要逐步南迁。应该说这一带有军事移民性质的迁徙，对巩固金帝国整体统治秩序是有利，一方面猛安谋克组织被迁入中原以后，能有效地控制敌视女真的汉族百姓；另一方面内迁的猛安谋克也受中原封建制的包围和影响，逐渐失去了原有的内部独立性，不再成为中央无法影响的独立王国。

但这种内迁对于蒙金边境地区的力量对比却是灾难性的。大批猛安谋克组织南下所留下的边防缺口交给了所谓的"镇防军"来填充。"镇防军"名头倒是响亮，但其主力却是由“国初所免辽人之奴婢”组成的驱军，金帝国虽然也会从各野战军中挑选的精锐加入“镇防军”，但这些精锐部队以一定的周期轮番更替，战斗热情自然可想而知。而金帝国与南宋虽然在公元1142年签署了和约，但两国漫长的边境线上金帝国仍需部署大量的野战部队才能保障安全。此消彼长之下，公元1143年金帝国远征军兵败大漠也就在情理之中了。

金帝国军队虽然撤回了国境，但蒙古诸部的反击却不会就此中止，《新元史》记载：“（忽图刺）败金人于境上，大掠而去。”被彻底激怒的完颜亶“以所教神臂弓弩手八万人讨蒙古”，对蒙古诸部发动了空前规模的进攻。“神臂弓”是北宋年间通用于辽、宋、西夏等诸国的步兵武器，根据当时的笔记所载可能有巨型床弩和单兵使用多种型号。金帝国虽然也大量装备这种武器，但却有着严格的弩手筛选考试：“凡选弩手之制，先以营造尺度杖，其长六尺，立之谓之等杖。取身与杖等，能踏弩至三石，铺弦解索登踏闲习，射六箭皆上垛，内二箭中贴者。”在承安年间（公元1196—公元1200年）整个金帝国也不过增签弩手千人。完颜亶要一口气动员八万弩兵参战显然有些夸张。因此也有学者认为宋人口中这些“神臂弓弩手”其实是“射粮军”的误传。

所谓“射粮军”是金帝国通过“五年一籍，三十以下、十七以上强壮者，皆刺其面”的方式强行招募的杂役部队的统称。如果金帝国在蒙金战场上所投入的主力的确是“射粮军”的话，那么“连年不能克”的结果也就不足为奇了。无奈之下，身为金帝国前线总指挥的完颜宗弼只能委派自己的亲信萧保寿努与蒙古方面展开和平谈判。对于金帝国割让西平河（克鲁伦河）以北二十七团寨、每年给予牛、羊、米、豆、绵、绢等物资的条件，忽图刺似乎并没有什么异议，只是对于金帝国册封其为蒙古国王的条件却表示无法接受。

当公元1147年和谈终于有了结果之时，金帝国意外地发现忽图刺之所以坚持不肯接受自己的册封，并非是因为谦虚和低调。而是嫌弃“蒙古国王”这个称号太过“小气”。在金帝国认识到“用兵连年，卒不能讨”，最终选择“遣精兵分据要害而还”的情况下，忽图刺自封皇帝，建元天兴。至此蒙古诸部似乎已经建立起了与金帝国分庭抗礼的草原帝国了。

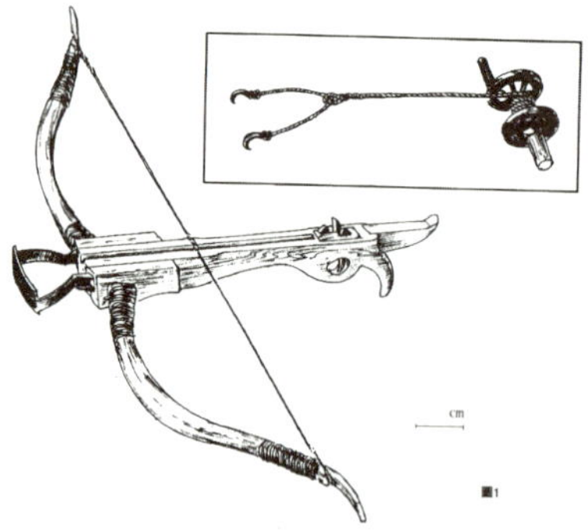

⊙ 宋代神臂弓想象图

虽然在西方人所撰写的蒙古史料之中，忽图刺被吹嘘为蒙古人的赫拉克勒斯。但在当时的草原之上，自封皇帝的忽图刺既没有自己部落内的绝对权威，也得不到其他部族的认可。在一次独自出猎的过程中，他甚至遭到同为乞颜部分支的朵儿边部（意为“四子部落”，都蛙·锁豁儿四个儿子的后裔）的袭击。忽图剌虽然侥幸脱险，但在他返回部落之时却发现乞颜部的贵族不是急着去寻找他，而是已经排着队拿着祭礼往吊他的家属了。或许正是一幕细想之下不由得后脊发冷的场面吓到了忽图剌，在此后的十年多时间里，他马不停蹄地四处征战，仅与塔塔尔人的战争便有十三次之多。因为只有这种无岁不争的局面，才能保障一个酋长始终在部落勇士的簇拥之下。

对于忽图剌的频繁征讨，乞颜部中与之分道扬镳者有之，冷眼旁观者有之。但也不乏有识之士透过那一次次征战的血雾，看到蒙古诸部光明的未来，他就是铁木真的生父也速该。也速该在《蒙古秘史》中的登场，多少有些不光彩。一次在斡难河畔放鹰捕猎的过程中，也速该偶然遇到了蔑儿乞惕部的少年也客·赤列都正领着自己新婚的妻子诃额仑经过。也速该随即叫来了自己的两个兄弟赶走了新郎，将新娘诃额仑抢回了自己的帐房。

⊙ 诃额仑雕塑

如果放在今天言情小说家的笔下，自然要粉饰一番诃额仑如何被逼嫁给了自己所不爱的赤列都，遇到也速该后如何为对方的雄风和温情所倾倒，最终委身于之。不过《蒙古秘史》却不惜笔墨地描写了诃额仑掩护自己的爱人赤列都逃走时的难舍，以及被掳之后的伤心，至今读来仍令人动容。那么也速该此举是否缘于一时的见色起意呢？答案似乎并非那么简单。因为根据后续事态的发展，我们知道也客·赤列都并非普通的牧民，而是蔑儿乞惕部首领脱黑脱阿的弟弟。而诃额仑的身份虽然没有定论，但出身于弘吉剌部的分支——斡勒忽讷兀惕氏部却是可以肯定的。如果说克鲁伦河下游的弘吉剌部是乞颜部与塔塔尔部之间重要的缓冲带的话，那么活跃于额尔古纳河流域的斡勒忽讷兀惕氏部则是连接蔑儿乞惕部与塔塔尔部的重要桥梁。因此也速该的这处“抢亲”无论是有意还是无意都破坏了蔑儿乞惕部与斡勒忽讷兀惕氏部之间的联姻。而从此后的历次草原争斗中斡勒忽讷兀惕氏部都站在铁木真母子的身后来看，诃额仑在其部族中身份恐怕不低。

对于也速该这种“半路截和”的行径，蔑儿乞惕部首领脱黑脱阿当然很生气。但此时的蔑儿乞惕部正与盘踞于土拉河、鄂尔浑河上游一带的克烈部交兵，一时分身乏术。而秉承着敌人的敌人就是朋友的宗旨，也速该也密切留意着蔑儿乞惕与克烈两部的战事。

仅从部族规模和开化程度而言，克烈部自然远胜蔑儿乞惕。但公元1100年左右，由于该部酋长磨古斯错误的判断形势，草率地发动反辽起义而导致整个部族遭遇重创。磨古斯之子忽儿扎胡斯好不容易利用辽亡金兴的机会重整部落，但一时之间仍元气未复。在与蔑儿乞惕部的战争中，忽儿扎胡斯不仅一败涂地，甚至连儿子脱斡邻勒也被对方掠为奴隶。忽儿扎胡斯好不容易从蔑儿乞惕部救回了自己的儿子，塔塔尔部又大举杀到，脱斡邻勒连同自己的母亲一带再度落入敌手。这一次忽儿扎胡斯彻底绝望了，他向西翻越阿尔泰山，寻求乃蛮部的支持。

关于克烈部的起源，史学家向来有突厥后裔和蒙古分支两种说法。而乃蛮部的血统则相对纯真，一般都认为其是突厥西迁时留在阿尔泰山地区的“钉子户”。而从忽儿扎胡斯第一时间选择向乃蛮求援来说，克烈与乃蛮在血缘和文化上应该都有着相对较高的彼此认同感。在乃蛮部的支援之下，忽儿扎胡斯再次击败了塔塔尔部，救回了自己的妻子和两度沦入敌手的儿子——脱斡邻勒。在克烈—乃蛮联军驱逐塔塔尔部的同时，也速该和乞颜部也投入了战斗。这场战争究竟是忽图剌所领导的十三次对塔塔尔部的战争之一，史料中没有给出明确的答案。但在公元 1162 年的那场战争中，也速该似乎收获颇丰。得胜回部的他，得知诃额仑在 5 月 3 日刚刚为他生下了一个大胖小子，顿时喜形于色地用自己阵斩的塔塔尔部勇士之名将自己的长子命名为孛儿只斤 · 铁木真。而此时在遥远的中原大地之上，号称百万的金帝国南征大军正在辽阔的宋金边境上全线撤退，虽然战事仍在继续着，但完颜亮“混一天下”的梦想已经和他的生命一起终结在长江之中那座被称为“瓜洲”的滩涂之上了。

完颜亮的败亡其实并非如很多人所想象的那样是因为伐宋受挫。事实上在公元 1161 年 10 月 28 日完颜雍由金东京（今辽阳）起兵，攻占中都燕京之前。完颜亮的南征在各条战线上进展都颇为顺利。此后南宋海军虽然在山东唐岛海域全歼金帝国舰队。但金帝国陆军仍直趋长江。如果不是宋高宗赵构的亲信虞允文及时收容南宋各部败兵在采石（今安徽马鞍山）重创对手先锋部队的话，局面很可能重现当年完颜宗弼南下时“江之南虽有兵，望见金军即奔走，船既着岸，已无一人一骑”的场面。而即便是初次渡江作战失败，完颜亮仍可以利用己方兵力上的优势，扩展战线寻找宋军千里江防的薄弱点发动偷袭。但此时的他已经被来自后方的政变夺走了所有的时间和耐性。在严令诸军发动自杀式袭击的背后，何况不是完颜亮本人的绝望。

公元 1161 年 12 月 15 日深夜，在契丹贵族耶律元宜的指挥下，金帝国的南征大军将矛头对准了自己的君主。面对纷乱射入御营的箭雨，内侍们焦急的请求完颜亮暂避。但完颜亮却无奈地回答“走将安往”，最终中箭着刀之后被部下缢杀。或许在平定江南之后，这位好大喜功的帝王还有很多的计划，亲征蒙古、吞并西夏乃至将朝鲜半岛纳入版图，有太多的事情，完颜亮已经没有时间去完成。但那些追逐、征服的梦想，却伴随着长江边那被部下点燃的尸骸随风飘荡，最终降落在蒙古草原那个呱呱坠地的孩童手中。

在自己堂兄所营建的宏伟宫殿之中，登基为帝的完颜雍无暇为完颜亮的死而庆幸或者悲伤。除了要协助南征大军顺利撤退并阻击南宋政府在各条战线所展开的反攻之外，他还要为重新架构宋金之间的和平而努力奔走。而在北方由契丹牧民撒八所领导的起义也正在如火如荼地发展着。日夜期盼着耶律元宜等南征将帅能将金帝国主力带回中都的他，此刻根本没有想过更为遥远的蒙古草原之上以乞颜部为代表的蒙古诸部、塔塔尔人、蔑儿乞惕部、克烈以及乃蛮正各自积蓄着力量，号称“五大兀鲁斯”（蒙语中意为国家和民族）的他们将在未来的角逐中孕育出整个欧亚大陆的梦魇。

三、草原危途——乞颜部内讧和铁木真童年时代的磨难

在完颜亮统治时期，吸收渤海、契丹和汉族精英为官，打破女真族宗室贵族对政府职权垄断的改革便已经悄然启动。但由于完颜亮个人性格的缺陷，这项改革操之过急，各方利益集团相互碾轧，最终导致连场血腥的政治清洗。完颜雍虽然继承了这一政策，但在政府内阁改组却遵循了循序渐进的原则，为兼顾各政治集团的利益。其在位期间，历任宰执官中宗室完颜贵族七人，非宗室女真十五人，汉族十四人，契丹、渤海各二人。基本形成了女真、汉族精英共治，渤海、契丹参政议政的局面。

而针对完颜亮激进的全盘汉化举措，完颜雍虽然也倾心于汉文化，但深知女真文化和猛安谋克制度才是完颜政权的立国之本，因此在其任内大力倡导女真文字。令女真人毋得译为汉姓，改汉姓或穿汉服。而在大力弘扬女真文化，勿忘旧俗的同时，完颜雍真正期望的还是恢复和强化猛安谋克的“战斗堡垒”作用。

事实上随着女真族封建化的日益发展，猛安谋克组织已经极为混乱。完颜亮罢免女真族世袭万户，废除上京路下的女真万户路，改置节度使的举措更进一步弱化了其作用。因此完颜雍执政伊始便重新推行猛安谋克的世袭制度，此后多次新授猛安谋克。并一再拘括汉人田地，分配给女真猛安谋克所属民户耕种或租佃。在确保女真族人经济地位的同时，还要求各猛安谋克官于农闲时督部人习武备、练骑射。

完颜雍之所以如此急于恢复猛安谋克系统的战斗力，除了出于应对与南宋对峙和冷战的需要之外，很大程度上还缘于北方蒙古诸部的军事压力。根据郑所南所著的《心史》中

⊙ 女真狩猎图

“金酋雍（完颜雍）立，仁慈，恕鞑旧罪，免征徙蒿指之法。时思乃祖旧恨，但望北射三箭泄余愤。如是十九年，鞑人孳育丁壮甚盛”的记载，完颜雍执政时期，金帝国似乎基本停止了对蒙古诸部的军事征讨。但之所以出现这样的情况并非是因为完颜雍的所谓“仁慈”，而是在金帝国武装力量的全面衰败之下的无奈之举。在镇压撒八、移剌窝斡所领导的契丹牧民起义之中，金帝国的骑兵部队已经无力与对手长期周璇，出现了“贼中马肥健，官军马疲弱，此去贼八十里，比遇贼马已惫”的现象。在这样的情况下，显然不能再指望金帝国远征军可以深入大漠草原对蒙古诸部实行“减丁”政策。

作为一个务实的帝国元首，完颜雍当然知道那所谓的“泄愤之箭”不可能阻挡蒙古诸部的滋扰。在竭力恢复女真族人战斗力的同时，一项声势浩大的国防工程在金帝国的北方全线开工。1165 年农历正月，完颜雍下诏在泰州、临潢等边境地区修筑边堡六十座，增派边防部队一万三千人。此后又多次下令增筑边堡、配置守备部队。关于这道防线，史学家有人称之为金长城，但更多的时候，相关的研究者们还是习惯称其为“金界壕”。由于大多兴筑于较为平缓的草原地带，因此金帝国的边防系统，无法像传统的长城那般依山而建，只能掘地为壕。而宽达三十至六十米的界壕之后再修筑五至六米的边墙，而在界壕和边界的基础之上，再隔五至十公里筑一边堡，用于驻兵屯粮。

对于金界壕的修筑，长期以来史学界的非议都大于肯定。甚至在完颜雍在位期间，丞相李石和纥石烈良弼便联名反对，认为“北俗无定居，出没不常，惟当以德柔之。若徒深堑，必当置戍，而塞北多风沙，曾未期年，堑已平矣。不可疲中国有用之力，为此无益”。迫于官僚系统的压力，完颜雍亲自主导的金界壕工程最终草草下马。直到 1197 年，在金帝国西北路招讨使独吉思忠的主持之下，才将这项“中间堡障，工役促迫，虽

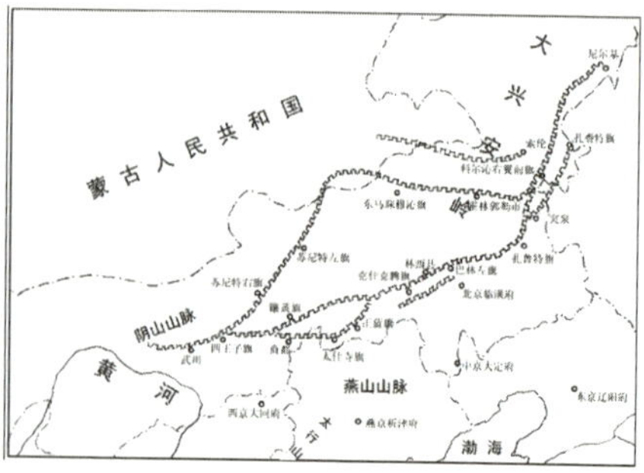

⊙ 地图上的“金界壕”系统

有墙隍，无女墙副堤”的半吊子工程进一步修缮完成。

必须指出的是，“金界壕”的修筑并非始于完颜雍，而在其生后金帝国统治者也不得不在争议声中重新上马该项工程。而“金界壕”所起到的作用，更不能单纯地从军事角度予以考量。长期以来，中原政权抵御游牧民族入侵，最佳的防线莫过于燕山—阴山山脉，历代长城也大多依托于此。但金帝国所面临的国家安全形势，却迫使其必须控制蒙古草原，以保障己方战马供应，因此不得不以界壕保护其牧群和草场。而金界壕的建立，除了可以有效地抵御蒙古诸部的袭扰之外，更成为金帝国招揽草原民族内附的最佳国力展示。

在完颜雍执政时期，1175 年隶属于乃蛮系统的“粘拔恩”部三万余户的内附，何尝不是艳羡于金界壕之内的安定。而蒙古诸部的领袖如克烈部长脱斡邻勒、汪古部白厮波及未来的成吉思汗铁木真，之所以都曾一度接受过金帝国的册封，循例缴纳岁贡，又何尝不是缘于无力攻破界壕，只能以朝贡贸易获得所需物资的理性选择。当然另一方面金界壕的建立在堵塞蒙古诸部原本南下劫掠的同时，也加速了其内部的矛盾。蒙古草原之上原本群雄并立的局面，正是在金界壕建立之后逐渐演化为了诸部争雄，最终孕育出了强大到足以摧毁金帝国边防系统的蒙古帝国。

1179 年，农历四月。对于坐落于华北平原之上的金帝国首都燕京而言，已是柳丝芳菲、桃飘李飞的暮春时节。五十六岁的完颜雍按照惯例，向各政府机关下达了准备北巡的诏令。“春水秋山、夏冬捺钵”本是契丹、女真这样的游牧、渔猎部落的本色。何况要去的地方也并不算太远，一想到位于西京路桓州（今河北省沽源县）的金莲川此时水草丰美的景象。虽然已经不再年轻，但完颜雍的心中依旧难以遏制那策马奔腾的冲动。

完颜雍第一次前往金莲川是在十一年前的 1168 年。面对着这片昔日契丹达官贵族的游猎避暑之地，完颜雍兴致颇高的亲自将其原名“曷里浒东川”改为“金莲川”。完颜雍此举固然是因为当地遍布着一种花大色黄的金莲野花。更是取“莲者连也，金枝玉叶相连之义”。将这片草场作为沟通金帝国燕山南北的纽带。此后完颜雍每隔数年必将巡幸当地，史料中虽然没有详细记载其在巡幸过程中的政治活动，但依照封建帝王的行在惯例，少不得要召见一些当地文武官员、内附的游牧部族首脑。但是这一次完颜雍的诏令刚刚下达，便收到了一封劝谏表疏。

写这张谏表的人名叫梁襄，来自山西绛州（今运城新绛县）。大定三年进士出身，此时担任完颜雍第七子薛王完颜允济的王府秘书（掾吏）。从梁襄的从政经历和此时所担任的职务来看，金帝国对其还是颇为信任和重用的。他如果能够安心本分地工作，日后完颜永济登基为帝之时，梁襄未必不能捞个六部主事甚至左丞右相的高位。但此时的他不知道

⊙ 今天依旧“遍地金莲”的坝上草原

是耐不住寂寞还是的确不吐不快，洋洋洒洒地写了一篇《谏北幸》递了上去。

从《谏北幸》开篇部分所谓“金莲川在重山之北，地积阴冷”的表述来看，梁襄应该没有去过那里，但这并不影响其大发宏论。认为完颜雍的北幸之举不仅皇帝自己“离弃宫阙，远事巡征，其祸遂速”，而即便皇帝没有危险，随行的百官禁军“饥不得食，寒不得衣，一夫致疾，染及众人，夭伤无辜，何异刃杀”。即便随行人员没有危险，“辎重浩穰，随驾生聚，殆逾于百万”的巨大财政开支也实属没有必要，最后还高屋建瓴地将完颜雍的北巡比作隋炀帝下扬州和完颜亮南征。将自己说成是阻止唐太宗行关南、汉文帝驰霸陵的魏征和袁盎。面对这样一篇雄文，完颜雍也只能叫停了北巡的工程，同时不得不以敢于直谏的名义，升任梁襄为礼部主事。不过完颜雍还是委婉地提出了自己对巡幸的看法：“治乱无常，顾所行何如耳。岂必深处九重便谓无虞，巡游以时即兆祸乱者哉！”

类似梁襄这样的举动，其实在汉族士大夫中并不罕见。在无法以政绩求表现的时候，以直谏搏闻达可谓是最常用的求官手段。事实证明梁襄的政治才干实在一般，其后其在监察御史、地方刺史、节度使的岗位表现都不过平平。但他的名字和《谏北幸》的文章却最终为《金史》所载，甚至被认为是“大定间人材辈出，文义蔚然”的论据。但恰恰就是在这种所谓的“君明臣直，不以言为忌”的政治氛围之中，金帝国统治者的手脚被逐渐束缚。梁襄《谏北幸》之后的十年里，完颜雍虽然依旧多次出巡。但随着1187年完颜雍出巡金莲川时，首都燕京发生地震之后。金莲川这个地名彻底消失在金帝国统治者出巡的名单之中了。

数十年之后，南下的蒙古大军以金莲川凉陉驻扎，修整军队之时或许并不知道他们脚下曾是金帝国君主避暑之所。而1251年受命总领漠南军国庶事的铁木真之孙忽必烈开创金莲川幕府并最终将当地确立为未来蒙元帝国的上都时，恐怕更不知道曾有一个名为梁襄的腐儒，认定这里是“五谷不殖，郡县难建，盖自古极边荒弃之壤”。

在完颜雍被迫取消北幸金莲川的同时，一个蒙古乞颜部的贵族少年正在为营救自己的新婚妻子而焦急奔走着。他就是也速该的长子——孛儿只斤·铁木真。对于此时年仅十八岁的铁木真而言，他的命运可谓多舛。孤独、流浪、贫苦、被掳，诸多困难的经历从九年前他的父亲也速该离奇死亡后，便如影随形。铁木真原以为这些痛苦，随着自己迎娶弘吉剌部的女孩孛儿帖将宣告终结，却不曾想等来的却是更为可怕的屈辱。世人无法知晓此时心急如焚的铁木真是否对他早逝的父亲有过怨恨。毕竟在他看来如果也速该当年没有饮下那杯塔塔尔人的毒酒，那么他的人生将会截然不同。但遵循唯物史观的原则，我们却不得不认为也速该的死和铁木真早年所经历的磨难均是一种必然。

虽然按照南宋史料的说法，忽图剌屡挫金帝国远征军的兵锋，自封祖元皇帝，建元天兴。但对于仍处于部落经济时代的蒙古部而言，忽图剌依旧只是一个草莽英雄。他的权威既得不到其他草原民族的尊重，更无法通过血统得以传承。早在其继承俺巴孩的酋长之位时，蒙古乞颜部内便有人宣称："汝等公议立罕，则事可定。否则必有内乱。"而在忽图剌死后，蒙古乞颜部内部长期没有确立领导核心，出现了"诸部各立部长，不相统属"的局面。

曾常年跟随忽图剌南征北战的也速该，或许一定程度上继承了忽图剌在乞颜部中的军事领导地位，更可能拥有着同时代蒙古诸部贵族中少有的战略眼光。在忽图剌死后不久，他便中止了与塔塔尔部的长期战争，转而投身于克烈部的内战之中。在连续为蔑儿乞部和塔塔尔部所重创之后，克烈部酋长忽儿扎胡斯被迫长期依附于乃蛮部。忽儿扎胡斯死后，其两度为敌国掳走的长子脱斡邻勒终于摆脱了乃蛮部的控制，但却为自己的叔叔古尔所驱逐。对于脱斡邻勒而言，此时蒙古草原"五大兀鲁斯"中，乃蛮—克烈联军是敌人，而蔑儿乞和塔塔尔同样是仇寇。唯一可能向其伸出援手的唯有乞颜部，因为也速该出兵支持其夺回本属于自己的汗位，对于脱斡邻勒而言无疑是再造之恩。

成功帮助脱斡邻勒归国复位之后，克烈部随即成为乞颜部西线最为得力的盟友和屏障。为了实现自己心目中的大战略，也速该开始在自己的部族东部活动。而其首先想到的自然是长期与乞颜部有着姻亲关系的弘吉剌部。依照《蒙古秘史》的记载，也速该向弘吉剌部的求婚之旅，完全是铁木真"未来岳父"特薛禅主动"倒贴"。也速该和特薛禅在路上偶遇之后，特薛禅一见铁木真就异常中意，各种面相、吉梦的大吹一气，非要说铁木真是自己家族的贵人。但综合事态后续的发展，却不得不说也速该此行与其说是求亲，不如说是送质。年仅九岁的铁木真远未到婚配的年龄，却要以"倒插门"的形式寄居于特薛禅的家中。而也速该也颇为不舍，甚至临走前还特意关照和叮嘱说："我儿子怕狗，休叫狗惊着。"不过谁也想不到这个九岁还怕狗的小男孩在世事的运转之后，最终对着自己的部下们说出了："男子最大之乐事，在于压服乱众，战胜敌人，夺取其所有的一切，骑其骏马，纳其美貌之妻妾。"

也速该在离开弘吉剌部之后，又参加了一场塔塔尔人的宴会。对于此事大多数记述都依照《蒙古秘史》的说法，认为是一场偶遇。但以乞颜部与塔塔尔部常年交恶的情况来看，也速该不可能在毫无准备的情况下，因为"口渴"就参与对方的宴会。或许求亲于弘吉剌、会宴与塔塔尔本就在也速该的日程表中。而以草原部族交锋的游戏规则来看，塔塔尔人如果要谋害也速该似乎也没有下毒的必要。毕竟他们曾明火执仗的绑架过乞颜部的首领俺巴孩，直接在宴会杀了也速该也并非难事。何必采用一种三天之后才能置人于死地的慢性毒药？

无论如何，也速该最终死在离开塔塔尔部领地回家的路上。而临死之前，他没有将自己的家人和财产交给自己的亲属打理，而是嘱托了一个名叫"蒙力克"仆从尽快将铁木真从特薛禅家中接回，并照顾自己留下的孤儿寡母。也速该的遗嘱虽然简单，但至少透露出两方面的问题：一是他对乞颜部内的亲属并不信任，二是此时他在自己的部族内部已经形成了相对稳定的管理体系。而这两点无疑都在将来乞颜部的分裂中起到了作用。

也速该死后，蒙力克虽然悉心地"照顾"其家族，甚至一度迎娶了也速该的遗孀诃额伦。铁木真因此曾长期尊称其为"额赤格"（养父）。但在乞颜部内，诃额伦始终是也速该势力的代言人。而其与其他贵族之间的冲突，最终导致了其家族为部族所抛弃和孤立。整个事件源于一次祭祀活动，在一年春天祭祖的大典，诃额伦由于迟到而没有分到胙肉、供酒。

自也速该去世之后的长期积怨最终令她将矛头指向了主持家族内部事务的俺巴孩两位遗孀，诃额伦有足够的理由愤怒，她说："也速该虽然死了，但他的儿子们终将长大成人，今天不分给我们肉干，明天是不是就要抛弃我们？"这一事件令原本没有貌合神离的俺巴孩派系与也速该部族的彻底决裂，俺巴孩的两位遗孀第二天就移营而去，也速该的部族很多也跟随着她们一起离开，诃额伦不得不高举着自己亡夫的军旗前去追赶。

也速该生前对自己亲属的不信任，令其部族在瞬间分崩离析，连铁木真的叔叔脱朵延也最终决定率众离去。铁木真的"额赤格"蒙力克和他的继爷爷——察刺合竭力挽留却只换来了脱朵延一句"深池已涸，坚石已裂，留复何为"的回答。或许是恨蒙力克霸占了自己的嫂子，脱朵延随后还捅了察刺合一枪。这位可怜的老头不久便因伤去世了。而此时尚未成年的铁木真除了大哭一场别无办法，毕竟在无情的草原之上，依附强者自古以来便是唯一的生存法则。

必须指出的是乞颜部的分裂，固然带走了也速该昔日强盛的部族内的大半领民。但铁木真及其几个兄弟姐妹继承了其父乞颜部贵族的身份及其势力范围，其童年生活虽然清苦，但渔猎牧马本是当时蒙古族少年的本分。即便也速该在世，其物质生活也未必会丰富多少。而正是因为忌惮也速该生前在蒙古诸部中的影响力，俺巴孩派系所形成的泰赤兀氏酋长塔儿忽台才兴师动众地出兵将铁木真掳走。从泰赤兀氏和铁木真家族交手的过程中来看，他们未必是想剿灭这支同宗，更多的是想将铁木真扣为人质。塔儿忽台虽然在草原之上人送外号"乞邻勒秃黑"，是个喜欢玩木枷的"好汉"。但他抓到铁木真之后，也只是让其轮宿于各家之中，并未加害于他。而在泰赤兀氏亲贵锁儿罕·失剌及其子赤老温、其女合答安的帮助之下，铁木真最终顺利逃脱。

为了躲避同宗的泰赤兀氏追杀，逃出生天的铁木真将自己的牧场迁徙到蒙古高原腹地的肯特山脉脚下。在此后的一段时间里，铁木真母子逐渐重振了也速该的部族。与同被乞颜部边缘化的札达兰部结为攻守同盟。正是有了雄厚的政治资本，铁木真才再次向弘吉剌部求婚，迎娶和自己早有婚约的特薛禅之女孛儿贴。而面对妻子陪嫁的黑貂裘，铁木真却选择了将它作为投资送给了邻近的克烈部酋长脱斡邻勒，脱斡邻勒随即收铁木真为义子。脱斡邻勒倒未必是稀罕一件黑貂裘，而是看重身为弘吉剌部之婿、乞颜部新贵的铁木真身后所代表的政治力量。可惜的是克烈、乞颜部的世仇——蔑儿乞部对这一切同样洞若观火。

1178年铁木真新婚后不久，蔑儿乞部的首领脱黑脱阿率三百骑兵来袭。猝不及防的铁木真家族四散奔逃，混乱之中孛儿贴被蔑儿乞人掳走。从事态后续的发展来看，依旧处于一盘散沙状态的蔑儿乞部将此事简单地理解为"当年也速该抢了我的弟妹，今天我抢他的儿媳，也算是报了仇了"。虽然是"强盗逻辑"，但脱黑脱阿自认师出有名，因此事后并没有做好应对苦主反击的装备。而反观铁木真，在孛儿贴被掳之后，他并未第一时间动员家族成员投入追击，而是积极奔走于克烈部、札达兰部之间。最终纠集了一支数万兵力的联军，将草原上约定俗成的"抢亲纠纷"升级为了一场部族决战。

公元1179年夏，乞颜—克烈—札达兰三部联军强渡勤勒豁河，突袭不兀剌草原之上的蔑儿乞部营地。脱黑脱阿虽带着少数精锐突围，但蔑儿乞部经此一役之后元气大伤。昔日参与过突袭铁木真营地三百壮丁被系数屠戮，而其余的妇孺儿童则被收为奴隶。而在乱军之中，铁木真也找到了自己被掳的妻子。被蔑儿乞惕部俘获的孛儿贴被许配给了脱黑脱阿的弟弟赤勒格儿，根据《蒙古秘史》的说法，赤勒格儿不仅对孛儿贴颇为尊重，甚至在铁木真率领自己和扎木合的联军杀入蔑儿乞惕部之时后悔地表示："我不过是一只只配吃

⊙ 术赤像

残皮剩肉的乌鸦，如今却妄想吃大雁和仙鹤。正因为我这个面目丑陋的赤勒格儿，触犯了尊贵的后妃，才招致了全蔑儿乞的灭顶之灾。”不过这样的迟到的忏悔并不能改变孛儿贴在被俘期间和赤勒格儿的夫妻之实，而被铁木真大军“迎回”的孛儿贴已经身坏六甲更是一件令铁木真无比苦恼的事情。

在没有亲子鉴定的情况下，铁木真只能向和孛儿贴一起被掠走的女仆豁阿黑臣询问。虽然身份卑微，但是站在女性的角度上豁阿黑臣还是慷慨直言地回答道：“糊涂的男人，连自己都不知道，我怎么会知道。”这句话与其说是在为孛儿贴开脱，不说是在向铁木真控诉，既然你无力保护自己的妻子，那又有什么资格去质疑对方的不贞呢？而事实上另一位在蔑儿乞惕部的入侵中被掠走的铁木真家族的女性也用自己的行为向世人表达了一个女人委身于敌的内心煎熬，她就是也速该的别妻、铁木真同父异母的弟弟别里古台的母亲，因为没有脸面再见自己的儿子，她选择了遁入森林之中，或许也真因为有了这样的前车之鉴，铁木真选择了善待自己的妻子以及那个血统存疑的长子。

关于铁木真长子的血统，史学界争论不一。其中有个有趣的现象，蒙古及西方的史料之中似乎都比较偏向于他是铁木真的妻子孛儿贴被掳和赤勒格儿所孕育的“爱情结晶”。而由于特殊的文化背景，中国的史料之中则喜欢渲染孛儿贴在被劫持之前便已经身怀有孕，甚至不惜将赤勒格儿美化成蒙古“柳下惠”。不过这个问题既然铁木真本人也搞不清楚，大家似乎也不必太过于深究。铁木真在迎回自己的妻子孛儿贴的回师途中，这个孩子突然降临。由于军中没有初生婴儿用的襁褓，孛儿贴只能用器皿装着自己的骨肉将他带在马上。初为人父的铁木真显然觉得这小子挺麻烦的，于是抱怨说：“此不速之客也。”随即为这个“来路不明”的男孩起名为蒙古语中意为“客人”的“术赤”。

铁木真虽然最终包容了术赤，但对于和自己自幼一起长大的“安答”札木合的关系却日益复杂。在击败蔑儿乞部之后的相当长的一段时间里，铁木真和札木合部合营放

⊙ 蒙古国电影《蒙古王》中孙红雷所饰演的札木合

牧。有一次兄弟两人同游忽勒答合儿崖，扎木合随口说了一句："我们依山居住，牧马的人可得帐房住；靠水居住，放羊的人可得饮食。"这句话看似平平无奇。但是铁木真的妻子孛儿贴却提醒自己的丈夫："扎木合是一个喜新厌旧的人，这是在讨厌我们了。"在这股枕头风的吹拂之下，铁木真连夜率领部众离开了扎木合的牧场，向西返回了自己昔日的牧场。这对异姓兄弟的决裂由此开始。

对于札木合这段话所代表的含义，后世的历史学家给出了多种解释，其中最为离谱的或许是苏联历史学者符拉基米尔佐夫。他说这段话代表了札木合同情普通牧民，而代表蒙古贵族势力的铁木真及其妻子对这种思潮很反感，因此下定了和民主倾向的札木合闹分裂的决心。而比较主流的观点还是认为札木合是在向铁木真表达：咱俩各有各自的情况，应该分开来各奔前程。但在笔者看来札木合这段话之所以引起铁木真和孛儿帖的警觉，主要还在于札木合说这番话时，已经俨然将自己凌驾于铁木真之上。继续合营放牧，铁木真及其部族将失去其独立性。

⊙ 成吉思汗像

铁木真离开札木合的营地之后，首先扑向了同宗的泰赤兀氏。有了蔑儿乞人的前车之鉴，塔儿忽台只能移营躲避铁木真。而大批乞颜部的贵族及附庸随即重回铁木真的麾下，甚至札木合的同胞兄弟豁儿赤也跟着铁木真跑了。按照豁儿赤本人的说法，他和扎木合是"同母而异族"，之所以出现这样的情况是因为扎木合的母亲也是札达兰部的首领从其他部落抢来的女人。正是由于这一点豁儿赤得以在投靠铁木真时吹嘘自己其实是铁木真的远亲，因为毕竟扎木合的母亲之前跟过谁，没有人有确切的记录。

之所以投靠铁木真，豁儿赤的理由是"神人托梦"。豁儿赤的这个梦说起来不仅荒诞而且无聊，主要是关于一头草黄色的母牛撞了扎木合的房车，随后又拉着车子跟铁木真跑了。不过豁儿赤却说这是"天地相商，神牛载国"。比起中原文化什么神龙、旭日之类的祥瑞来，豁儿赤的"造梦"能力实在不怎么样。这种虚无缥缈的说法本来也经不起推敲。不过铁木真当时羽翼未丰，的确需要豁儿赤这样人来向草原昭现自己的慷慨，于是不仅接纳了他，还许诺将来自己成为大汗后，将册封豁儿赤。不过豁儿赤还不满足，要求铁木真允许他娶多位蒙古美女，使他成为拥有三十个妻子的人。正是这种广纳贤才、善结盟友的政治手腕，最终令铁木真在草原上赢得了"以己衣衣人，以己马乘人"的威名。将昔日的草原霸主——扎木合、塔而忽台、脱斡邻勒等人一一埋葬。

尾声：时来天地皆同力——铁木真统一蒙古诸部历史必然

在充斥着“英雄史观”的中世纪，铁木真的崛起和蒙古帝国的辉煌，更多地被笼罩在其个人“雄才伟略”的光环之下。即便是许多后世的豪杰也往往为之动容，称其为“一代天骄”。在历史唯物主义的视角之下，诸多杀戮和征伐又被抹上了“各族人民渴望统一”的绯色。而在笔者看来，13 世纪初乞颜部之所以能够统一蒙古诸部，更多的是草原上各派政治势力博弈的最终产物。

在东部“金界壕”的封锁和西部“西辽”帝国的挤压之下，蒙古高原陷入了空前的“内卷化”危机。生存竞争的残酷压力，催生了连年的纷乱和混战。朝不保夕的牧民迫切需要一个强力的政治领袖，以通过外交或军事手段冲破东、西两线的封锁。但这种深层次的政治需求并不为蔑儿乞部的脱黑脱阿、泰赤兀氏的塔儿忽台以及札达兰部的札木合所理解。因此他们虽然拥有强大的军事实力，但却长期狭隘地将目光投诸抢夺女性、扩张牧场之上，最终的结果不仅未获得部族的忠诚，反而导致了内部离心离德的崩溃。唯有铁木真最终迎合蒙古牧民发展的需求，利用金帝国远征塔塔尔部之际主动投效，最终获得了金帝国册封，从而奠定了对其诸多对手的政治和物资优势。

另一方面，剧烈而无序的内部竞争，令蒙古诸部的贵族迫切需要一种行之有效的制度，以保证自身的财产安全和政治地位。而铁木真在其崛起的过程中，始终秉承着“制度先行”的宗旨，确立了一套完备的分封和上升机制。正是怀着对这种制度的艳羡，各路豪杰才纷至沓来，投身于铁木真的帐下。

⊙ 蒙古战士图

维京的黄昏

——1014年爱尔兰与维京人的世纪之战

作者：晚空

在维京时代，来自北方的海盗频繁光顾不列颠诸岛，爱尔兰自然难逃此劫。和英格兰人一样，爱尔兰人也在英勇地战斗着，并且付出了极大的牺牲。可是，爱尔兰传统政治的弱点在外敌面前暴露无遗。终于，布里安·博卢力挽狂澜，崛起为爱尔兰最名副其实的至尊国王，为爱尔兰人带来了希望。1014 年，爱尔兰人与维京人的大决战上演了。

一、维京人寇

破碎的爱尔兰岛

维京人登上历史舞台时，英格兰正处于混乱的“七国时代”，而爱尔兰的分裂程度则有过之而无不及。传统上，爱尔兰有厄尔斯特、康诺特、米思、芒斯特、伦斯特五大王国[①]，它们的名字与爱尔兰的省份相对应（但不能等同）。实际状况则更加复杂：第一，“省国”的数目并不固定在 5 个，在维京人到来的三个世纪前，这个数字或许变成了 7 个；第二，在这些王国内部，还有很多被称为“图阿查”（túatha）的部落或次级王国。公元 1000 年左右，这种“图阿查”有 100 个之多（这个数字当然也是浮动的）。每一个图阿查，无论是归附于更大的王国或者是完全独立，都有高度的部落思维和独立意识。

古爱尔兰有一个占据政治舞台 600 年的家族——尼尔家族（Uí Néill）。它的起源混杂着神话和历史，有可能追溯至康诺特的康族（Dál gCuinn）。康族源于公元 2 世纪的著名君主“身经百战”的康（Conn Cétchathach）。

此时的爱尔兰有两个棋逢对手的人物：北方是“身经百战”的康，南方是芒斯特国王欧文·莫[②]。后来，两人签订和约，瓜分势力范围。这一分界线大致是从都柏林到戈尔韦湾：北方归康，南方归欧文。“北康南莫”的局面由此奠定。实际上，爱尔兰的早期历史往往与神话交织在一起，这个故事已难以考辨真伪。

据说，欧文·莫之子奥利尔（Oilill Olum）死后把王国分给了他的儿子：小欧文获得南芒（Desmond），其后代是欧文纳赫特族（Eóganachta）；科马克·卡希获得北芒（Thomond），其后代是卡希族（Dál gCais）。至于芒斯特王位，按照奥利尔的意愿，应由

① 五大王国的另一种算法不包括米思，而把芒斯特算成两部分。

② “莫”（Mór）意为“伟大的”。这个欧文·莫也叫莫·努阿达特（Mug Nuadat），意为“努阿撒神的奴仆”。他有个孙子也叫欧文·莫。

欧文纳赫特和卡希族轮流掌握。实际上，根本没有证据表明奥利尔留下了这样的心愿，直到10世纪，也没有北芒的统治者索要芒斯特的王位。

⊙ 公元900年左右的爱尔兰

康族的另一位雄主是3世纪的科马克·马克阿尔特，他是康的孙子。据说他占据了神圣的塔拉山，建立了爱尔兰的至尊王（Árd Rí）世系。

尼尔家族正式得名于“九质王”[①]尼尔（Niall Noígíallach，逝于约405年），他是康诺特国王和爱尔兰至尊王。尼尔几个兄弟的后裔成为康诺特的统治者。尼尔的儿子欧文和科纳尔在爱尔兰西北建立了埃尔尤克王国，繁衍出尼尔家族的北支；米思则由尼尔家族的南支统治。后世的至尊王长期在尼尔家族中产生，实践中往往表现为尼尔家族南北两支交替登基，但这种形式有损至尊王位的连贯性，因而削弱了它的效力。

至尊王是个光荣而烫手的头衔，但它又往往只是个象征性的荣誉称号，“省国”以及“图阿查”可以各自为政，不受至尊王节制。至尊王的地位多少类似于盎格鲁撒克逊时代的“共主”（Bretwalda）、古威尔士的“祖龙”（Pendragon）和后世的神圣罗马皇帝。

迪尔梅特（逝于约565年）之后，至尊王驻于自己的领地，塔拉圣山逐渐荒废[②]。6世纪的12个至尊王，只有两个逃过了被谋杀或战死的命运。迪尔梅特之后的几位至尊王，在位都是一年左右。往下的7世纪和8世纪，情况也好不到哪去。尼尔家族把至尊王位独占了6个世纪，但从来没能把国家统一起来，这也说明了这个头衔的实际效力是多么有限。

南方曾对至尊王位的垄断发起挑战，最值得一提的是费里米（820年—846年在位）。可以说，他是第一位要求与尼尔家族取得同等地位的芒斯特国王。他有时也被算入

---

① 这个绰号就是说他有九个人质，象征了九个地区：五个来自爱尔兰的五省，另外四个是苏格兰人、撒克逊人、布立吞人、法兰克人。对于这个绰号亦有其他解读，不再赘述。交人质表忠心是当时爱尔兰的政治传统，人质理论上应受款待。因此，如果有太多人质“乐不思蜀”的话，持有人质的国王甚至可能会破产。

② 据说，因为迪尔梅特得罪了教士，因而使塔拉遭到了诅咒。

至尊王，尽管没有获得过普遍承认。此人是个狠角色，他曾三次洗劫了克朗马克诺易斯(Clonmacnoise)，像宰杀羔羊一样屠杀僧侣，连杜罗和基尔台的修道院也被洗劫过。839年，他还蹂躏了米思。这些行为跟当时已经来到爱尔兰的维京人无异。

从托尔格修斯到伊瓦尔

正当爱尔兰内部相互厮杀之际，爱尔兰人又出现了前所未有的新敌人——维京人。795年，都柏林附近的朗贝岛被洗劫；798年，斯凯里斯附近的宗教社区遭到突袭；806年，爱尔兰传教士心目中的圣地爱奥那岛被摧毁；至822年，从韦克斯福德到凯里的海岸线都未能逃脱入侵者的魔爪。就像蝗灾、海啸和瘟疫一般，维京船队所到之处，土地被荒废、家园被毁灭、人员被虐杀。抵抗侵略，需要有坚强的领导和强大的军队，而爱尔兰两者皆无。

古代爱尔兰人辨识出了两类侵略者："黑洋人"和"金洋人"(Dubgaill & Finngaill)。早期的学者认为两者分别与丹麦人和挪威人对应，但也有人认为词的前缀Dub—和Finn—不是指生理特征（因为丹麦人和挪威人没有这么明显的外貌差异），而是指不同的武器；还有人认为，这两个词是为了区分进行征服的方式，行为越恶劣就越"黑"，此说不太可信；也有人认为是指到达爱尔兰的先后。笔者一般不作具体区分，只以"维京人"称之。

早期维京人的袭击都是零散的。但是跟在英格兰的情况一样，维京人最初也是抢完就走，之后发展为定居，最后发展到建立政权。

832年，托尔格修斯[①]成了试图在爱尔兰称王的第一个维京人，他带来了潮水般的维京队友。836年，都柏林被占据。康诺特、米思、厄尔斯特都在劫难逃。

不过托尔格修斯作威作福的日子并不长久。845年，托尔格修斯看上了米思国王玛拉基的女儿，欲占之为妾。玛拉基不敢拒绝，遂许之，并承诺再奉上额外的15名美女。等到约定之日，15名"美女"真身一露，原来都是男扮女装的武士，托尔格修斯就这样被逮捕了。按照维京人的信仰，战死者可以进入瓦尔哈拉[②]，但是玛拉基没有给予托尔格修

---

① 托尔格修斯（Turgesius）就是北欧常见人名索尔吉尔斯（Thorgils）的拉丁语写法，意为"雷神托尔的奴仆"。

② 瓦尔哈拉（Valhalla）是北欧神话中接待战死者的英灵的地方。瓦尔哈拉有540扇大门，每扇门可以同时并排经过800名战士。英灵战士白天拿起武器磨炼战斗技能，到用餐时间再回到瓦尔哈拉饮酒。等到"诸神之黄昏"时，众神将和英灵战士共赴战场。

斯一个战士般的死法，而是把他扔到湖里溺死。

这件事提升了玛拉基对抗维京人的信心。846年，他当选为至尊王，之后打了几次胜仗。848年，维京人在西米思被打败，折兵700。随后几年维京人败绩连连。但是，玛拉基并没有在爱尔兰人的心中造就某种统一感。他可能也只满足于成为虚设的至尊王，就像他的先辈那样。

853年，令人诧异的一幕上演了。以奥拉夫和伊瓦尔为首的一支“黑洋人”大军降临都柏林，不仅没有加入“金洋人”，反而跟后者火并，取代了“金洋人”的统治，建立了都柏林王国。奥拉夫从都柏林发起对伦斯特和芒斯特的劫掠，从利默里克到柯克一片狼藉。但他们并非百战百胜，在埃尔尤克国王“美好武士”埃（来自尼尔北支）担任至尊王期间（862年—879年），维京人吃过两次严重的败仗。

圣帕特里克大教堂中的科马克·马克魁奈恩画像

伊瓦尔于873年死后，将近40年的时间里，没有新的维京人涌入爱尔兰。这一时期大致是玛拉基之子弗朗担任至尊王（879年—916年）时。按理说，爱尔兰应该趁此时修复战争创伤，并采取措施预防新的维京人。但是，一个世纪的外侮还没有让爱尔兰数个世纪的内乱平息：892年，蒂尔欧文[①]和厄尔斯特的其他部分处于战争状态；895年，至尊王蹂躏了康诺特；898年，康诺特又与米思作战……爱尔兰人不是不敢战斗，而是太爱战斗了，而且没有把战斗的热情用在合适的地方。古典历史学家斯特拉波谈及凯尔特人时曾说：“全族都是战争狂，能精神振奋地迅速投入战斗。无论用什么借口煽动他们，他们都愿意冒险，即便他们除了力量和勇气外一无所有。”这番描述同样适用于中世纪的爱尔兰人。

① 此处的欧文是“九质王”尼尔之子，占有蒂尔欧文（Tír Eoghain），他的兄弟科纳尔占有蒂尔科纳尔（Tír Chonaill），两者都在爱尔兰西北部的埃尔尤克王国内。

⊙ 维京人的日常生活（邮票）

901 年，伦斯特人曾经攻破了都柏林。但是，爱尔兰岛的分裂阻碍了统一战线的形成。906 年，文武双全的芒斯特国王科马克 · 马克魁奈恩（Cormac mac Cuilennáin）对伦斯特发难。此时的伦斯特仍然沉浸在攻克都柏林的喜悦中，芒斯特就像是在大喜的日子给人泼冷水，伦斯特自然不愿屈服。至尊王弗朗认为科马克是个危险分子，便与伦斯特国王卡福尔合作，洗劫了芒斯特。科马克向至尊王及其盟友发动进攻，给对方造成了重创，同年又打败了骚扰他的康诺特。这一段时间里，芒斯特仿佛能成为爱尔兰的霸主。科马克的顾问弗莱厄蒂继续煽风点火，劝国王效法费里米成为至尊王。这是对现行秩序的挑战。908 年 9 月 13 日，芒斯特军队在巴拉摩（Ballaghmore）遭到至尊王、伦斯特、康诺特联军袭击，损失 6000 人，科马克自己也在阵亡之列。

芒斯特的失败使占统治地位的欧文纳赫特族陷入低谷，而在芒斯特北方，一个之前很少提及的部族已经在暗暗发力，此处暂且不表。

维京移民几乎永久地定居下来。虽然维京人被称作海盗，但不能据此认为他们都是杰克船长那样漂泊四海的人，因为他们的经济基础仍然是农业，大部分维京人本质上是务农者，移民们更愿意定居而非冒险。当然，维京人也善于贸易，他们在爱尔兰的“殖民地”与英格兰、奥克尼、设得兰、赫布里底、马恩岛乃至欧陆的维京定居点相连通，促进了都柏林等地的繁荣。

⊙ 维京船队出现在海上

爱尔兰人与维京人的关系并

不是百分百敌对的。爱尔兰本土势力为了打击对手，从不拒绝与维京人合作。在社会层面，更深层次的变化发生了——维京人逐渐被同化，维爱通婚和维京人逐渐改信基督教就是最好的证明。北欧人逐渐融入西欧基督教世界的现象不仅在爱尔兰上演，在英格兰、法兰克也是如此，甚至在他们的斯堪的纳维亚老家也是如此。

与伊瓦尔家族作战

从 914 年到 1014 年，是维京人在爱尔兰从巅峰走向失败的一个世纪。914 年左右，伊瓦尔的孙子拉格纳到了沃特福德港，以此为基地威胁芒斯特；两年后，伊瓦尔的又一个孙子西德里克占据都柏林，打败了伦斯特人。伊瓦尔家族（UiÍmair）的鼎盛时期到来。

916 年上台的新至尊王“黑膝盖”尼尔（“美好武士”埃之子）勇敢地与西德里克作战，不幸于 919 年阵亡。仅这一战爱尔兰损失的国王就有 13 位，都柏林仍在敌手。“黑膝盖”尼尔之子默塔终其一生没有当上至尊王[①]，但他以自己的蒂尔欧文军与维京人打了 20 年，不仅在爱尔兰岛作战，还曾远征苏格兰以北的赫布里底群岛。不幸再次降临，943 年，默塔在与都柏林国王布拉卡（伊瓦尔的曾孙）的战斗中牺牲，爱尔兰又一次成为孤儿。为了反抗维京人的侵略，爱尔兰人付出了惨重的牺牲。

944 年，来自尼尔南支的至尊王孔拉克在都柏林击败维京人，俘虏大量居民；948 年再破维京人，杀布拉卡，为默塔报了仇。但是，抵抗维京人的共同利益再度让位于爱尔兰内部的斗争。956 年，孔拉克被伦斯特和维京人联军杀死。

之后，默塔之子多姆纳尔担任至尊王（956 年—980 年）。他爱好和平，只打过一次大仗，未能阻止都柏林国王“凉鞋”奥拉夫（西德里克之子）获胜。整个米思遭受蹂躏和压迫，爱尔兰人将这种痛苦与“巴比伦之囚”相类比。

在爱尔兰南方，伊瓦尔家族同样嚣张。维京人轻而易举深入内河，以柯克、沃特福德、利默里克为基地发动进攻，拿下了芒斯特首都卡舍尔（Cashel)。《盖尔人与外国人之战》[②]用悲情的文字描述了维京人的行径：

---

① 此时的至尊王是弗朗之子邓肯。

②《盖尔人与外国人之战》(Cogad Gáedel re Gallaib)，爱尔兰中世纪的一部史料，讲述爱尔兰人（盖尔人）与维京人（外国人）之间的战斗，主要集中在布里安 · 博卢时期。曾经有人认为该书作者是布里安 · 博卢的宫廷诗人马克里格（Mac Liag)，有争议。但作者本人要么是 1014 年大战的目击者，要么是根据目击者的证词来撰文。

整个芒斯特洪水滔天，涌进了数不尽的船、舟、舰。所以在芒斯特，每一个海港、每一处登陆点、每一座堡垒、每一座要塞都充斥着丹麦人和海贼的船队。

他们把她弄成了荒废之地、刀剑之地、征服之地……简言之，数尽海洋中的沙砾、田地上的青草、天空中的星辰，也难以统计、难以枚举、难以叙述全体盖尔人无一例外所遭受的苦难。无论是男人还是女人、男孩儿还是女孩儿、俗人还是教士、老人还是青年、自由人还是农奴，都遭到了侮辱、暴行、伤害、压迫……他们（维京人）把他们（爱尔兰人）带入苛捐和劳苦之下、束缚和奴役之中……天啊！有多少双明亮而睿智的眼睛里总是饱含泪水，并因恐惧和绝望而黯淡……

内忧外患的爱尔兰，真是长夜难明。

980 年，来自尼尔家族南支的米思国王玛拉基二世担任至尊王，他是玛拉基一世的玄孙、弗朗的曾孙。玛拉基二世将成为爱尔兰的民族英雄，以及布里安 · 博卢的竞争对手。

玛拉基二世的雕像

布里安·博卢（约941[①]—1014年）和玛拉基二世（约948—1022年）是爱尔兰抗维京事业中两颗耀眼的巨星。

二、卡希族崛起

马洪与布里安

布里安·博卢[②]来自卡希族，成长于维京人气焰嚣张的时代。他对卡希族先辈们的英勇事迹充满敬仰，对恺撒和查理曼这样的大人物心驰神往。然而，一看到美好的家园处于维京人的枷锁之下，他的内心不免怅恨。他的父亲是北芒国王肯尼迪。芒斯特国王凯拉肯希望在整个芒斯特施展权力，联合沃特福德的维京人，于951年打败并杀死肯尼迪。后来[③]，布里安的哥哥马洪继承了北芒的王位。954年，凯拉肯遭雷击而死。

这一时期，南方的维京人再度进入了发威状态，一个个"图阿查"相继臣服于铁蹄之下。但是卡希族不愿投降。959年，马洪趁局势混乱，自封为芒斯特国王。如果他想通过此举团结芒斯特人的话，那他就得失望了。至962年，他几乎要被打退到大海之中。此时，奥索里[④]发起了反抗维京人的起义，这让卡希族获得了喘息的时机。马洪已对战斗感到疲倦，准备与敌人和谈。但在布里安眼里，任何和谈都是耻辱。只要能打击维京人，无论战果是多是少，布里安都愿意去战斗。他带领年轻的卡希族战士，置身山林与荒原，风餐露宿，打游击战。白天打完晚上打，晚上打完次日打。他们轻装上阵，携带的武器包括斧头、标枪和腰间的剑。但布里安并不是蛮干的莽夫，他会利用地形，把敌人引到沼泽或峡谷；他懂得避免激战，而是骚扰或伏击小股敌军，杀死落单者，使维京人处处缺乏安全感。但是，缺衣少食的艰苦环境和持续的作战使布里安的人马日渐稀少，最后他只剩下15名属下。

---

① 出生年份有不同说法，例如《四士编年史》(Annals of the Four Masters) 定为925年，《厄尔斯特编年史》定为941年。

② "博卢"(Bóruma) 是绰号，不是姓。该绰号来自北芒的一个城堡"Béal Bóruma"，而城堡的名字又来自被称为"博卢"的贡牛制度。

③ 马洪和肯尼迪之间还有一位叫拉特纳的人短暂在位，他也是肯尼迪的儿子，但留下的历史信息很少，所以一般将其无视。

④ 奥索里名义上是伦斯特的属国，位于芒斯特和伦斯特之间。

⊙ 这是布里安最常见的画像（此图近代才出现，人物服饰不符合史实）

马洪得知弟弟的处境后，遣人将布里安召回。归来者皆面容憔悴、衣衫褴褛，但他们的眉宇中仍然透露着一股自豪感。马洪出言轻佻："布里安，你太孤单了。你的战斗不是不勇敢，但你带回来的人不算多，你的追随者都在哪儿呢？"布里安说："在艰难困苦中，他们伴随我越过了每一个平原，哪像你的部下。"布里安斥责了马洪的懦弱，还用祖先的光荣事迹教训马洪。马洪色挠，支支吾吾地说："虽然这是事实，但我没能力抗击外敌。因为他们的追随者众多、他们的军队庞大、他们的战士强悍、他们的甲胄精良、他们的刀剑锋利。"他还说他不想看到卡希族人都像布里安的随从那样死掉。

布里安厉声反驳道："你这么说就不对了，你固有一死，所有的卡希族人也固有一死。他们（卡希族人）的父辈祖辈已经逝去，他们自身也迟早会迎来死亡。但是，屈服于欺侮或耻辱，这不是天然的和注定的，因为世界上从未有人能让他们的父祖屈服！"

在随后召开的卡希族大会上，马洪问道："你们希望做出什么样的决定？也就是说，是战还是和？"人们异口同声地表示，愿以生命换取自由，而不是屈服于海盗的暴政和压迫。马洪和布里安遂决定开战，渡过香农河[①]，向芒斯特首都卡舍尔进发[②]。卡舍尔是奥利尔后裔的首要驻地，号称"爱尔兰南半部的塔拉"。

萨尔科伊特战役

加入卡希族旗下的有欧文纳赫特族的成员，也有慕斯克腊吉人[③]。马洪成功占据了卡舍尔，安营扎寨。这是芒斯特国王邓肯（凯拉肯之子）死后的第二年（964 年）。

---

① 爱尔兰最长的河流，有一个狭长的河口，适合维京人深入内陆劫掠。

② 其实，维京人聚居的利默里克比卡舍尔更接近北芒。虽然根据历史学者的解读，此时卡舍尔在维京人控制下。但站在欧文纳赫特族的立场来看，卡希族难免有争夺芒斯特霸权的意图。而马洪坚称卡舍尔也是卡希族的发源地，获得卡舍尔是与生俱来的权利。

③ 芒斯特的一个部族。

在本次征途中，维京人在芒斯特的定居地遭到了洗劫。马洪的突然崛起惊醒了利默里克的维京人。维京头目伊瓦尔决定在卡希族的领地大开杀戒，这是他恢复权力的唯一方法。《盖尔人与外国人之战》中说伊瓦尔的大军“既有盖尔人，也有外国人”[①]。在芒斯特，有一些首领或部落不愿意接受卡希族的统治，故而加入了伊瓦尔，包括南芒国王迈尔穆德、凯普雷和费扬提[②]的国王多诺万。即便不是为了维京人的利益，他们也愿意去洗劫卡希族。而反对维京人的芒斯特酋长们则被伊瓦尔处死。

正在此时，卡希族得到友军加盟，德尔文部落酋长卡查尔率100名装备精良的战士来助。战前会议决定在萨尔科伊特（Sulcoit）树林等待敌人进攻。

战役的具体细节记载不详，《盖尔人与外国人之战》记载：“当卡希族到达萨尔科伊特时，外夷与之相遇，发动进攻；此战激烈、残酷、血腥、暴力、粗野、无法妥协、不可调和。从日出到正午，他们互相打击、互相杀戮。然而，外夷最终溃败……”战败者拼命逃往沟壑、逃往山谷，但被爱尔兰人追杀。

卡希族军队当晚和次晨乘胜追击，到达利默里克的要塞。卡希军对大街上和房屋内的维京人展开杀戮，据说有2000人被杀。利默里克遭到洗劫，金银、绸缎、美女，皆在被抢之列。最后，利默里克陷入了浓烟和火海。所有的俘虏聚在一起，“每个能打仗的人都被杀，每个能为奴的人都被奴役”。维京人和爱尔兰人的角色仿佛来了个一百八十度的逆转。

此战发生于968年。

布里安的复仇

丢掉利默里克后，伊瓦尔向东逃至不列颠，一年后又率舰队进入利默里克西部，以香农河河口的斯卡特里岛（Scattery）为基地。

随后几年马洪的权力蒸蒸日上，又在七场战役中取得了对维京人的胜利，芒斯特的各路首领纷纷臣服。但是，迈尔穆德和多诺万一贯敌视马洪，如今他在整个芒斯特施展威名，更加遭到二人忌恨。在伊瓦尔的教唆下，迈尔穆德和多诺万又一次与他结成反马洪联盟。976年，马洪被他们刺杀了。当时有一个目睹现场的教士吓得面如土色，问迈尔穆德

---

① 需要说明的是，布里安的麾下也有维京战士，利默里克的维京人还为布里安的海军提供了船只和船员。

② 芒斯特的两个部族。

⊙ 布里安·博卢

怎么办。迈尔穆德望着血溅当场的马洪，带着戏谑的口吻回答道："如果那人能走到你的面前，就治好他。"

布里安闻知噩耗，悲痛万分。但是，迈尔穆德和多诺万大错特错，杀死马洪对他们并无任何好处，因为新国王布里安绝非等闲之辈。引用《盖尔人与外国人之战》的比喻："他不是代替鸡蛋的石头，他不是代替棍棒的纸捻①，而是代替英雄的英雄，是继承勇士的勇士。"

为了给哥哥复仇，布里安不知疲倦地发动进攻性的战争，所以，布里安统治的早期充满了动荡。977年，伊瓦尔及其两个儿子被布里安杀死；978年，多诺万与伊瓦尔之子哈拉尔联手出击，而布里安攻入多诺万的领地，杀此二人，并对维京人展开超常的大屠杀；同年，贝拉赫·拉赫塔战役，迈尔穆德被杀，损失1200人，其中既有爱尔兰人，也有维京人。

迈尔穆德一死，欧文纳赫特族的挑战就不复存在了，北芒和南芒实际上都纳入了布里安的统治。布里安成了芒斯特国王，这被他的反对者们视为第一次篡位。他在全芒斯各地索要人质，甚至连教堂也不放过（可以确保教堂不会成为反对者的庇护所）。很快，布里安的手就伸出了芒斯特之外。

三、盖尔双雄

君子协定

布里安很快将战火烧到奥索里和伦斯特。奥索里国王吉拉帕特里克被俘，伦斯特国王多姆纳尔俯首称臣。至984年，布里安已经称得上是爱尔兰南半部的主宰。他的胃口还不满足，亲率300艘战船沿香农河而上，袭击米思、布雷夫尼；988年，他又派了520艘战船进入康诺特，连一贯赞美布里安的《盖尔人与外国人之战》都说他"犯下了大恶"，康诺特王储莫里斯被杀。在前文中，我们对爱尔兰人的内战一直持批判态度，但在当时的历

① 这两句比喻的意思是布里安不逊于马洪。

史条件下，即便真想结束内战状态，除了以战止战恐怕也别无他法，这不得不说是历史的尴尬与悲剧。

布里安的行径给米思国王兼至尊王玛拉基二世敲响了警钟，他不会欢迎一个僭越者在自己的地盘上撒野。

作为布里安的对手，我们需要了解一下玛拉基其人。980 年，米思国王玛拉基出任至尊王，他在同年的塔拉战役中打出了威名。都柏林国王“凉鞋”奥拉夫被打跑，在爱奥纳岛的修道院度过余生（当时奥拉夫已经是个基督徒了）。玛拉基就此夺取了都柏林，解除了地狱般的“巴比伦之囚”。他允许维京人留下，但后者必须臣服并释放俘虏。

被释放的俘虏中有伦斯特国王多姆纳尔（一年前曾被维京人所俘）。但多姆纳尔忘恩负义，刚放出来没几年，又与沃特福德的伊瓦尔（跟前文利默里克的伊瓦尔不是一人）联合，跟玛拉基和都柏林新国王格伦亚恩①叫板。983 年，玛拉基和格伦亚恩打败了多姆纳尔和伊瓦尔，蹂躏了伦斯特。

爱尔兰史料《四士编年史》②记载了以下信息：

⊙ 布里安在鼓舞士气

① 格伦亚恩的父亲是“凉鞋”奥拉夫，但与玛拉基同母。玛拉基攻占都柏林后，安插他的这个同母兄弟为都柏林王。格伦亚恩死于 989 年，之后的都柏林王是“银须”西德里克。

② 这部编年史是 17 世纪的四个修士搜集、整理而成，故得名。

989 年，玛拉基战胜了北芒人；

991 年，布里安带着芒斯特和康诺特人进入米思，但是没有带走一头牛或一个人，而是偷偷跑走了；

994 年，玛拉基焚烧了阿纳克提特，洗劫了乌尔芒，布里安和芒斯特人在他面前全线溃败。

似乎玛拉基每次和布里安交手都处于上风。有趣的是，《盖尔人与外国人之战》对玛拉基与布里安之间的战争只字未提，直接从 988 年跳到 998 年两人议和。

998 年，布里安与玛拉基在西米思的布林普托基（BleanPhuttoge）会晤，达成和议：1. 玛拉基持有的南方人质转交给布里安；2. 布里安不得侵犯玛拉基在北方的权益。这次和议标志着“南北朝”的形成。

格伦马马之战

不久，伦斯特王室成员迈尔莫拉①与都柏林维京人发起了反布里安的行动。此间有一位叫戈姆芙拉的女人起到了推波助澜的作用，她是个绝代妖后，天生尤物，但心如蛇蝎，本是伦斯特公主，迈尔莫拉是她哥哥。她曾嫁给“凉鞋”奥拉夫，玛拉基打败奥拉夫后，她改嫁玛拉基，她与前夫的儿子就是“银须”西德里克，西德里克此时已经成为都柏林国王。

玛拉基迟早会发现，他娶了一个难以对付的女人，对她的厌恶也逐渐增加。而戈姆芙拉也不满足于无法施展野心的生活。她跑到自己的哥哥迈尔莫拉那里，怂恿他与都柏林联合，以打倒玛拉基和布里安。

999 年底，布里安率军赴都柏林，半路在格伦马马（Glennmama）停留。双方的战役就在此处爆发。不过，史料仍旧未对战役的具体细节作过多描述，只用了大堆形容词描述战斗的惨烈。双方损失都不小，最后取胜的是布里安。他乘胜进军都柏林，当年卡希族军队在利默里克的屠掠再度上演。据说，没有什么宝藏因埋在地下而未被发现。很多妇女儿童被掳为奴，这被视为正当的报复。伦斯特此后也被蹂躏。战争红利是巨大的，以至于爱

① 前文提到的伦斯特国王多姆纳尔死于 984 年。迈尔莫拉希望获得伦斯特的王位，便鼓动玛拉基娶他妹妹戈姆芙拉。这样一来，迈尔莫拉以至尊王为靠山，有望夺取伦斯特王位。而通过戈姆芙拉，玛拉基可以赢得迈尔莫拉和都柏林的忠诚。格伦马马之战时，迈尔莫拉似乎还未当上伦斯特国王，直到 1003 年。

尔兰妇女不需要亲自推石磨、洗衣服，因为有维京奴仆为她们做；没有哪个参战的芒斯特自耕农不用金银装饰他们的屋子。

迈尔莫拉躲在一棵紫杉树后，被布里安之子穆尔哈德粗暴地拖出来。等到布里安得到了伦斯特的人质后，迈尔莫拉才获得了自由。这段经历一直让迈尔莫拉怀恨在心，也为之后的悲剧埋下了伏笔。

值得注意的是，《盖尔人与外国人之战》对玛拉基在此战中的功劳只字未提，而《四士编年史》《提尔尼编年史》都明确提及此战是玛拉基和布里安共同参与的。

玛拉基退位

玛拉基的能力完全可以胜任至尊王一职，他与维京人的英勇战斗也为爱尔兰立下了不朽的功勋。但是，上天为他“量身定做”了一个对手——布里安。布里安的心中有个更野心勃勃的目标，那就是废掉玛拉基，自任至尊王。

布里安接下来的策略也落入了与维京人结盟打击本国人的俗套。布里安继续让归顺的西德里克担任都柏林的统治者，把自己的女儿嫁给他；宽恕了迈尔莫拉；还娶了跟奥拉夫、玛拉基睡过的妖后戈姆芙拉。

接下来，《盖尔人与外国人之战》直接跳到了1002年玛拉基的归顺。其实，从其他史料可以得知，这之前双方还有多次冲突，例如《四士编年史》第999年（约为公元1001年）的条目记载：

> 肯尼迪之子布里安的大军，包括南康诺特的首领和军队、奥索里和伦斯特人、都柏林的外国人，进军塔拉；外国人率一支负责劫掠的骑兵出发在先，进入马布雷，玛拉基在此打击他们；一场斗志昂扬的战役在他们间爆发，外国人战败，仅少数逃脱。布里安随后进入马布雷的贯塔内姆贝，不战而返，没有抢劫、没有放火。这是布里安和康诺特反对玛拉基的第一回合。

1002年，布里安整合南方的大军进犯米思，到达塔拉时，布里安遣使向玛拉基放话，要么释放人质，要么交战。

如今，布里安已经代表了爱尔兰南半部的力量，玛拉基必须要集中北半部的力量才可与之相抗。他要求布里安留给他一个月的时间向北方诸国求援，布里安许之，并保证不抢“一针一线”。

尼尔家族掌握了6个世纪的至尊王位，如果它破天荒地落到外人的头上，那丢脸的不仅仅是玛拉基本人，也不仅仅是玛拉基代表的尼尔南支，而是全体尼尔后裔。可是，话虽这么说——玛拉基仍然没有搬到救兵。以尼尔北支（埃尔尤克王国）为例，国王埃·奥尼尔对玛拉基的使者表示："谁拥有至尊王位，就由谁来捍卫吧。我不会为了其他人而卖命打击卡希族。"玛拉基得知回音，便亲自出面向埃求援。玛拉基说："请为你自己保卫塔拉，我将给你人质，我宁愿臣服于你而非布里安。"话已经说得再明白不过了，玛拉基表示了禅位给埃的意愿。埃本人或许被这个条件打动了，但他需要召开蒂尔欧文的部落大会方可做出决定（这也是爱尔兰的政治传统）。会议的结果是，玛拉基应当割让一半米思，否则免谈。玛拉基闻之，火冒三丈，遂自行召开部落会议决定战或和，最终同意向布里安投降。

玛拉基主动放弃了至尊王位，避免了又一场内战，他的选择无愧于任何人。更可贵的是，他主动向布里安承认，如果他能找到帮手的话仍然会作战。玛拉基性格的坦诚可见一斑——若是换作一个虚伪的人，很可能会一边眼泪哗哗，一边说是为了天下苍生而主动放弃权力，而玛拉基坦言自己本来是打算作战的，可见他并不虚伪。

玛拉基主动提出交送人质，布里安没有接收。后者又向玛拉基保证了一年的休战期，条件是当布里安攻打埃尔尤克和厄里迪亚时，玛拉基不要去帮它们。玛拉基同意了这个条件，但建议布里安不要"得陇望蜀"，因为获得他（玛拉基）的臣服已经足够了。布里安的部属由于补给不足，也倾向于接受玛拉基的意见。

布里安在班师回朝之前，赠送给玛拉基240匹战马，但玛拉基的部下都不愿意骑，因为布里安的"赠礼"似乎带有上级赏赐下级的意味。于是，玛拉基把这240匹马转赠给布里安之子穆尔哈德。

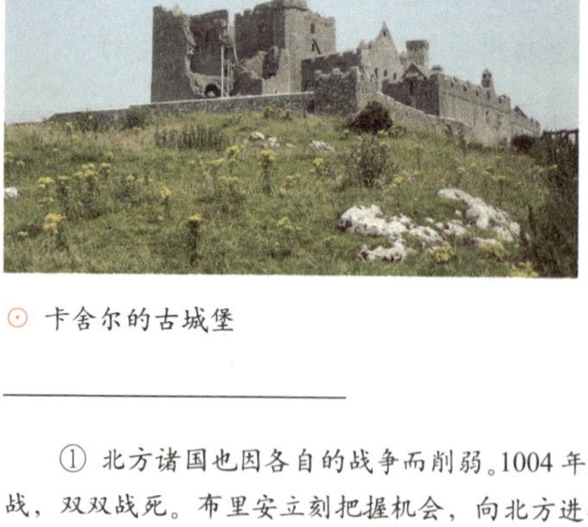

⊙ 卡舍尔的古城堡

至尊王的殊荣落到了布里安的头上，打破了尼尔家600年的垄断地位，这也被布里安的反对者视为又一次篡位。

由于北方诸国[①]尚未完全臣服，布里安在随后数年曾向康诺特、厄里迪亚、蒂尔欧

① 北方诸国也因各自的战争而削弱。1004年，埃尔尤克国王埃·奥尼尔与厄里迪亚国王奥凯德交战，双双战死。布里安立刻把握机会，向北方进军。

文等地发兵，使北方臣服（蒂尔科纳尔除外）。

1004年，布里安以至尊王的身份巡视全爱尔兰，盛况空前绝后。他从金科腊①北上，穿越康诺特，渡过厄恩河（在厄尔斯特西南部），横穿厄尔斯特，直到阿尔马，再南下米思，直抵都柏林，然后取道伦斯特和奥索里返回卡舍尔。

接下来是十年黄金时期。布里安获得至尊王位合不合法是个问题，但有一点可以确定：爱尔兰人获得了可贵的和平时光，可以把心思用在建设国家上了。当时天下河清海晏，一个妇女孤身一人带着贵重物品从爱尔兰最北方走到最南方，都不用担心被抢劫或被侮辱。

但是，和平被戈姆芙拉的又一次邪恶行为葬送了。

一盘棋引发的血案

这次，她煽动她哥哥迈尔莫拉（已当上伦斯特国王）和儿子西德里克（仍然是都柏林国王）造布里安的反。其实，即便没有戈姆芙拉推波助澜，伦斯特和维京人也不见得就对布里安心服口服。

《盖尔人与外国人之战》记载了这样一段故事：

> 迈尔莫拉前往布里安的宫中进贡，被妹妹训斥了一通，心里郁闷得很。某一日穆尔哈德正在下棋，迈尔莫拉不仅驻足围观，还在一旁指点。结果，穆尔哈德恰恰因为他的指点而输棋，不禁恼羞成怒地骂道："这就像你对丹麦人的建议，让他们输掉了格伦马马之战！"迈尔莫拉也不甘示弱，说道："我现在再去为丹麦人提供建议，不会再让他们战败了！"穆尔哈德挖苦道："那你最好提醒他们，准备好一棵紫杉树来接待你。"当年格伦马马之战时，迈尔莫拉躲在一棵紫杉树后，就是被穆尔哈德俘虏的。这番话翻出了陈年旧账，严重挫伤了迈尔莫拉的自尊，他未向布里安请示便怒气冲冲地返回了伦斯特。

得知迈尔莫拉有异动，布里安派遣使者前去沟通，不料这位倒霉的使者被迈尔莫拉

---

① 金科腊（Kincora）是布里安的出生地。虽然卡布族在马洪时期就夺取了芒斯特首都卡舍尔，但布里安更怀念金科腊，所以仍以之作为大本营。

⊙《凯尔书卷》(Book of Kells)的插图风格独特，是爱尔兰中世纪艺术的瑰宝

一棍子打碎了头骨。迈尔莫拉已决心一条路走到黑，他向埃尔尤克、布雷夫尼[①]等国遣使，得到了它们的支持。埃尔尤克国王弗莱厄蒂·奥尼尔蹂躏了米思，布雷夫尼国王埃·奥鲁克进攻玛拉基，玛拉基的孙子被杀。

伦斯特既然拉拢队友反布里安，为什么他的队友们不直接去找布里安算账，而是去伤害玛拉基呢？一个解释是，伦斯特的盟友（埃尔尤克、布雷夫尼）都在北方，真想打布里安的话也必须得途经米思；其次，这些北方王国可能本来就想找个机会跟玛拉基作对；还可以猜测，迈尔莫拉也准备拉拢玛拉基，但遭到了拒绝，故而心生报复。

玛拉基被迫向伦斯特反攻，但迈尔莫拉和外甥西德里克联合，以维京人和伦斯特人组成的军队迎战。玛拉基一方有 200 人阵亡，其中包括玛拉基之子弗朗。都柏林与伦斯特联军入侵米思，深入内地，疯狂抢掠。形势千钧一发！玛拉基向布里安紧急呼救。

布里安这次够义气，率领芒斯特军以及康诺特友军向伦斯特进发，并蹂躏了奥索里。穆尔哈德率领另一路军队将伦斯特焦土化。后来两路军会师，封锁了都柏林（从 1013 年 9 月到圣诞节）。但是维京人闭城不出，布里安补给不足，暂时班师回朝。整个冬季基本平静。但各方都知道，对命运的总判决随时会到来。

此时的布里安已经接近了人生的终点，这个年纪的人往往都会担忧身后之事。布里安想必很清楚，自己的毕生功业很可能会随着自己一起逝去。那么，如何巩固来之不易的成就呢？答案是胜利——巨大的胜利。为了提升自己的威名，为了维持爱尔兰人的团结，为了让维京人噤若寒蝉，哪怕只有一场胜仗，也好过没有。

对于维京人而言，征服爱尔兰是托尔格修斯以来所有维京头领的夙愿。如今，布里安老矣，尚能饭否？西德里克相信，只要打倒布里安，整个爱尔兰就不在话下。

对于伦斯特人而言，他们原本就不是布里安的臣民，他们只是想恢复到原来的状态。布里安平定一场叛乱后，往往会有新的叛乱出现。迈尔莫拉相信，这种“打地鼠”游戏已经把布里安折磨得心力交瘁了。

---

① 布雷夫尼（Bréifne）是米思和康诺特以北的一个小国，曾属康诺特。

四、最后的审判

天降异象

维京人遣使各处，以求援军。

西德里克亲赴奥克尼群岛，请求西古德伯爵出兵。伯爵答应了，但条件是打败布里安后娶戈姆芙拉为妻，并且担任爱尔兰之王。西德里克旋即返回爱尔兰，向母亲汇报情况。戈姆芙拉听到伯爵要娶自己后，心花怒放。

戈姆芙拉认为人多力量大，应该再寻帮手。马恩岛那边有两个骁勇的维京海盗头子，名叫奥斯帕克和布罗迪尔。她建议儿子用三寸不烂之舌说动他们，无论他们开出什么条件都先答应再说。

西德里克赶赴马恩岛。布罗迪尔刚开始拒绝了，但西德里克答应把母亲嫁给他，并让他当爱尔兰之王，布罗迪尔才被说动。西德里克还讲好了行动要保密，以免西古德伯爵听到了什么动静。

西德里克一走，布罗迪尔来找奥斯帕克商量，前者认为干了这一票，荣华富贵都有了；后者则久闻布里安大名，不愿与之为敌。两人发生了争吵，分道扬镳。布罗迪尔分到20艘船，奥斯帕克分到10艘。

布罗迪尔的队伍遭遇了这样的怪事：

第一夜，轰隆隆的巨响自空而降，众人被惊醒。天空中突然下起了滚烫的血雨，他们被烫得身上起泡。血雨一直下到破晓，每条船上都死了一个人。

第二夜，可怕的巨响再度降临。他们的佩剑全都自动弹出剑鞘，跟战斧、长矛一起飞上天空，叮叮当当地自己混战一团。突然，这些兵器直朝他们砍来，众人慌忙拿起盾牌自卫。直到清晨，这场交锋才平息。每条船上又死了一个人。

第三夜，轰隆隆的怪音再现，成群的乌

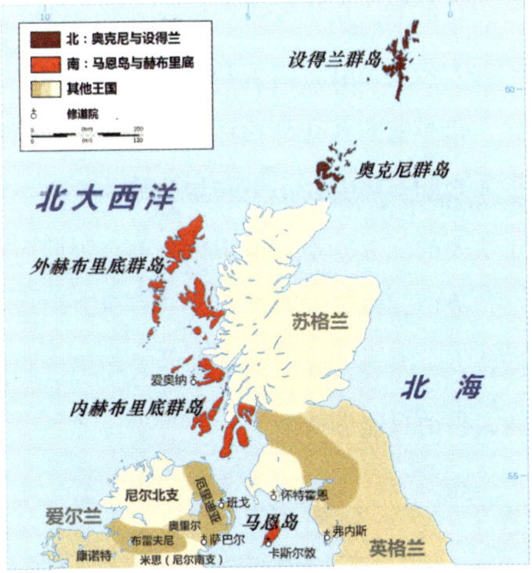

⊙ 苏格兰附近的岛屿（11世纪）

鸦猛扑下来，撕咬他们。乌鸦天亮才飞走，每条船上又都死了一个人。

布罗迪尔深感恐惧，又划着小艇去见奥斯帕克，请后者解读这些天兆的含义。奥斯帕克这样解释：

第一夜，血雨滂沱意味着血流成河；

第二夜，兵刃自相交锋预示恶战近在眼前；

第三夜，乌鸦啄食你们，就是要把你们带入死亡；

轰隆声意味着天翻地覆，你们无一幸存。

听到了这些话，布罗迪尔恨得要死、怕得要命，欲偷偷下手弄死奥斯帕克。但奥斯帕克看穿了布罗迪尔的心思，成功逃脱，加入了布里安阵营，并禀报所知的一切[①]。

除了布罗迪尔外，被请来的还有奥克尼伯爵西古德，以及设得兰群岛、马恩岛、斯凯岛（在苏格兰）、刘易斯岛（在赫布里底）、琴泰半岛（在苏格兰）、阿盖尔（在苏格兰）等地的维京人。

这次的维京人来自五湖四海，真是声势浩大。为什么他们突然又像狂潮一般涌向爱尔兰呢？或许我们可以联系时代背景来分析。正是在1013年，丹麦国王“双叉髭”斯汶征服了英格兰。斯汶的征服可能刺激了各路维京人的野心，后者正好可以到爱尔兰大显身手。

克朗塔夫战役

1014年的前三个月，金科腊成为招揽勇士的圣地，铁匠们也借着火炬的光亮夜以继日打造武器。布里安不在意敌人来多少，而是在意己方的士兵是否勇敢；他也不在意己方的兵力是否足够，因为必须足够！

布里安的开往都柏林的军队包括芒斯特和康诺特人，甚至还有米思人，但布里安和米思人之间有隔阂。布里安与戈姆芙拉之子邓肯带着新招募的卡希族军队破坏伦斯特，这是个次要的任务，不知道邓肯会不会因此而心怀不满。

战前，布里安召开会议，与会者包括卡希贵族、玛拉基、穆尔哈德、康诺特贵族、芒斯特人、米思人等。但是米思人和玛拉基似乎不在状态。至于玛拉基此时有何心理活动，后人恐怕只能靠猜测了。

① 这段故事见于中世纪北欧人写的《尼亚尔萨迦》。“萨迦”（saga）意为故事、传奇。维京人与布里安的战争只是《尼亚尔萨迦》中的一段次要情节。

反布里安联军是这么布置的：海外援军由布罗迪尔、西古德等人指挥，处于前方；第二营军队由都柏林维京人组成，由杜加尔（西德里克的孙子）及若干维京贵族指挥，布置在海外援军后；第三营由伦斯特人组成，布置在都柏林维京人之后，由迈尔莫拉及伦斯特贵族们指挥。

布里安军是这么布置的：卡希族勇士处于前方，直接迎击敌军，由布里安长子穆尔哈德等人指挥；之后是来自芒斯特的军队，由迭西[1]国王毛奇拉和里查恩[2]国王马格努斯等人指挥；第三军由康诺特人组成，由迈尔罗内·奥海尼（他的姑母是布里安的第一任妻子）等人指挥，布置在芒斯特军后。

在高级指挥官之下，还有二三线指挥官，不再赘述。但有一点需要提及，每个指挥者带的队伍几乎都是来自各自的部落，军队的组织结构跟政治版图是高度对应的，就像一块一块的马赛克，没有一支统一的、同质的、能够代表爱尔兰全国的军队。

布罗迪尔占卜了战事胜负，结果是：倘若在耶稣受难日打仗，布里安会赢，但其本人会死；如果在这一天之前打的话，布里安的所有对手全要葬身沙场。布罗迪尔便决定，不能在受难日前打这一仗。

于是，战役在1014年的耶稣受难日（4月23日）爆发了，地点在都柏林稍北的克朗塔夫。清晨，双方摆开阵势，屏息凝神，积蓄力量，就像炉上的水一样不断升温，直至沸腾。只等一声令下，两百年来的仇恨就会尽情释放在地狱般的战场上。

然后，“双方交战：激烈、残忍、可憎、血腥、酷烈、狂暴、雄壮、粗野、凶猛、无情、敌对。他们开始砍、劈、

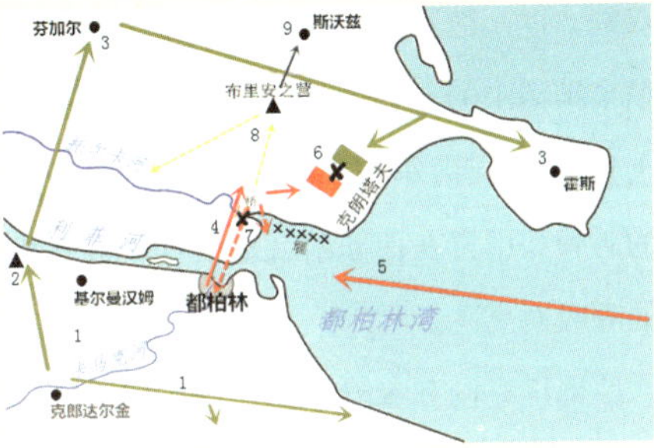

⊙ 克朗塔夫战役示意图

1. 克郎达尔金和基尔曼汉姆被洗劫，邓肯被派去洗劫伦斯特；
2. 布里安军渡过利菲河，准备作战；
3. 芬加尔和霍斯被洗劫；
4. 都柏林军队出动；
5. 海外维京援军出动；
6. 克朗塔夫战役打响；
7. 维京人撤退，一些人在海中溺毙，一些人经过黑洋桥并发生恶战，少数逃回都柏林；
8. 布罗迪尔杀害布里安并被捕；
9. 布里安的遗体被运往斯沃兹，再运往阿尔马。

---

① 沃特福德附近的一个部族。

② 芒斯特南部的一个部族。

⊙ 克朗塔夫战役的场景

刺、削、杀，互相残害……”[①]《盖尔人与外国人之战》把战役的情景跟审判日相类比，甚至说巫婆、精灵、恶魔、幽灵都在号叫助阵。战争场面之大，仿佛燃烧的星辰坠落如雨，仿佛咆哮的乌云在狂风中激烈碰撞。玛拉基看着壮观的战场感叹道：“我从未见过这样的战役，也不曾听闻过。即便天使尝试描述它，我也怀疑他无法做到。”[②]

战斗中，双方的指挥者喜欢盯住某个特定的对手发起进攻，故而有个人决斗的色彩。布里安之侄、南芒国王科奈恩对战伦斯特国王迈尔莫拉，双双战死。另一边，穆尔哈德手持双剑，以一敌百，其战绩被大篇幅的文学语言描绘，被史家比作希腊神话中的赫克托、希伯来神话中的参孙、罗马神话中的赫丘利、凯尔特神话中的卢（这几位神话人物都是大力士）。他冲向敌军中，三次闯过了维京人墙。他每只手砍倒了 50 人，都是一击毙命，敌人的盾牌和甲胄在他面前就是纸片。仿佛有勇气之鸟从他体内孕育、在他头上振翅、随着他的呼吸而高飞。

西德里克没有参战，他一直在都柏林的堡垒里观战。从高处来看，战斗的场面就像农民在刈麦子。西德里克认为这是自己的盟友在砍倒敌人，志得意满地对妻子（也是布里安的女儿）夸口说：“外国人收割战场，大大的好，成捆成捆的。”妻子说：“等今天结束，我们再看结果吧。”

战斗从早打到晚，正好从涨潮打到退潮。维京人和伦斯特人此时发出绝望的呼救，拼命地逃窜。他们其他的退路被切断，故而只能向海上逃去，像“炙热中躲避太阳、躲避牛虻、躲避虫子的牛群”（《盖尔人与外国人之战》中的比喻）。但是退却的潮水卷走了他们的船只。由于无法接近船，很多人溺毙在此。穆尔哈德之子特洛克在追击敌兵的过程中被

① 这句是《盖尔人与外国人之战》的原话。该书一描绘大场面的战争，就少不了罗列一大串形容词。

② 这也是《盖尔人与外国人之战》的作者在暗示玛拉基没有参战，只是围观。至于玛拉基到底有没有参战，有不同说法。有资料称，当维京人败退到利菲河上的黑洋桥时，玛拉基对他们加以重创。

浪打中，也不幸溺死，此时未满 15 岁。

这时，西德里克之妻说："在我看来，外国人已经获得了他们的遗产了。"西德里克不解地问道："你这娘们儿是什么意思？""外国人逃到了海中，大海不就是他们的祖传之物么。"西德里克气得七窍生烟，一巴掌下去，打掉了妻子的一颗牙。

仍有维京人保持了勇敢的精神，西古德伯爵就是其中之一。穆尔哈德向他劈去，一剑劈掉西古德的头盔，一剑砍向其颈部，伯爵当即毙命。

接下来，穆尔哈德与一位洛克兰[①] 王子"单挑"。根据夸张的记载，刀剑激烈交锋，产生的热量甚至使剑上的装饰物融化，烫裂了穆尔哈德的手掌。他索性扔掉剑，跟维京王子来了一场角斗。王子被穆尔哈德压制，后者拿起前者的剑，刺入了王子的胸膛。剑从体内穿出，刺入地面。但是，王子在最后时刻摸出了一把匕首，刺向了穆尔哈德，肚子里的肠子向体外涌出。穆尔哈德忍受着剧痛、克服着晕厥，砍下了敌人的头，但他自己也不省人事，不久去世。

⊙ 克朗塔夫战役中，穆尔哈德与维京王子的决斗

① 爱尔兰史料中的一个模糊的地名，有人认为是指挪威，也有人认为是指苏格兰以北那些被维京人殖民的岛屿。

⊙ 克朗塔夫战役中的布里安（此图不符合史实，因为布里安没有上阵）

布里安之死

布里安因为年事已高，无法参战，只留在后方祈祷，从侍从口中得知战况。布里安询问穆尔哈德的旗帜有没有倒下，一开始得到的都是好消息。布里安说：“只要旗帜矗立，爱尔兰人就无恙。只要他们能看见旗帜，他们的勇气就会长存。”战争进入尾声后，侍从报告说：“穆尔哈德的旗帜倒下了。”布里安无比伤感地感慨道：“幸免于难于我何益，纵使手握天下之权。”

部下劝布里安上马逃到安全之处。布里安道:“天啊！孩子，我们不要退却，我自己清楚，我不能活着离开此处。”接下来，布里安交代了后事。正在此时，他们察觉到了几个维京人的到来——来者是布罗迪尔和另外两位武士。布里安从祈祷时用的坐垫上站起，拔剑出鞘，布罗迪尔无视之。一位维京武士提醒布罗迪尔说:“国王，这是国王。”布罗迪尔不信:“不，是神父，不是国王。”那个武士说:“这是伟大的国王布里安。”布罗迪尔遂转身，手中的战斧发出了慑人的光芒。布里安使尽了人生最后的力气，把剑挥向布罗迪尔，后者的左腿膝盖处被砍，右腿脚踝处被砍。同时，布罗迪尔手起斧落，劈开了布里安的头。

根据《尼亚尔萨迦》所述，布里安的儿子泰吉抬起胳膊，想要保护父亲。但布罗迪尔砍断了泰吉的胳膊和国王的脑袋。布里安的热血喷涌出来，溅到断肢上，那条胳膊就突然长回来了。布罗迪尔兴奋地高声叫喊，生怕别人不知道他把国王杀了。布里安的部下闻讯前来，把凶手活捉。布罗迪尔的肠子被抽出来挂在树上，然后他被拉着绕树转圈，直到所有的肠子都绕在树干上为止。

《盖尔人与外国人之战》中对布里安做出了如此评价:

事实上，他是出生在爱尔兰的三大伟人之一，他是让爱尔兰繁荣的三位人物之一，即“长臂者”卢、芬·马克库尔[①]、布里安·马克肯尼迪。他把爱尔兰的儿女从外夷和海盗的束缚与恶行中解救，正是他在25次战役中打败了外夷。而如前所述，外夷杀害并玷污了他。对他的国家与族人的繁荣自由而言，他是美好而战无不胜的屋大维。在精力、尊严、攻击、战斗、胜利方面，他是强大而不可抗拒的第二个亚历山大。他是快乐、富有、和平的盖尔人的所罗门。由于诚实守信、功勋卓著、大权在握，他是忠诚、热情、光荣、

⊙ 布里安被杀

① 前两位更准确地说是半历史半神话的人物。

庄严的爱尔兰的大卫王。由于纯洁与虔诚，他是伟大而辉煌的摩西。

阵亡的首领，布里安一方有布里安、穆尔哈德、科奈恩、特洛克、毛奇拉、迈尔罗内等，反布里安一方有布罗迪尔、西古德、杜加尔、迈尔莫拉等。西德里克倒是活下来了，因为他根本没上前线。根据保守估计，布里安一方损失达 4000 人，反布里安一方损失至少 7000 人。维京人这一败，其实是维京时代在 11 世纪走向终结的前奏。

据说，克朗塔夫战役期间以及战后，从金科腊到冰岛都出现了一些灵异事件。在金科腊，有人看见 12 个武士飞到一间茅舍前停下，突然不见了踪影。那人便好奇地向茅舍内张望，原来里面有几名女子在纺纱。但是机杼上的吊锤是人头，纱线是肠子，梭子是箭镞，综片是利剑。纺纱女吟诵一曲，如怨如慕，如泣如诉——原来，她们是瓦尔基里（北欧神话中的女武神），来收容阵亡者的英灵前往天界。

后话：1014 年后的爱尔兰

克朗塔夫之战后，爱尔兰人与维京人的冲突仍然有零星的记载，但再无托尔格修斯、伊瓦尔家族这种程度的侵略者。此战大致与斯汶征服英格兰发生在同一时期，爱尔兰人胜

⊙ 伦斯特公主与诺曼征服者的联姻

利了，而英格兰人失败了。当斯汶之子克努特大帝再度入主英格兰，建立了一个囊括丹麦、挪威、英格兰的“北海帝国”时，爱尔兰却没有遇到另一波维京入侵浪潮，克朗塔夫战役的意义可见一斑。虽然西德里克还活着，虽然都柏林的城墙依旧耸立，虽然爱尔兰的土地上还有入侵者的后代，但外来者被同化的历史趋势是无法阻挡的。最后在爱尔兰岛上，凯尔特人的后裔和北欧人的后裔相去无几。

布里安“统一”爱尔兰的模式，就是先确保在芒斯特的优势地位，再用武力或外交迫使其他王国臣服。他是爱尔兰有信史以来最名实相副的至尊王，也是最能代表爱尔兰整体利益的一位至尊王。我们还可以说，他是爱尔兰本土产生的最成功的一位君主。虽然玛拉基可与之分庭抗礼，但布里安毕竟更胜一筹。

同样需要注意的是，布里安时代的爱尔兰在政治上并非真正整合为一，他除了让其他王国俯首称臣外，其他什么都没有改变。爱尔兰各邦的君主在自己的领域内仍然握有全权。只要布里安一归西，一切都会反弹。果然，爱尔兰又回到了从前那种内斗不休的局面。

在芒斯特，克朗塔夫战役结束后没几天，欧文纳赫特族就开始索要芒斯特的王位，布里安剩下的儿子邓肯和泰吉之间也有争执。泰吉于1023年突然去世，幕后凶手十有八九是邓肯，后者随之当上了芒斯特国王。

邓肯有意恢复布里安的伟业。1026年，他横扫了米思、伦斯特、奥索里，使它们交出人质；1034年，打败了布雷夫尼；1050年，打败了伦斯特和奥索里的联军；1060年，击败了康诺特。但是，树敌太多使晚年的邓肯颇感无力，甚至有忏悔之心，遂远赴罗马朝圣，于1064年去世。之后的芒斯特国王是泰吉之子特洛克，之后是特洛克之子默塔。两人颇有能力，威震四方，但都壮志未酬。要实现爱尔兰的统一事业，只有靠一个王国持续地保持优势才行，可是其他王国往往要联合起来加以阻挠。默塔1119年去世后，芒斯特的优势随之消失。

布里安死后，玛拉基二世顺理成章地重出江湖，担任至尊王。玛拉基毕竟余威尚在，1015年还打败过都柏林维京人，摧毁了都柏林的城堡。但岁月的力量是无情的，他去世于1022年，其后裔再未产生有能力的君主，而狭小而肥沃的米思成为猎物。

在伦斯特，迈尔莫拉死后，他这一家族基本上气数已尽。至11世纪40年代，新的家族——金赛拉家族（Uí Cheinnselaigh）掌握了伦斯特的霸权。

在北方，局势也不安定，蒂尔欧文频繁打击蒂尔科纳尔和厄里迪亚。欧文家族的默塔·马克洛克兰（死于1166年）征服奥里尔、厄里迪亚王国，几乎统一了厄尔斯特。

爱尔兰最后的伟大国王是特洛克·奥康瑙尔（死于 1156 年），曾任康诺特国王、爱尔兰至尊王。他善于使用“分而治之”的策略，使曾经强盛的芒斯特彻底分裂。北方的默塔·马克洛克兰是特洛克·奥康瑙尔的劲敌。特洛克死后，其子罗里成为康诺特国王，但没能成功夺取至尊王位。接着，默塔·马克洛克兰成为至尊王。但是，默塔手段毒辣。1166 年，他挖掉了被俘的厄尔斯特国王奥凯德的眼珠，这一做法吓坏了臣服于他的人，于是他们奋起反抗，杀死了默塔。至尊王的王位就落入了罗里的手中。

伦斯特国王德莫特·麦克莫罗[①]本是默塔的支持者。如今，德莫特少了一个靠山，他的仇人们纷纷向他发难。布雷夫尼国王蒂尔南·奥鲁厄克入侵伦斯特时，德莫特众叛亲离，孤立无援。但他把目光投向东方的邻国，引来了英格兰诺曼王朝的入侵，爱尔兰的历史从此进入了新的章节，同时也是一个漫长的章节。

⊙ 油画《爱尔兰的杰出子孙》该图绘于民族主义情绪旺盛的 19 世纪，大部分都是反抗外敌（尤其是英国）的斗士，后排站立的那位白胡子老者就是布里安·博卢

① 或者叫“迪尔梅特·马克穆尔哈德”，这是爱尔兰语原本的读法，“德莫特·麦克莫罗”是爱尔兰语英化后的读法。

说明：本文中的很多人名为了简便起见，使用的是英化后的音译。同样的人名，爱尔兰语原形往往要比英化后的拼写更复杂，例如玛拉基（Malachy）在爱尔兰语中写为“Máel Sechnaill”，马洪（Mahon）在爱尔兰语中写为“Mathgamain”，费里米（Felimy）写为“Feidlimid”，默塔（Murtagh）写为“Muirchertach”。

维京双雄的死斗

——克努特大帝与奥拉夫二世

作者：汪枫

11 世纪，克努特大帝建立了一个囊括英格兰、丹麦和挪威的“北海帝国”，将维京时代推向了历史的最高峰。在传奇而热血的霸业之路上，克努特遇到了一位劲敌——挪威国王奥拉夫二世，一场对决注定不可避免。最终，克努特用对手的鲜血成就了自己的赫赫威名，而奥拉夫虽然在军事上失败了，却以另一种方式被人铭记。

一、初生牛犊

智取伦敦桥

“斯汶于圣烛节暴毙！”1014 年春，这个突如其来的消息给饱受蹂躏的英格兰带来了新的希望。虔诚的人们相信，这是圣埃德蒙[1]显灵，为英国除去了一个心腹大患。

⊙ 斯汶国王与约姆斯堡维京人

⊙ 智取伦敦桥

斯汶绰号“双叉髭”，是维京海盗的一个头目，曾屡次三番地对英格兰发动袭击。亨廷顿的亨利[2]如此写道：“纵火、杀戮和抢劫是他的三个‘贴身侍从’，全英格兰在他面前就像西风扫过的芦苇一样瑟瑟发抖。”跟 1014 年入侵爱尔兰的那些“草寇”维京人相比，斯汶还有一个更尊贵的身份——丹麦国王。纯粹的海盗式袭击无非是维京人两个世纪以来已经玩烂的老把戏，无法满足一国之君的野心，斯汶的目标是将整个英格兰收入囊中，实现前所未有的霸业。1013 年，斯汶大举征英，成为首位入主英伦的丹麦国王。但他在人

① 东盎格利亚的国王，公元 869 年死于维京人之手。

② 亨廷顿的亨利（Henry of Huntingdon），12 世纪上半叶的编年史家，所著的编年史记载了从恺撒入侵到亨利二世登基间的英格兰史。

生的巅峰期突然身亡，给英格兰的命运带来了新的波折，也为他的儿子克努特提供了千载难逢的机会。很快，丹麦军队便推举克努特为王。

丹麦对英格兰的掌控尚不稳定，得知斯汶的死讯后，前不久还在流亡的英王埃塞雷德回国复位，欲与克努特一决雌雄。泰晤士河上的伦敦桥是双方争夺的重点，此时由丹麦重兵把守，令埃塞雷德束手无策。当时为他服务的雇佣兵中有一位年轻的挪威人——“胖子”奥拉夫。这位青年足智多谋，跃跃欲试。他先找来足够的木头，做成船的顶棚，作防御之用。接下来，船队沿河而上，直逼伦敦桥。矢石如雨，自桥而下，很多船只即便有顶棚遮挡，仍然严重受损，不得不退出战斗。但奥拉夫亲率的船队不惧艰险，紧紧靠近伦敦桥，将绳索固定在桥墩上。他命令船队倾尽全力，顺流而下。那伦敦桥纵然重重设防，也不过是一座木制桥梁，经不起这强大的拉力，终究轰然倒塌。奥拉夫为埃塞雷德赢得了这一仗。

某种意义上讲，这是克努特与奥拉夫之间的第一次较量（尽管克努特当时并不在场）。此役后，克努特壮志不改，一心要复活他父亲的霸业。当他下一次与奥拉夫交手时，双方的身份已大为不同。

海盗生涯

奥拉夫的生父是挪威西福尔地区的一个土王。这位土王抛弃妻子奥斯塔，前去追求瑞典的太后“高傲者”西格丽德。太后心狠手辣，放火将她的追求者烧死。后来，奥斯塔改嫁与灵厄里克的土王西古德，小奥拉夫就在新的家庭中逐渐长大。

一日，西古德有事出行，让奥拉夫去装马鞍。奥拉夫从羊圈里牵出一只肥羊，把马鞍扣在羊背上。西古德哭笑不得地说，“你显然不打算听从我的要求。你妈也不希望我让你做不喜欢的事。罢了，罢了，你我性情迥异。”奥拉夫笑而不语。

⊙ 传说奥拉夫具有神奇的力量，能施法将洞穴巨人变为石头

1007年，12岁的奥拉夫作为海盗第一次出海了。随后几年，他袭击过丹麦、瑞典、爱沙尼亚、芬兰、弗里西亚等地，手上沾满了鲜血。在此

过程中，他结识了“高个子”索凯尔。索凯尔是一名传奇的维京首领，起初也是英格兰的敌人，但在1012年，当英方付清了4.8万镑的贡金后，此人便为埃塞雷德所用。奥拉夫曾与索凯尔一道，参与了英丹战争，于是发生了本文开头的伦敦桥之战。此后，奥拉夫又跑到西班牙一带劫掠，并产生了前往耶路撒冷的念头。直到某天晚上，他做了一个梦。一个令人生畏的怪人告诉他：“回到你的国，你将是挪威永远的王。”在梦境的指示下，奥拉夫果真调转航向，向北而去。途径诺曼底的鲁昂时，奥拉夫受洗为基督徒。约1015年，风华正茂的奥拉夫回到了阔别已久的故国。

话说此时的挪威，山河破碎，国势衰微。这正是克努特的父亲造的孽。1000年，丹麦伙同瑞典，在斯沃德战役中一举击败了挪王奥拉夫一世，并将挪威瓜分：一部分归瑞典，瑞王将其封给了女婿斯汶伯爵（这位伯爵与丹麦国王同名）；一部分归丹麦，丹王将其封给了女婿埃里克伯爵[①]；最后一部分是维肯地区[②]，仍然归丹麦，但由丹王斯汶直接控制。如何拯救被肢解的挪威，这是摆在奥拉夫二世面前的大问题。

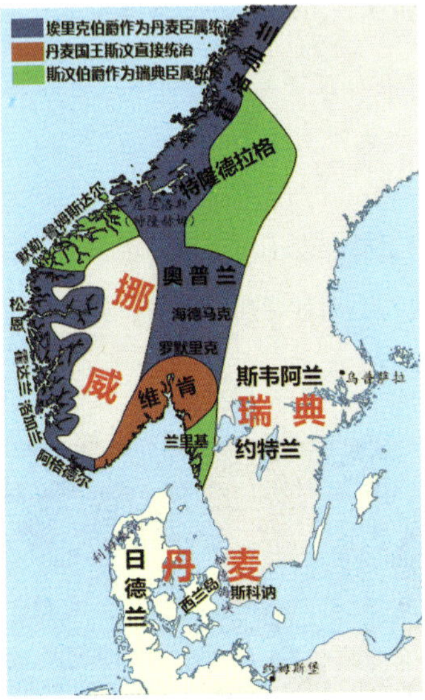

⊙ 斯沃德战役后挪威被瓜分的情况

现在，我们暂时把奥拉夫的故事放在一边，来看看同时期的克努特。这两人很可能同龄，但跟奥拉夫相比，克努特的早年经历更加扑朔迷离，后世学者甚至连他的母亲是谁都搞不清楚。根据学者劳伦斯·拉尔森（Laurence M. Larson）在《克努特大帝》一书中的说法，当年斯汶国王为了联瑞抗挪，娶了瑞典的太后西格丽德，为此与前妻贡希尔德离婚。贡希尔德是波兰的公主，她回波兰时可能也带上了年幼的克努特。关于克努特的童年，我们只能从较晚的史料中搜寻只言片语：他并非在丹麦宫廷长大，而是被“高个子”索凯尔抚养，与一群桀骜不驯的海盗为伍。

1000年，斯汶解决了敌对的挪威后，便视英国为新目标。决策无方的埃塞雷德偏偏给丹麦找了个绝好

① 斯汶和埃里克两伯爵是兄弟，来自拉德家族（得名于一块叫“拉德”的庄园）。拉德家族以特隆德拉格为大本营，常与挪威国王抗衡。埃里克与丹麦相勾结，是挪威在1000年战败的重要原因之一。

② 维肯是位于奥斯陆湾和斯卡格拉克海峡两侧的地区，呈倒“V”形。由于靠近丹麦，历史上曾受到丹麦的较大影响。此处的重要城市有萨普斯堡、滕斯贝格、奥斯陆、孔海拉（孔艾尔夫）等。

的借口：1002年，英王下令杀死所有在英国的丹麦人，史称“圣布里斯节大屠杀”（11月13日），斯汶的妹妹和妹夫很可能就在此事中丧命。斯汶随即做出强烈回应。1003年—1004年，他的血腥战绩在《盎格鲁—撒克逊编年史》中历历在目。1005年，英国发生大饥荒，丹麦舰队暂时回国。1006年，丹军再度大规模进犯，埃塞雷德被迫纳贡求和，之后两年大抵相安无事。

一波还未平息，一波又来侵袭。1009年—1011年，索凯尔的军队在英格兰横行无阻，无恶不作。1012年，无计可施的英国人只能再次花钱买和平。尝到甜头后，索凯尔带领45艘船[①]（奥拉夫也在其中）便加入了埃塞雷德一方。既然穷凶极恶的海盗头子都能归顺，埃塞雷德不是没理由相信苦日子已经过去了。可惜好景不长，仅仅过了一年，英国人就再一次遭到了一场致命的入侵，其规模未必空前，但性质要比前两个世纪的维京袭击更为严重。

这次的主角仍然是斯汶。此时，已经长大的克努特对于征服英国非常积极，因为他并非长子，继承丹麦王位的可能性不是很大，但若开疆拓土之后，多出一份国土是很有希望分给他的。

索凯尔的变节是斯汶重启军事行动的原因之一。同时，斯汶的时机也选的相当合适：英国本就不够强大团结，并且十年来的频繁袭击已让它精疲力竭；斯汶的长子哈拉尔已经成年，可以留在国内稳住后方；挪威的威胁早已被解除；瑞典的国王是斯汶的继子，友好关系仍在持续；德意志国王海因里希二世来自南德的巴伐利亚，对北欧事务的关注不及之前那些出自北德的帝王，况且此时他正在意大利谋求皇帝的称号[②]。总之，此时出手，无人可挡。这一次，斯汶想要的不是海盗式的劫掠，而是一国对另一国的全面征服。

二、王者之路

克努特的征服

人生苦短，斯汶入主英国不过一年就去世了，克努特便子承父业。1014年—1016年

① 在有关历史记录中，“船”不仅仅是指一种水上交通工具，更是一种粗略估计人数的计量单位。也就是说，此处“45艘船”不是说只有船，也指这些船上的人。

② 彼时德意志国王（或称“罗马人的国王”）需教皇加冕方可成为“罗马人的皇帝”。

间的三个变化，对克努特都是不利的：1. 埃塞雷德重返英国，丹麦的征服只得从头再来；2. 奥拉夫返回挪威，誓要摆脱丹麦的囚笼；3. 丹麦的王位理所应当地传给了哥哥哈拉尔。与 50 年后的威廉一世相比，克努特是一个破釜沉舟式的征服者。威廉即便失败，也可以退回自己的大本营——诺曼底公国——继续去当公爵，但克努特在丹麦没有领地和职位，只能先把全部赌注都押在英格兰。

斯汶死后，克努特随军队在盖恩斯伯勒一直待到复活节（4 月 25 日）。他和林奇人达成协议，由后者提供马匹，再同去劫掠。但他们尚未准备妥当，埃塞雷德就已重返故土。这位国王还算是幸运的，因为他尚且能迅速召集一支为自己服务的军队[①]。克努特决定暂避锋芒，于是林齐人便被抛弃，遭到了埃塞雷德的报复。克努特向南航行，到达桑威奇。当初英国人为了向斯汶表忠心，交出了很多人质，而斯汶将人质交由克努特看管。在克努特眼里，这些人质不光是交给斯汶个人的，也是交给丹麦这个国家的，而英国人如今迎回埃塞雷德，这就是对丹麦的背叛。克努特遂决定将人质的手耳鼻切掉，以示严惩。

接着，他回到了丹麦，向哥哥哈拉尔寻求建议和支持。但他所寻求的不仅仅是这些，他还想与哈拉尔分享丹麦。哈拉尔表示，支援弟弟远征英国，没问题；但克努特若想在丹麦立足，没门！（至于挪威如何安排，鉴于克努特可以轻松地使唤挪威的埃里克伯爵，可以推断挪威很可能分给了克努特。）

此时在英国，一些突发事件又为克努特增添了胜算。供养维京雇佣兵是一笔不小的开销，而雇佣兵一贯行为恶劣，时不时干些杀人放火的勾当，令英国人苦不堪言。1015 年初，东盎格利亚的郡长乌尔夫基特尔认为克努特既已回国，威胁不再，便筹划了两场对雇佣兵的突袭，其中一场成功实施，遇害者中有“高个子”索凯尔的兄弟。这样，愤怒的索凯尔便重新投向丹麦的怀抱，使克努特如虎添翼。夏秋时分，黑压压的丹麦大军到来了。对于船的数量，史料多有分歧，最准确的说法可能是 200 艘；对于军队的人数，我们不得而知，但 2 万应该不是个过高的估计。《艾玛王后赞美诗》[②] 对北欧武士做出了此番夸张的描写：“他们步履矫健，以至于鄙视骑兵的速度。”

克努特来到桑威奇，随即绕过肯特，入韦塞克斯，然后在多赛特、威尔特郡和萨默赛

---

① 这些军队虽有英国人参加，但主力是维京雇佣兵。《盎格鲁—撒克逊编年史》记载，埃塞雷德回国后，曾命令向驻于格林尼治的索凯尔军队交付 2.1 万镑的军饷。

② 《艾玛王后赞美诗》(Encomium Emmae Reginae)，写于 1041 或 1042 年，记载了很多克努特时代的史事。艾玛曾先后成为埃塞雷德和克努特的王后。

⊙ 维京人的海上航行

特劫掠。麦西亚郡长埃德里克征集了一支军队，并且拐走了国王的 40 艘船，投奔了克努特。这位叛徒将给英国人制造很多麻烦。冬季，丹麦人在韦塞克斯驻留，直到圣诞节。

不幸的是，此时埃塞雷德一病不起，英国的希望就寄托在了埃德蒙王子的身上。1016 年初，克努特渡过泰晤士河，入麦西亚，转往沃里克郡，纵火肆虐，杀人如麻。埃德蒙王子将英军集合起来，但士兵们这时突然变得非常“循规蹈矩”——非要要求国王在场才愿意参战。由于这一要求得不到满足，军队很快就解散了。埃德蒙前往诺森布里亚的乌特雷德伯爵那里。接下来，他们俩竟然劫掠起麦西亚的斯塔福德郡、什罗普郡和柴郡，虽说这是为了惩罚埃德里克，但此举对英国人的内部团结并无助益。后来克努特又进入了诺森布里亚，向约克进发。乌特雷德闻讯后停止了劫掠，赶往北方，接着就跟全体诺森布里亚人一起投降。克努特在埃德里克的建议下将其处决，并以挪威的埃里克伯爵接替之（埃里克得到诺森布里亚既是一种奖赏，也是因为这里的北欧定居者以挪威人居多）。接下来，埃德蒙赶赴伦敦，克努特先去了南方，复活节后亦向伦敦进发。

未及丹麦舰队到达，埃塞雷德便于 4 月 23 日与世长辞了。当时的英国在原则上是选君制，君主驾崩后，由教俗显贵选立新君。但在 1016 年这一危急存亡之秋，“选举”肯定是不正常的。克努特的手中有大量的人质，英国人对两年前的暴行仍然记忆犹新。显贵们（或许只限于英格兰南部的显贵）迅速在某地聚议，接受克努特为王，剥夺了埃塞雷德后裔的继承权，并前往南安普顿当面表忠心。这次“选举”可能发生在 4 月底，因为到了 5 月上旬，克努特已经转往格林尼治。在伦敦，另一场选举也完成了，埃德蒙成为国王。客观地讲，这两场选举没有哪个能代表全英格兰。

未几，丹麦开始封锁伦敦，伦敦人顽强地抵抗着。泰晤士的河岸上，血染的刀剑日日可见。但是，西南部局势的变化可能迫使丹麦人更改了计划。他们恐怕没想到，要么是在舰队到达前，要么是在包围圈尚未完成时，埃德蒙就已经出城了。克努特获悉敌人在韦塞克斯后，派出一部分军队前去应对，由索凯尔担任指挥。埃德蒙与丹军在彭瑟尔伍德（Penselwood）交战，赢得了胜利。虽然此战在军事意义上不值一提，但它给埃德蒙带来了一个非常宝贵的成果——这就是一场及时的胜利，以及随之而来的威信。一个月后，他在舍斯顿（Sherstone）打了第二仗。双方都付出了巨大伤亡，但《艾玛王后赞美诗》认为丹麦是胜利者。根据《伍斯特编年史》[1] 的记载，交战时，埃德里克捡起一颗相貌与埃德蒙相似的头颅，对英国人造谣说国王已经阵亡了。

⊙ 埃德蒙（左）与克努特的战斗

---

① 即《编年史中的编年史》(Chronicon ex chronicis)，述及从太初到 1140 年的历史。作者是伍斯特(Worcester) 的僧侣约翰，但学界曾经认为该编年史的作者是僧侣弗洛伦斯。

埃德蒙再度征集军队，解救伦敦。克努特无法在围城的同时打击埃德蒙的大军，便撤回到了船上。两日后在布伦特福德（Brentford），两军第三次交手，丹军被打跑。《盎格鲁—撒克逊编年史》记载道："在这以后，国王转往韦塞克斯，并且征集军队。丹麦军队接着立即回到伦敦，从水陆两方面猛攻。"如果英军没有大量解散的话，就很难解释克努特为什么能迅速重启攻势。对于此事，学者们有不同的解读。拉尔森的《克努特大帝》认为，英国士兵认为他们的职责已经完成（或者是因为收获季节将近，不得不复员务农），故而纷纷离开军队。而查尔斯·奥曼（Charles Oman）的《诺曼征服前的英格兰》认为，埃德蒙仍然保持了这支军队，去韦塞克斯是为了寻求增援。

丹麦的又一次围城失败了，原因或许是补给不足，因为接下来在编年史中能看到丹军去麦西亚抢掠的记载。步兵带上战利品乘船进入梅德韦河，骑兵在陆地上驱赶抢来的牲畜。埃德蒙见敌兵力分散，有机可乘，便第四次召集军队，在布伦特福德渡过泰晤士河，进入肯特。他在奥特福德（Otford）追上并杀了一些敌人。丹军望风而逃，进入谢佩（Sheppey）。但在艾尔斯福德（Aylesford），他接收了"回心转意"的埃德里克。本来，埃德蒙有机会乘胜追击，重创敌人，但被埃德里克劝止了。马姆斯伯里的威廉[①]痛心疾首地写道："如果国王只顾坚持，这就会是丹麦人的末日。但叛徒声称敌人会罢手，他被此误导，给他自己和整个英格兰带来了迅速的毁灭。"

丹军再次溜向内地，进入埃塞克斯和麦西亚破坏。埃德蒙第五次集结军队，前去追赶。10月18日，双方在阿兴顿山展开激战。英方占有数量优势，但反复无常的埃德里克弃阵而逃，再度叛英。在战斗的关键时刻，丹麦人假装撤退，当英军因追赶而乱了阵型时，丹军杀了个回马枪，大败英军。《盎格鲁—撒克逊编年史》说"英国的显贵都在那里被消灭了"，但只列举了6位阵亡的贵族（包括前文提及的乌尔夫基特尔），值得注意的是，这几个人几乎都来自英格兰东部。

在埃德里克等人的推动下，双方走向了谈判桌。当时的情况是，埃德蒙一方的贵族惧怕克努特，克努特一方的贵族惧怕埃德蒙。两位君主在迪尔赫斯特（Deerhurst）的一座小岛上会晤，立下信誓，建立友谊；但另一方面，埃德蒙同意在自己的王国内征收丹麦人的贡金，这是认输的表现。英格兰被瓜分了，《盎格鲁—撒克逊编年史》说："埃德蒙继承韦塞克斯，克努特继承麦西亚。"至于其他地区的归属，《伍斯特编年史》提到东盎格利亚、

---

① 马姆斯伯里的威廉（William of Malmesbury）是12世纪的英国史家，著有《英格兰国王的业绩》（Gesta Regum Anglorum）。

埃塞克斯、伦敦城[1]（或者说是泰晤士以南），皆归埃德蒙，而克努特拥有北方。

亨廷顿的亨利记载了一段更有趣的故事。两位国王在贵族的建议下，采取了个人决斗的方式定胜负。克努特在打斗中处于劣势，急忙喊道："为什么我们要为了一顶王冠搭上性命？我们结拜为兄弟，瓜分王国吧。我可以管你的，你也可以管我的。甚至丹麦的政府我都可以交给你支配。"此说只可当作轶事，不可较真。而根据马姆斯伯里的威廉的记载，克努特当场拒绝了决斗的要求。

转眼间，11 月 30 日，埃德蒙莫名其妙地去世了。《盎格鲁—撒克逊编年史》没有说明死因，而亨廷顿的亨利再次为后人讲了一则生动的轶事：一天夜里，埃德蒙去上厕所，埃德里克之子在父亲的授意下躲在茅坑里，从下方刺了埃德蒙两刀。接着，埃德里克去向克努特邀功请赏，还嬉皮笑脸地说："你现在是英格兰唯一的国王了。"克努特得知了刺杀行动后，说了一句很"腹黑"的话："你应当得到提拔，我会让你的地位比英国的所有贵族还要高。"埃德里克心里美滋滋的，没有听出克努特话里有话。最后，他的新主子下令将他斩首，并把他的头颅悬挂在伦敦最高的城垛上。

马姆斯伯里的威廉记载了另一段有所不同的对话。一次，埃德里克在克努特面前矜夸自己的功劳："我先是为了你而背弃了埃德蒙，后来又因为我对你的承诺而做掉了他。"克努特脸气得变了色，呵斥道："你该死。你的罪行既背叛了上帝，也背叛了我，因为你杀了你的君主，也杀了我的结义兄弟。你流人血的罪归到自己的头上，因为你亲口作见证说：'我杀了主的受膏者。'"[2]埃德里克被绞死，尸体从窗户抛入了泰晤士河。

虽然当时向克努特屈服的英国贵族遍地都是，但像埃德里克这样拿无耻当光荣的倒确实少见，此人便成了"英奸"的代表人物之一。2005 年，在 BBC 评选的"千年来十大最渣英国人"中，埃德里克榜上有名。

纵观埃德蒙的一生，他赢了几场重要的小战，但没有赢过一场大战。保卫伦敦他不在场，彭瑟尔伍德只是小规模接触，舍斯顿不分胜负，布伦特福德和奥特福德只是成功地袭击了敌军归师的后方，而阿兴顿则是一场决定性的败仗。但是，他毕竟能和克努特打成名义上的平手，将丹麦的最终胜利推迟了一年，不失为一条好汉。

---

① 但是，史载："丹麦军队把船运到伦敦，冬天就在城里住宿"，或许可以推断伦敦实由丹麦掌控。

② 最后一句引用了《旧约 · 撒母耳记下》。

丹麦在英国的统治

《伍斯特编年史》记载，埃德蒙死后，克努特命令所有的主教、郡长、要人前往伦敦，并询问那些见证过迪尔赫斯特协议的人：埃德蒙的兄弟和儿子是怎样安排的？如果埃德蒙死了，他的兄弟儿子是否有权继位？“见证人”立即异口同声地回答：“埃德蒙不仅没打算把王国的任何部分交给兄弟，还希望克努特成为他儿子的监护人。”在场的显贵们纷纷向这位征服者宣誓效忠。

⊙ 艾玛王后（左下）与克努特（右下）

克努特统治初期，建立一个从英国到北欧的大帝国仍然是个遥远的梦想：得到英国的同时，他失去了挪威；甚至在 1018 年之前，连丹麦的王位他都没有太大指望。但也正因为如此，他才能全神贯注地投入到英国的事务中。在当英王的前十年，他只回过老家两次，而且都是在动乱几率较小的冬季。他首先要考虑的是，作为一名凭武力上位的异族统治者，如何才能巩固地位。他在位前十年，大部分伯爵都是由北欧人担任，其中又主要来自三个家族：索凯尔来自丹麦斯科讷的一个酋长家族；乌尔夫和艾格拉夫[①]是丹麦贵族索吉尔斯之子；古德温虽是英国本地人，但也是索吉尔斯的女婿；埃里克和哈康来自挪威的拉德家族。埃里克和乌尔夫都娶了克努特的妹妹，索凯尔是克努特的养父。随着时间推移，克努特在英国的统治可能越来越趋向于盎格鲁—撒克逊模式，但他在位初期想建立的显然是斯堪的纳维亚新贵的统治。

为了保障王位，克努特开始“清除”埃塞雷德的子孙。埃塞雷德的第一任妻子生了 6 个儿子，有 4 个早逝。等到埃德蒙死后，在世的唯有埃德威。1017 年，克努特将埃德威放逐，没有取他性命。但埃德威又秘密潜回故国，克努特便对这位“不见棺材不落泪”的前朝王子挥起了屠刀。埃塞雷德的第二任妻子是诺曼底的艾玛，他们有两个儿子，都安全地住在诺曼底。考虑到诺曼底公国可能会以维护合法继承人的借口出兵英国，克努特缔结

① 据《伍斯特编年史》记载，此人是 1009 年袭击过英格兰的维京头领之一。

了一场政治婚姻，扭转了海峡另一岸的威胁，这就是与埃塞雷德的遗孀艾玛成亲。埃德蒙也有两个儿子，这个就比较难办了，毕竟克努特是他们名义上的监护人。于是，他决定借刀杀人，把两个幼童送到瑞典国王奥洛夫·舍特科农之手（一说送往克努特的舅舅、波兰公爵波列斯瓦夫手中）。但瑞典国王与这两个孩子无冤无仇，不忍下手。几经辗转，两个孩子后来又到了匈牙利长大成人，其中一位客死他乡，另一位在40年后回国不久便去世。

1017年，克努特将英国分成了四个伯爵辖区：韦塞克斯（他自己）、东盎格利亚（索凯尔）、麦西亚（埃德里克）和诺森布里亚（埃里克）。其实，埃塞雷德后期的英国实际上已经分成了这四个区，享有较大的独立性，克努特只是承认了现状。但是另一方面，克努特似乎并不希望让另外三个人久居要职。埃德里克的噩运来得最快，前文已有详述；至于索凯尔和埃里克的命运，留待后文介绍。

1018年，克努特分发了8.25万镑贡金后，遣散了大量的维京军队。一方面，这些军队本来就是为了征服而特别召集的，不可能无限期地维持下去；另一方面，遣散维京军队在一定程度上也标志着克努特从“海贼王”向国王的转变。当他是劫掠者和征服者的时候，可以尽情地在英国烧杀抢掠；而当他成为堂堂正正的英国国王的时候，再这样就说不过去了。克努特治理国家，需要的是稳定，而海盗就是典型的不稳定因素；克努特需要的是秩序和权威，而维京军队散漫无章；克努特需要接受英国是个基督教国家的事实，而维京士兵中不乏信仰奥丁的“异教徒”。据德意志编年史家蒂特玛（Thietmar of Merseburg）记载，同一年，30艘维京船的海盗被克努特处决。他早先侵略过这片土地，如今成了这片土地的保卫者，维京精神已不再适合克努特的需要。

1018年的另一件事改变了克努特的命运，也使“北海帝国”呈现出雏形，这就是丹麦国王哈拉尔之死。由于哈拉尔没有子嗣，丹麦的王位几乎空悬了一年。直到1019年，克努特才带上了9艘船（少于1000人），回国继承哥哥的王位。克努特为什么要晚一年回丹麦呢？可能是因为哈拉尔死的那一年，克努特正在遣散维京大军，在新的武装部队建立前，克努特不宜离开。另有史载“丹麦人和英国人以埃德加[①]之法为依据，在牛津达成一项协议”，由此可以推测，这是克努特出发前稳定英国人情绪的手段。他离开后，英国可能确实发生了一些动荡。因为在1020年，埃塞尔沃德郡长和一个莫名其妙的“农民之王”被放逐，想必是与什么阴谋有关。

1020年，克努特颁布了一份重要的宣言，阐述了他的治国理念，承诺对英国实行更

① 959—975年在位的英国国王，被誉为“和平者”。

良善的统治。“朕向汝等声明，朕将会成为仁慈的君主，忠于教会的权利和正义的世俗法律。”“朕命令朕的地方官们……正义地统治朕的子民，在郡主教的见证下实施正义的裁决，根据郡主教所认为正确和社群所能允许的方式行此类仁政。”

这之后，克努特与一些北欧老臣的关系出现了微妙的变化。索凯尔位高权重，但在1021年，索凯尔被放逐，可能是他不断上升的影响力引起了克努特的不安。1023年，尽管双方重新和解，但克努特宁愿把他安置在丹麦为官，也不恢复他在英国的权力。1023年后，另一位重臣——埃里克从史料中销声匿迹了。《亨廷顿的亨利编年史》和《英格兰国王的业绩》都提到埃里克最后遭到流放。而北欧史料《挪威国王摘要》《挪威古王史》《挪威列王传》[①] 并未提及流放，但说他因失血而死，原因可能是小舌手术失败。1024年，艾格拉夫伯爵的签名最后一次出现在英国的文件上。此人与国王肯定产生了什么矛盾，因为两年后他成了一名反叛者。再往后，他加入了拜占庭帝国的瓦良格卫队，终此一生。总之，索凯尔、埃里克、艾格拉夫这三个最符合侵略者形象的北欧高官（不算入克努特）都从英国人的眼前消失了。

⊙ 克努特与海潮的故事有很多种版本。这一版本中，一些阿谀奉承之徒吹嘘克努特无所不能，他便亲自证明自己无法控制海浪，从而让马屁精们闭嘴

在宗教方面，为了稳定英国的民心、弥补维京人的历史过失、扩大统治基础，克努特与教会保持了良好的关系。他隆重地迁葬了1012年被维京人杀害的圣埃尔夫赫亚克，又对埋葬埃德蒙遗骨的修道院进行大量捐赠。1027年[②]（或1031年），他亲

① 《挪威国王摘要》(Ágrip af Nóregskonungasögum）是一部非常简洁的挪威诸王传记，著于12世纪末，作者已不可考。《挪威古王史》(Historia de Antiquitate Regum Norwagiensium）也是一部短小的挪威诸王传记，作者是12世纪下半叶的僧侣西奥多里克（Theodoricus monachus)。《挪威列王传》(Heimskringla）是中世纪北欧传记文学中的瑰宝，作者是13世纪的冰岛史学家斯诺里·斯图鲁生(Snorri Sturluson)，叙述了从传说时代到12世纪末的北欧历史。本文中关于奥拉夫的故事，绝大部分都源于此书。

② 1027年一说来自同时代人维波（Wippo）的记载，更为可信。

赴罗马朝圣。亨廷顿的亨利记载了一则故事，反映了克努特对上帝的敬畏。某一次，国王坐在海岸边，对着涨潮的海水大呼："你也要臣服于我，因为这片土地是我的。没有谁可以违抗我的命令还不受惩罚。那么，我命令你，不要淹没我的土地，不要弄湿你主人的鞋和袍子。"但是，海水仍然上涨，漫过了他的腿。克努特不禁感慨："让所有人都知道国王的权力是多么无用吧。只有上帝才能以永恒之法使苍天、大地、海洋服从。"不过，随着故事的流传，其中心思想也有所改变。现在，这个故事可以拿来弘扬谦虚的美德，也可以用来讽刺不自量力的行为，宗教意味不再那么浓烈了。

奥拉夫的崛起

克努特并不是唯一在1015年为王位而战的冒险家——奥拉夫是另一个。前面我们提到过埃里克伯爵，此人作战经验丰富，在克努特的召唤下，二话不说就前往英国，把年轻的儿子哈康留在国内，由大贵族艾纳辅佐。奥拉夫似乎听闻了埃里克出国的消息，所以掐准了自己的回国时间。

跟克努特浩浩荡荡的阵势相比，奥拉夫低调得多。他把战船留在英国，自己只带着两艘商船和精选的260[①] 名战士回国。他在挪威西海岸的一座岛屿登陆。由于该岛的名字有"幸运"之意，奥拉夫认为这是个好兆头。当他们登岛时，奥拉夫脚下一滑，打了个趔趄，所幸用另一只脚稳住了身体。奥拉夫喊道："我倒了。"他的助手反驳道："你并没有倒，你稳定地立足了。"奥拉夫笑曰："但愿上帝也这么想。"不久，他们获悉哈康伯爵正在乘着一艘船向北航行。奥拉夫决定实施伏击，他把两艘商船分别布置在某条海峡的两侧，以绳索相连。毫不知情的哈康进入海峡后，绳索突然拉起，将他的船掀翻，伯爵落水被俘。奥拉夫留给他的选择是离开国家并发誓永不为敌。哈康接受了现实，投奔了克努特，但此时后者正在全心全意地征服英格兰，无暇顾及挪威。

奥拉夫沿海岸线向东航行，在多地与农民举行集会，得到了很多人的效忠。到达西福尔后，他转向陆路，与母亲和继父相见。某日，他向继父西古德吐露了自己的计划："外国人夺去了我父亲、我祖父和我们家族其他人的领地，我要以刀斧取回遗产，并寻求所有族亲和朋友的支持。要么夺回我的同族人奥拉夫一世的失地，要么就倒在我祖先的土地上。希望你没有丧失自豪感，以至于不敢站出来摆脱家族的耻辱，也希望你能义无反顾地

---

① 原文为"两百二十"，由于古北欧语里的"百"(hundrað) 更多地是指120(被称为"长百")，所以"两百二十"=260。下文中大于100的数字（年份除外）均是根据"长百"而计算的。

支持我这个能够治国齐家的领袖。我俘虏过哈康伯爵，已经向敌人展示了獠牙。现在我认为，单独打击斯汶伯爵要比同时对付他俩更加容易。”

⊙ 奥拉夫二世的神化形象

西古德这个人，行为举止更像是个经营自家田地的地主而非统辖一方的君主，奥丝塔就曾劝他多学学美发王[①]。对于继子的豪言壮语，西古德的态度自然比较谨慎：“在我看来，你的决心更多的是野心而非远虑。我谦虚低调的作风与你的宏图大计差异甚大，你从小就富有野心和控制欲，现在你有了战斗经验，养成了外国首领的那一套作风。我知道，如果你继续如此，我也拦不住你。但是，在征求奥普兰地区[②]其他土王的意见前，我不会做出任何承诺。当年奥拉夫一世到来时，大家都欢迎他，但他的王位并不长久。”母亲奥斯塔的态度截然相反，野心大到不近人情：“我宁愿你成为挪威的至尊，哪怕比奥拉夫一世还短，也不希望你不如西古德并且终老一生。”

西古德安排奥普兰诸王举行会议。海德马克的土王赫罗里克说：“曩时，所有人都热切支持奥拉夫一世为王，但他一旦握有全权，就严酷对待我们这些土王，收取的贡赋比美发王时代还多。人民更加没有自由，连信仰什么神都无法自己决定。现在，我们和丹麦国王关系友好，他满足我们的要求，并无暴政。如果我的同族人称王不能增加我的利益，我就不参与这些计划。”

赫罗里克的兄弟赫林说：“如果能保持现有的权力和财产，我倒是更能接受一位同族人为王。至于这个叫奥拉夫的人，他的力量还不如我们中的任何一个，也不像我们有可支配的土地。我们声索王位的资格也不比他差。”但是，赫林看中了奥拉夫这个“潜力股”，接下来话锋一转：“如果我们仍然支持他，他就更没有理由不对我们涌泉相报。让我们加入冒险吧！”经过一系列的讨论后，大多数土王都支持奥拉夫。奥拉夫立下誓言，承诺事成之后增加土王的特权，土王们也相应地宣誓效忠。

忠于伯爵家族的大贵族艾纳得知奥拉夫在全国巡行后，立刻将短箭作为信物，送往四

---

① 传统上认为美发王是统一挪威的第一人（872—930 年在位）。奥拉夫二世的生父和继父以及 1000 年战死的奥拉夫一世都是美发王的后代。

② 奥普兰（Upplond/Oppland）：传统上指奥斯陆以北的某些地区，包括灵厄里克、海德马克、罗默里克、劳马利基等。

方，要求他们起兵反击奥拉夫。奥拉夫巡行至奥克达尔时，就遇到过这种由当地农民组成的部队。当时，农民军难以决定由谁来领兵作战，因而陷入了混乱。奥拉夫本来可以二话不说，趁机破之，但他没有这么做，而是派人去找 12 名代表来谈判。一番说服后，农民自行解散了军队，宣布归顺。不久，奥拉夫进入了特隆赫姆峡湾，也就是斯汶伯爵的家门口。月黑雁飞高，伯爵夜遁逃。但是，他和艾纳不久召集了大军，向尼达洛斯进发。奥拉夫自知人手不足，在敌军赶来前及时南撤，直至海德马克。春临之际，他召集了各路大军（继父西古德也来投奔）前往维肯。大约同时，斯汶的舰队也到达了维肯，泊于奈斯亚(Nesjar)。1016 年 3 月 25 日（圣枝主日），战斗爆发了。斯汶败退瑞典，不久病死。不久，伯爵家族的大本营——特隆德拉格宣誓效忠奥拉夫，维肯地区的丹麦官员望风而逃，被瑞典占据的兰里基地区亦被夺回。

公元 1000 年之前，两位国王塑造了未来挪威的发展方向，一是美发王统一挪威，二是奥拉夫一世推行基督教。本文主角奥拉夫二世正是想把两位先辈的事业发扬光大，他在位期间的政策就集中在加强君威和推行基督教两方面。

奥拉夫一世失败后，贵族们恢复了旧日的权势。特隆德拉格地区的拉德伯爵家族，实际上有问鼎王位的实力，只是一直沿用了“伯爵”（earl）的头衔；艾纳也有着不可小觑的实力，斯汶伯爵死后，他虽然与奥拉夫和解，但对国王的态度一直很冷淡；在东南部的奥普兰地区，土王们享有很大的独立性；在西南方，俄林是最显赫的贵族；在极北方的霍洛加兰，托里尔和哈莱克是两大土豪；在南默勒，阿纳家族在政治中也发挥着重要的作用。这些家族往往通过婚姻而联系在一起，关系错综复杂。

奥拉夫针对旧势力的代表性举措就是平定奥普兰的叛乱。劳马利基的土王对奥拉夫强推基督教感到不满，便联合了海德马克、哈德兰、古德布兰德达尔的土王，决定造反。他们非常自信地认为，既然奥拉夫是被他们扶上王位的，那他们自然有资格收回，也有实力收回。但正所谓忿则多难，急则多蹶，这群土王急于成事，要求附近的地主富农召集人马，为此过早地将计划和盘托出，甚至不想想这其中是否有奥拉夫的支持者。由于计划泄露，他们兵败如山倒。赫罗里克惨遭剜目之刑，赫林被驱逐出境，其他几位土王也受到了不同程度的惩罚。奥拉夫占有了这些土王的领地。同年（1018 年）冬，西古德去世，如今挪威只有奥拉夫可称“王”。

在宗教方面，奥拉夫显得比克努特更加狂热，他的某些举动就像是坐在王位上的传教士。他雷厉风行，很多坚守旧信仰的人被剥夺了财产、肢体乃至生命，贵族也不例外。相比之下，克努特虽然也是基督徒，虽然也尊重教会，但更是个实用主义的政治家。为了挖奥拉夫的墙脚，他慷慨地接待来自挪威的流亡者，向那里的不满贵族们输送大量的金银珠宝。即便这其中有大量“异教徒”，克努特也十分乐意与之合作。但是，奥拉夫有自己的一套思路，他想把落后的挪威改造成一个西欧化的国家，而基督教就是西欧制度的意识形态基础。

三、北海帝国

挪瑞化敌为友

话说奥拉夫早年当维京海盗时，曾经洗劫过瑞典，与瑞典国王奥洛夫·舍特科农交过手。如今瑞王得知奥拉夫夺走了斯汶伯爵的领地，联想起当年的旧恨，更是气得七窍生烟，遂遣托尔高特和阿斯高特率使团赴挪“宣示主权”。到达维拉达尔时，使团嚣张地索要贡赋（理由是斯沃德战役后，挪威某些地区归瑞典所有）。当地人拒绝了，理由是不能同时向两位国王纳贡。之后，使团在其他地区也有同样的要求，得到的也是相同的回答。奥拉夫接见他们时，严厉驳斥了瑞典的无理取闹。阿斯高特回复道：“难怪你被称作‘自负’[①]的奥拉夫。你不知道国王的火气有多大，连看上去比你强大的人都吃不消。如果你希望保住你的王国，那你最好成为他的人。我们会向他求情，让他把这个王国（指挪威）赐给你当封地。”国王回复道：“我给你个建议。去跟你的国王说，来春我会前往挪瑞两国的传统边界。如果他愿意来的话，我们或许可以达成和议。”之后，托尔高特便准备回国，但阿斯高特希望继续留在挪威，执行瑞王的任务。奥拉夫便派人尾随阿斯高特，把他和随行人员送上了绞架。瑞王闻之，大为震怒。他讨厌奥拉夫到了极点，以至于没有人敢在他耳旁提起这个名字。有趣的是，他的名字其实与奥拉夫相同——“奥洛夫”（Olof）和“奥拉夫”（Olaf）在古北欧语中都是“奥拉夫尔”（Ólafr）。

1017 年，维肯人民希望两国尽快和解，过上和平安定的生活，但不敢向奥拉夫诉说，故而请求比约恩元帅出面。比约恩一开始也不愿意，但众意难拒，只好一试。奥拉夫冷冷地回应说：“你的好建议就由你自己实施吧，荣辱由你自受。”比约恩的心顿时凉了半截。第二天，他的朋友希奥尔提（本是一名冰岛酋长）前来安慰，并同意与其共赴使命。其实，奥拉夫态度是外冷内热，在为使团送行时，他表达了由衷的祝福。

---

① 奥拉夫的绰号“digre”既有胖子之意，也有高傲、自负之意。瑞典使者利用了这一双关语。

使团途径西约特兰伯爵隆瓦尔德[①]的宫廷时，伯爵难掩其惊讶之情："比约恩，你在做什么，国王想让你送命吗？你的任务很难成功。我觉得向瑞王传达和议的人不可能活着回来。"经过一番考虑后，希奥尔提自告奋勇："我去吧，我不是挪威人，瑞典人也无话可说。我也听说王宫里有些受宠的冰岛诗人是我的熟人。"他打算通过熟人的引荐，潜入瑞典宫中伺机而动。这一计划得到了大家的赞同。面见瑞王之后，希奥尔提凭借自己的才艺得到了尊重。瑞王亦喜欢与之交谈，从他口中了解冰岛的风土人情。一天，趁瑞王心情不错的时候，希奥尔提借一番恭维之语，慢慢道出了他的真实来意："我在此目睹了无与伦比的伟大和光荣，您这等辉煌的君主在北方可谓独一无二。但令人恼火的是，我们来访的路途遥远而多舛，既是因为大洋阻隔，更是因为途经挪威不安全。为什么没有人在您和奥拉夫国王间提出和平的建议呢？挪威国王也希望与你和解，据说甚至打算追求您的女儿英厄耶德。"国王回答道："在我宫中不能称呼那个胖子为'国王'。你不知道我们宫廷的规矩，我不会责备你。但我不会把挪威王国留给这个胖子，你也不准再提这些事。"无奈的希奥尔提只好去请公主说情。国王面对女儿，态度仍然固执："你的建议是放弃挪威王国，再把你嫁给胖子奥拉夫——休想。不止如此，我还要召集全体瑞典人，宣布发动远征，以火与剑蹂躏那片土地，惩罚他们的不忠。"

⊙ 托尔格尼的演讲

隆瓦尔德得知了希奥尔提和英厄耶德的失败，前去求助养父托尔格尼，此人是乌普萨拉"庭"[②]的法律代言人，颇有声望。"庭"召开后，就和议一事展开讨论。一开始，瑞典国王听到"奥拉夫"一名，还以为是在说自己，但一听到"和平"、"边界"等词后，立马反应过来，大呼："闭嘴，发言无效！"但隆瓦尔德当场抗旨发言，奥洛夫不仅不听建议，还严斥其单独议和之举无异于背叛，扬言要将其驱逐。会场一时鸦雀无声。

托尔格尼不紧不慢地站起来发言，整个会场气氛肃穆。他回顾了瑞典的历史，赞扬了那些既功业

① 西约特兰位于瑞典西南部，与挪威接壤。瑞挪交恶期间，隆瓦尔德曾绕开瑞典国王，单独与奥拉夫议和。

② "庭"（þing）是北欧古代的议事集会。乌普萨拉是瑞典的一座历史名城。

卓著，又能虚心纳谏的先王。“我们现在的国王不允许任何人说逆耳之言。他希望让挪威臣服在脚下，而瑞典的先王们从未这么想过。现在，我们希望你与挪威国王媾和。如果你收复你祖先拥有过的东方土地，我们将追随你作战。但如果你不按我们所想的做，我们就会攻击你，杀死你。现在，快点告诉我们你的决定。”当时的瑞典确有塔西佗笔下日耳曼人之遗风，会场中传来了武器的打击声和欢呼声，对托尔格尼表示赞同。于是，国王暂时表态顺从民意，心中其实不以为然。不仅如此，他还多了一股怨气，尤其对隆瓦尔德强烈不满。提议的联姻也未能实现，英厄耶德被嫁给了基辅大公雅罗斯拉夫。总之，两国刚刚呈现的和平前景又陷入了黯淡，战端几乎重开。

但是，1019 年，在隆瓦尔德等人的策划下，瑞典的另一位公主阿丝特丽德未经父王同意便嫁与奥拉夫，让生米煮成了熟饭。而隆瓦尔德随英厄耶德前往基辅罗斯，避开了瑞王的报复。此时的欧洲局势已经不允许瑞王继续固执下去，因为克努特已经戴上了英格兰与丹麦的王冠，成为北方无可争议的雄主，瑞典和挪威都有了不祥的预感。几番周折后，瑞王终于同意与奥拉夫会晤，以投骰子的方式决定争议地区的归属。第一次，瑞王和奥拉夫都掷出了两个“6”，不分胜负；第二次瑞王又投出了两个“6”，但轮到奥拉夫时，奇迹发生了：一枚骰子是“6”朝上，另一枚落地后碎成了两半，一半是“6”朝上，一半是“1”朝上，比瑞王多了一个点。瑞王愿赌服输，两人结成好友而归。

圣河战役

只要克努特没有把注意力转移到挪威，奥拉夫的王位就是安全的，只是克努特不会忘记这片“失地”。奥拉夫上台后，挪威的很多不满者投奔了哈康伯爵和克努特，鼓动他们“收复”挪威。但克努特确实比较晚才开始对挪动武[①]，这可能是因为英国事务繁忙，也可能是他打算花上充分的时间做好前期工作。

1025 年春，克努特的使者从英国到达挪威，宣称对挪威的“继承权”，并承诺如果可能的话，他并不希望对挪威动武，而奥拉夫可以作为克努特的臣属而保有王国。奥拉夫不客气地答复道：“现在他又来索要我的祖宗疆土，贪心能收敛一点吗？你把这些话报告

---

① 在征服英国和征服挪威之间的 1022 年，克努特还曾经对波罗的海南岸的文德人进行过远征，这一秀肌肉的举动可能就是为了威吓瑞典和挪威。亨廷顿的亨利还记载了一段与波罗的海之战有关的轶事：克努特追上了文德人，准备第二天进行决战。而古德温伯爵指挥的英军在克努特不知情的情况下发起夜袭，大破文德人。次日早晨，克努特见英军不在，以为他们逃跑或者变节了。当他前去进攻文德人时，发现敌营一片狼藉，这才得知了英军的战绩。从此，克努特对英国人刮目相看。

⊙ 嚣张的乌尔夫伯爵

给他：我一生都将用刀斧保卫挪威，绝不称臣纳贡。”对于这一回应，克努特并不感到意外，只是对奥拉夫的某些讥讽之语表达了不满。

同年夏，挪威人从商人口中听闻克努特正在英国集结军队。作为防备，奥拉夫也在召集大量人手，并派出间谍搜集情报。秋，他遣使瑞典，与阿农德·雅各布[①]商议结盟，以“挪亡瑞寒”之理说之。雅各布欣然接受。克努特曾试图破坏瑞挪同盟，遣使赠瑞王以厚礼，承诺不染指瑞典，望其保持中立。但雅各布并未听信这番花言巧语。1026年，瑞挪君主在孔海拉（两国边界附近的一座城市）会晤，决定将防御同盟转变为进攻同盟。这样，最先出手的不是克努特，反而是挪威和瑞典，这正中了克努特下怀。

奥拉夫举国征召，北方的贵族中只有艾纳不响应。到达霍达兰时，他得知另一名大贵族俄林已经率领大军和四五艘船叛逃了。国内的形势越来越对奥拉夫不利。

奥拉夫的士兵们等待许久也未见战斗爆发，逐渐不耐烦起来。国王决定留下精兵南攻丹麦，允许其他士卒回家（一开始的420艘船只留下60艘）。他驶向丹麦的西兰岛，纵兵抢劫，屠杀或俘虏当地居民。与此同时，瑞军开始南下进攻斯科讷。会师后，两位国王公开宣布了征服丹麦的意图。

---

① 奥洛夫·舍特科农已在两年前去世，其子雅各布继位。雅各布之名源于基督教人物圣雅各，但由于这个名字在瑞典比较少见，人们便给他送上了一个北欧名字“阿农德”。

克努特身在英国时，把他与艾玛王后所生的儿子哈撒克努特留在丹麦，由乌尔夫伯爵辅佐①。伯爵颇有野心，他借口国王本人不在丹麦会导致很多麻烦，又借口北方邻国的军事威胁，成功说服丹麦人接受哈撒克努特为君。由于新君年少，所以实权自然是在乌尔夫之手。艾玛在这场阴谋中也扮演了关键作用，因为她将克努特的印章搞到手，借此伪造了圣旨。挪威开始进攻后，乌尔夫和哈撒克努特退守日德兰半岛，军队集结在利姆海峡，西兰岛和斯科讷就这样不幸地交由敌人蹂躏。

同时，克努特的庞大舰队正在驶向丹麦，哈康伯爵在其中担任副指挥。等这位国王到达利姆海峡后，乌尔夫等人开始心虚了。哈撒克努特自觉地向父王磕头认错，克努特考虑到儿子年幼无知，姑且宽容了他。至于乌尔夫的擅立之罪，克努特心里已有不满，但只是让他先做好抗敌准备，其余的事以后再谈（潜台词是：其余的账以后再算）。

听闻克努特到来后，奥拉夫和雅各布沿着斯科讷海岸北航，到达圣河（Helgeå）。得知克努特前来追击，两位国王商议了对策。奥拉夫带人前往上游，找到了圣河与一片湖泊交汇之处，在此花了数日工夫，用木材和泥炭搭建了一座临时水坝，又在水中放上了很多巨大的浮木。然后，他还在湖泊周围挖了很多引水沟，增加了湖泊的水量。联合舰队则由雅各布指挥。

一天傍晚，瑞典间谍发现了克努特舰队就在不远处。雅各布下令吹响号角，驶出河港，将舰队连在一起，布置在河口以东某处。他还派人去通知奥拉夫。后者一接到消息，就将水坝破坏，并趁夜回到船上。克努特到达河港附近时，已经看到了处于备战状态的联合舰队。但他认为天色已晚，不宜作战，便下令舰队进入河港休整，并没有想到联军之弃港不用是在耍诡计。克努特的船队非常庞大，数量比挪瑞两国加起来还要多出一半，队伍从前到后的长度很长，靠近陆地与处于外围的船之间也隔着较大的宽度，所以大部分船并未挤入河港。次日黎明，很多人跑到岸上嬉戏攀谈。谁料水位突然间暴涨，无情地冲刷着河岸，巨大的树木沿河而下，轰隆

⊙ 奥拉夫的舰队

① 辅佐小王子的原本是索凯尔的任务，但此时索凯尔已死。另外，1023 年（索凯尔被派往丹麦之年），克努特留在丹麦的儿子很可能不是哈撒克努特，而是他跟前妻艾菲芙（Ælfgifu）所生的儿子斯汶。因为据《盎格鲁—撒克逊编年史》记载，哈撒克努特该年身处英国。哈撒克努特取代斯汶，可能是出于艾玛王后的策划，因为她想排斥克努特前妻之子的继承权。

⊙ 圣河战役示意图

⊙ 克努特一棋杀权臣

隆地撞向了舰队。克努特的旗舰在湍流中漂向了联合舰队，后者试图加以攻击，但该船体形较大，就像一座堡垒，难以攻取。同时，河港之外的大部分丹麦舰队也纷纷赶来增援。奥拉夫和雅各布明智地意识到，最大限度的战果已经取得，再打下去反而会对自己不利，于是下令撤退。克努特并未追击。

圣河战役中，克努特一方损失较大。瑞挪联合舰队几乎没有损失，却主动撤退，没有获取什么战略上的优势。

奥拉夫与雅各布向东而去。某天，他们在布莱金厄地区的一个港口停泊。夜里，很多瑞典人思乡心切，偷偷逃跑，420 艘船只剩下 120 艘。雅各布遂建议奥拉夫与他一起回瑞典过冬，等来春再作打算。奥拉夫感谢了瑞王的好意，但认为打败克努特不是没可能：1. 虽然很多士卒已经离开，但愿意留下来的都是忠诚的精兵；2. 斯科讷已被洗劫，克努特军队庞大，补给必会遇到问题，届时其军心说不定比瑞典更加不稳。雅各布接受了奥拉夫的意见，不再考虑回家，而是留在此处，并派出间谍摸清克努特的动向。

克努特听闻敌船大规模逃跑后，便把丹麦舰队布置在松德海峡，提前截断奥拉夫的海上退路。克努特本人前往罗斯基勒（西兰岛上的一座城市），参加了乌尔夫伯爵为其准备的宴会。但国王不苟言笑，乌尔夫不免感到心里发毛。为了缓和气氛，他主动要求与国王对弈一局。克努特在下棋时，不慎走错了一步，让乌尔夫占了优势。国王便把伯爵的棋子挪回原处，让他重来。伯爵感到自己被侮辱了，愤而离席。克努特说：“懦夫，想跑？”乌尔夫更是暴跳如雷地骂道：“你在圣河被瑞典人打得像狗一样的时候，我忙着救你，那时你怎么不说我是懦夫！”说罢转身离去。没过多久，克努特便上床就寝了，但他阴沉而冷酷的内心早已动了杀念。第二天早晨，一位部下呈上了一把血淋淋的剑，一座教堂因为出了人命而大门紧闭。为了清除异己，克努特即便触犯不可在教堂行凶的大忌也在所不惜。

吞并挪威

瑞挪双王得知丹舰部署在松德海峡后，又一次商讨对策。已经丧失耐心的雅各布决定率军回家，只留下挪威人在原地等待战机。但是，奥拉夫自己也逐渐感到不耐烦了。

奥拉夫经常与部下讨论问题，但他越来越觉察到，某些贵族的立场不大对劲。例如，有些人主张直接闯过松德海峡，根本不用怕丹麦舰队。奥拉夫是勇士，但不是傻子，他知道这么做等于自投虎口，提这种馊主意的人很可能是别有用心。奥拉夫的怀疑是符合事实的。克努特在奥拉夫的军中安插了间谍，一方面是为了搜集情报，一方面是为了接近挪威贵族，施以厚赂。很多人在巨额金钱的诱惑下变节了。奥拉夫心想：克努特希望我走海路，我偏不走。于是，他下令由陆路回国，至于船只和带不走的辎重，暂请瑞王照看。最后，他顺利回到萨普斯堡[①]过冬。

1027年，克努特赴“永恒之城”朝圣[②]。刚一回英国，苏格兰又出现了麻烦。这些事务都导致他推迟了对挪威的征服[③]。但是，即便克努特本人不出马，他的代理人仍然在挪威大肆活动，大贵族俄林积极协助他们的策反工作。1836年，在挪威西南部的苏拉市（当年俄林的庄园就在此处）附近，考古人员发现

⊙ 丹麦间谍向比约恩元帅行贿

① 这座城市位于维肯东部，正是由奥拉夫建立的。

② 克努特在军务繁忙的这一年外出，似乎有些蹊跷。据学者拉尔森推断：一、这可能是由于他与教会的关系出现了某些问题。挪威的奥拉夫强力推行基督教，赢得了教会的欣赏；瑞典的异教徒更多，但雅各布是个基督徒，更是教会的希望，但克努特却与这两人为敌。不仅如此，他还在教堂这种圣洁之地杀人。这都可能引起了教会的不满，罗马之行可以平息教会的质疑；二、凭借此行，克努特可以一路展开外交，获取皇帝和教皇等重量级人物的友谊。

③ 苏格兰起事的幕后煽动者可能正是奥拉夫。这一点虽无史料直接证明，但可以作为一种合理推断，因为挪威的海外属地（例如奥克尼群岛）接近苏格兰，为外交活动提供了便利性；苏格兰国王可能也意识到，如果挪威沦陷，其海外属地自会落入克努特之手，这就会对苏格兰造成更大的地缘政治压力。

了大量的英国硬币，绝大多数都带有克努特或埃塞雷德的头像，铸造年代肯定不会晚于克努特时期。

1028 年，丹挪战火重启。克努特率领 50 艘船从英国赶赴北欧，哈康与古德温同行。进入利姆海峡后，丹舰亦加入其中。根据《挪威列王传》的说法，克努特总共有 1440 艘船（这个数字显然过于夸张，去掉一个零可能更加符合事实）。而奥拉夫此时捉襟见肘，他派人赴瑞典取回当初留在那里的船只和辎重，但这些人办事效率太低。于是，他只能从附近的农民那里搞来一些船凑合着用。当挪威人听闻了克努特舰队之庞大后，吓得纷纷丧失斗志。

克努特并没有去进攻身处滕斯贝格[①]的奥拉夫，而是一路北进，直奔尼达洛斯而去，这座城市在当时相当于挪威的首都。他在此召开了历史悠久的奥雷庭（Øreting），被正式宣布为全挪威的国王。从美发王开始，挪威历代国王都在奥雷庭宣布为王——可见克努特充分利用了挪威的古老传统，为自己的王冠增添了合法性。俄林、托里尔、哈莱克、艾纳等权贵纷纷弹冠相庆，哈康伯爵被封为挪威总督。为了确保挪威人的忠诚，他也迫使贵族和富农们交出他们的至亲为人质。从北方返回时，他每经过一个重要地区就要召开一场集

⊙ 俄林之死

① 这座城市大致位于萨普斯堡的对岸，中间隔着奥斯陆湾。

会，接受当地人的宣誓和人质，任命他信得过的地方官。他的最后一站是萨普斯堡，之后返回了丹麦，没有与一湾之隔的奥拉夫交手。

大约同时，被奥拉夫派去回收战船的人已经到达了瑞典，他们只带走了最好的一些船，并将余船烧毁。听闻克努特已经向北而去后，他们偷偷经过松德海峡，与奥拉夫会合。得知克努特回到丹麦后，奥拉夫放心地驶出滕斯贝格。此时的奥拉夫人手缺乏、资金短缺，战船只剩 13 艘。他从途经的商人口中得知，俄林正在召集军队。奥拉夫虽然大势已去，但对付一个小小的俄林仍然不在话下，遂向西而行。12 月 21 日，双方在一个狭窄的峡湾里爆发了激战，俄林战败被俘。奥拉夫敬他是条汉子，打算原谅他。俄林也摘下了头盔，放下了剑和盾，表示服从。正在这时，奥拉夫的一个卫士拿出藏在斗篷里的手斧，猛地向俄林的脑袋劈去，白的红的霎时间喷涌而出，众人错愕不及。他说："狗腿子就该打上耻辱的标记。"奥拉夫遗憾地说："你这下可把挪威从我的手中打跑了啊！你会交厄运的。"卫士不服气地回复道："我这是把挪威打回您的手中。"

俄林之死的消息传开后，他在南方各地的儿子们纷纷举起了复仇的大旗；在北方，哈康伯爵的舰队也在赶来。奥拉夫几经辗转，濒临绝境，逃亡是唯一可行的选择。患难见真情，这种绝境下仍然追随他的人，都是真正的忠臣。奥拉夫也颇有人情味，允许那些有家业需要照料的人回家。在风雪交加的凛冬，他翻山越岭，受尽饥寒，逃到瑞典。但他相信终有一日能够重获王国，也希望挪威人民会重新回到他的怀抱。不久，他又带着儿子马格努斯[①]前往基辅罗斯投奔雅罗斯拉夫大公。

⊙ 奥拉夫逃往瑞典

奥拉夫阵亡

哈康伯爵的统治没有持续多久。1029 年夏，他赴英完婚，秋季返挪时，不幸在海难中丧生。

奥拉夫流亡之时，曾允许比约恩元帅解甲归田。当哈康失联的消息传入比约恩耳中

① 马格努斯（Magnus）一名源于查理曼（Charlemagne）的"曼"，意为"伟大的"。由于"马格努斯"并非是当时典型的北欧人名，奥拉夫起初还不太接受这个名字。

⊙ 农民军的进攻

时，他立刻动身，日夜兼程地赶往东欧，向曾经的主公报告消息。这个消息顿时让奥拉夫的部下们欣喜若狂：如今挪威群龙无首，正是夺回王位的天赐良机。奥拉夫之前有段时间意志消沉，甚至考虑过出家为僧，而今又重拾了往日的豪情壮志。毕竟，如今有这个翻盘的机会，已是上天格外开恩，天予不取，反受其咎。1030 年初，奥拉夫及其属下 240 人准备出发了（但是王子马格努斯没有随行）。雅罗斯拉夫为他们准备了马匹。春天，奥拉夫已经身处瑞典，派人去西边刺探军情，得知挪威仍然是险象环生。但他决意已定，决不后退。雅各布将 480 名宫廷武士交给了奥拉夫，还允许他在瑞典国内召集人手。

另一方面，挪威贵族在瑞典也派有间谍，故而获悉了奥拉夫的动向。他们惊慌失措，纷纷征召私兵，欲与奥拉夫拼个你死我活。在后面的决战中，奥拉夫的对手虽然号称“农民军”，但实际上仍然是这批贵族指挥的。与此同时，挪威的 720 名奥拉夫支持者听闻国王卷土重来，便前往瑞典与之相会。在这之中，有个人是西古德之子哈拉尔，此时只有 15 岁。多年以后，他将成为一位非常具有传奇色彩的挪威国王。

这里需要特别提一下艾纳的立场。克努特曾经当面表扬他是挪威仅次于哈康伯爵的人。艾纳误以为这是暗示自己将会成为哈康的继任者。所以哈康一死，他便前往英国，请求克努特为他加官晋爵。但是克努特并无此意，而且已经打算让自己与前妻所生的斯汶王子统治挪威。艾纳极其失望，从这一刻开始，他对克努特的忠心动摇了。他不愿再为丹麦政权出力，便故意放缓回国的行程。所以，他没有参与贵族们对抗奥拉夫的战役。

奥拉夫经过瑞典的耶姆特兰，到达挪威的韦尔达尔（位于特隆德拉格东部，尼达洛斯东北 90 多公里）。此时他的军队已有 3600 多人。不久，一支多达 1.44 万的农民大军奔赴而来，一场恶战在所难免[①]。奥拉夫将自己的军队布置在中间，将达格[②]的军队布置在右翼，瑞典赠送的军队布置在左翼。士兵中的亲属和熟人分配在一起，必要之时可以互相

① 这两个数字都源于《挪威列王传》，明显有夸大。奥拉夫与农民军是 2500 : 5000 应当更加准确。

② 达格是赫林的儿子，在瑞典以一支 1440 人的军队加入了奥拉夫。奥拉夫承诺夺回王国后，将归还达格祖先们的领地。《挪威列王传》中，达格只在斯蒂克勒斯塔战役的部分出场过。

照应。奥拉夫让战士们在头盔和盾牌上画上白色的十字，又设计了一个朗朗上口的口号："前进！前进！Kristmenn, Krossmenn, Konungsmenn！[①]"7月29日[②]，他们前往斯蒂克勒斯塔（韦尔达尔的一座村庄），看到了漫山遍野的农民军。奥拉夫下令举起大旗，列好战斗队形。鉴于人数远低于敌军，奥拉夫的对策是强化初始的攻击，重创敌之前锋，导致敌军前排在逃跑途中与后排发生践踏，继而引起多米诺骨牌般的崩溃。

农民军一边，贵族们正在讨论由谁担任最高指挥。卡尔夫·阿纳生支持哈莱克，因为他既是美发王的后裔，又有丰富的作战经验。哈莱克推辞不受，借口有二：一是自己年事已高，重任应当留给更年轻的人；二是他与奥拉夫毕竟有亲缘关系，奥拉夫无情，他不能无义（这第二条借口真是虚伪到了极点）。哈莱克推荐托里尔，因为后者曾经被驱逐，还有亲人死在奥拉夫的手上[③]。但托里尔也推辞了，理由是军队中有很多特隆赫姆人，他们

⊙ 斯蒂克勒斯塔战役

① 意为基督之人、十字架之人、国王之人，正文部分保留原语言，可以同时看出头韵和尾韵。

② 据记载，斯蒂克勒斯塔战役时，天色无光。有学者认为这是场日食，而1030年确实发生过日食，但不是7月29日，而是8月31日，相差了一个月。但是，传统上仍然将7月29日视为战役爆发以及奥拉夫殉难的日子。

③ 托里尔的妹夫奥尔维因为举行异教祭祀而被奥拉夫处死。之后，托里尔的妹妹嫁给了卡尔夫，煽动了他的反叛。卡尔夫的妹夫又是哈莱克。这几个家族通过联姻而结合在一起。

⊙ 奥拉夫的阵亡

性格高傲，可能不愿意接受一个霍洛加兰人的领导。在贵族们的“谦让”之下，最高指挥的位子最后还是硬生生地塞给了卡尔夫·阿纳生。

奥拉夫看到农民军暂时没有动作，便靠在一位部下的膝盖上小憩（这位部下名叫芬恩·阿纳生，正是卡尔夫·阿纳生的亲兄弟。但他不仅没有背叛奥拉夫，还忠诚地追随国王流亡东欧）。没过多久，农民军升起了旗帜，开始前进。芬恩急忙叫醒了国王，奥拉夫说：“为什么叫醒我，不让我享受美梦？”芬恩说：“别做梦了，您该醒了，没见到农民军来了吗？”国王说：“还不是很近，再让我睡一下。”芬恩好奇地问国王做了什么梦，以至于如此恋恋不舍。奥拉夫说，他梦见了一个很高的梯子，通往天堂，当被叫醒的时候，他已经走到了最高的一层。这位部下直言不讳地说：“我看这不是好梦，这个梦意味着您大限将至。”

卡尔夫在阵前发表演讲：“想想奥拉夫给你们带来的不幸，此时不报复，更待何时？把你们自己从奥拉夫的枷锁和奴役中解放出来吧！今天不敢作战的人，就是没用的懦夫。你们的对手不是无辜的，你饶恕他们，他们不会饶恕你。”这番话得到了欢呼，农民军高喊着口号：“前进！前进！农民军！”

血腥的战斗爆发了。奥拉夫的军队占据着高地，凭借猛烈冲锋而将一部分农民军击退。他的作战计划成功了一部分。但是贵族和他们的精兵稳住了阵地，驱使农民们继续前进。奥拉夫遭到了四面围攻，场面异常激烈。那些队伍最前面的人以剑迎敌，后面的人则以矛突刺，最靠后的人射出短箭，掷出标枪，扔出石头，抛出手斧。在敌军的人海战

⊙ 今天的斯蒂克勒斯塔

术下，奥拉夫一方占不了太多优势。作战中，奥拉夫左腿膝盖以上受伤，倚靠在一块石头上。他抛下了手中的剑，向上帝祈祷。托里尔用一支长矛刺向了奥拉夫，穿透了他的腹部，同时卡尔夫猛击奥拉夫脖颈左侧。从此，这位国王失去了王国，升入了天国。

从某种意义上说，这一战既成就了克努特，也成就了奥拉夫。克努特的“北海帝国”①已经建立，彪炳史册；而奥拉夫成为天主教会和东正教会公认的圣徒，受人膜拜。传说奥拉夫死后，西至爱尔兰，东至拜占庭，都发生了与之相关的“奇迹”，比如一个盲人沾上了他的血水便恢复了视力，一个舌头被割掉的男孩向他祈祷后便恢复了语言能力。

⊙ 关于奥拉夫生平的画作
中间：奥拉夫的画像
左上角：奥拉夫梦到上天堂；
左下角：奥拉夫向农民分发银子；
右上角：奥拉夫的葬礼；
右下角：奥拉夫殉难；
左中：“四活物”中的狮和人；
右中：“四活物”中的鹰和牛。

斯汶的统治

斯蒂克勒斯塔战役发生时，克努特之子斯汶刚刚到达维肯，其母艾菲芙同行。秋季，他到达了特隆德拉格，成为挪威国王，为父亲统治这个最北方的王国②。

奥拉夫阵亡后，丹麦的统治愈加肆无

① 需要说明的是，“北海帝国”不是克努特时代的官方名称，而是后世学者的创造。克努特的头衔也从来不是“皇帝”，在1027年的一份官方文件中，其头衔是“全英格兰、丹麦、挪威人和瑞典部分地区之王”（有学者考证，这里的“瑞典”可能是“斯拉夫”之讹误）。

② 君主在世的时候将王号赐予继承人，两人成为共治君主，这在当时的北欧不鲜见。克努特征服挪威不久，也将哈撒克努特封为丹麦国王。

忌惮。在父王的授意下，斯汶推行了新法律，一部分沿袭了丹麦之法，一部分更加严苛：

> 未经国王批准，任何人不得出国，否则国王可以没收其财产；任何被驱逐出国的人，如果本有遗产可以继承，则遗产归国王所有；圣诞节期，每个农民应当为国王进贡麦芽酒和牛腿肉，称为“草地的一小撮”；每位家庭主妇应当进贡亚麻线，相当于能被拇指和中指撑住的量，称为“女士的纤维”；农民应当为国王建造所有的住所；五岁以上的男性中，每七人要为其中一人参军提供装备；每个出海捕鱼的人应该交给国王五条鱼作为税负；任何出国的船都要在船上为国王预留库存；每个去冰岛的人，无论是挪威人还是冰岛人，都要向国王缴税；一个丹麦人的证词可以推翻十个挪威人的证词。

那些支持过克努特的人，纷纷怨声载道；那些支持奥拉夫的人，既憎恨丹麦，也嘲讽前一类人自食其果。但他们不敢反抗，因为他们的至亲还在克努特手中作人质。应当说，挪威人反对新法，不单单是因为某些法律是带有压迫色彩的“恶法”，也是因为这些法律的背后体现了丹挪政治理念的差异。在丹麦，君主权力正在强化之中，而挪威仍然缺乏一个有效的中央政府，贵族在相当大的程度上享有旧时代的“自由”。

斯汶统治期间，挪威还发生了大饥荒，民不聊生。1033 年，挪威西部的一场叛乱震撼了丹麦政权的统治。卡尔夫在新政权内混得并不如意，此次公然拒绝为斯汶平叛：“当我为了克努特家族而与自己的同胞作战时，我已经做的够多了。”还有一次，克努特派人请卡尔夫为他提供一些精选的战斧。卡尔夫说：“告诉他，我会给他儿子斯汶送上很多斧头，不会让他觉得少。”

⊙ 马格努斯与卡尔夫指认奥拉夫阵亡之处

艾纳和卡尔夫密谋召回马格努斯王子。1034 年，他们前往雅罗斯拉夫的宫廷，参见了王子，承诺为其夺回王位。马格努斯此时只有 10 岁出头，但已颇有城府，他承诺实施大赦，并接受卡尔夫为养父。次年，马格努斯沿着父亲走过的路线，进入了特隆德拉格。斯汶的支持者们一听到奥拉夫之子回国的消息便作鸟兽散。斯汶本人当时身在南方，得知马格努斯称王后，立即传旨四方前来相助，可惜并无积极的响应。他自知大势已去，便动身回到丹麦，不久离开人世，再也没能卷土重来。

马格努斯坐稳王位后，便没收了农民军阵亡者的很多农场，对当初积极反对奥拉夫的人施以严惩，一些人被驱逐出境，一些人被剥夺财产。卡尔夫也失宠了。国王迫使他前往斯蒂克勒斯塔指认现场，当场证明卡尔夫有弑君之罪。卡尔夫随即离开挪威，逃到爱尔兰、苏格兰等地当海盗。

克努特死后

克努特的家族可能有遗传性的疾病。他的父亲暴毙身亡，本文开头我们已经介绍过；哥哥哈拉尔也死得不明不白，使他不费吹灰之力地戴上了丹麦王冠；他的三个儿子（斯汶、哈撒克努特、兔脚哈罗德）和一个女儿都没能活到30岁。1035年11月12日，克努特也无法逃脱命运的力量，在40岁这一壮年时期去世，死因很可能是疾病。

⊙ 兔脚哈罗德

在英国，全体议政大臣立刻齐聚牛津。泰晤士河以北的势力推举兔脚哈罗德，他是克努特唯一一个留在英国的儿子；古德温伯爵、韦塞克斯贵族则支持哈撒克努特，但他们无能为力。一开始，双方想出了一个权宜之计：艾玛住在温切斯特，以哈撒克努特的名义保有韦塞克斯，而哈罗德统治英国大部分地区。但这一局面没有持续多久，第二年，“哈罗德在各处都被选举为国王，哈撒克努特被抛弃”。《盎格鲁—撒克逊编年史》给出的理由是“他在丹麦的时间太长了”[①]；马姆斯伯里的威廉给出的理由是古德温的立场发生了转变。

随着丹麦和英国的王冠分离，跨越北海的帝国不可避免地寿终正寝。但在1040年，哈罗德去世，哈撒克努特作为克努特剩下的唯一的一个儿子，继承了英国的王位，“北海帝国”一度回光返照。哈撒克努特统治英国期间，苛捐杂税繁重。有一次，由于税官被杀，他下令在整个伍斯特烧杀抢掠，俨然一副趾高气扬的征服者姿态。为了泄愤，他还叫人挖出哈罗德的尸体抛到泰晤士河。原本归心于他的人都对他充满了反感，史载：“终其统治之年，他没有做一件与国王身份相符的事情。”1042年，他在饮酒时突然倒地，骇人

① 哈撒克努特未前往英国，应当是因为挪威的压力近在眼前。

⊙ 马格努斯与哈撒克努特举行谈判

地抽搐着，再也没能康复过来。埃塞雷德与艾玛之子爱德华成为国王。“北海帝国”从此永远地解体了。

在北欧，哈撒克努特起初也有过“收复”挪威的打算，而马格努斯也曾想报复丹麦人对奥拉夫和挪威犯下的罪孽。1036年，两国都召集了军队，准备在约塔河一决胜负。但是，智者们在国王之间进行了斡旋。最终，双方决定保持和平，并约定两位国王谁先无子而终，谁的王位就由更长寿的那一位继承。上天让哈撒克努特死得更早，于是马格努斯便在1042年成了挪威国王。丹麦人能够爽快地执行当年的君子协定，一是因为马格努斯舰队压境；二是因为克努特的儿子全部离世，一时也找不到更合适的继承人；三是因为马格努斯是一位圣徒的儿子，有信仰上的感召力。总之，丹挪两国又一次联合了，而且是由挪威主导的联合。

马格努斯的地位受到了两个觊觎者的挑战：一个是斯汶二世，此人是乌尔夫伯爵的儿子，克努特的外甥，父亲被处死后曾长期在瑞典避难；另一个是哈拉尔三世，此人是西古德之子，奥拉夫的同母弟，斯蒂克勒斯塔战役时身受重伤，逃到东欧，之后曾加入拜占庭的瓦良格卫队，锻炼了丰富的军事才能。1047年，马格努斯撒手人寰后，丹麦和挪威的王位分别由这两人继承。

结语

克努特将维京时代推上了历史的巅峰。他从小接受的是维京式的训练，养成了英勇善战的坚强品质；他指挥着长期以来以杀掠为业的维京海盗，打出了自己的一片天地。但是，命运并没有让他止步于一个普通的海盗。他既继承了北欧人数百年来的野心，也继承了丹麦在北欧的帝国之梦。他的事业与维京人两个世纪以来的活动是一脉相通的，与丹麦历代君主的南征北战也是一脉相承的。他不仅袭击了英国，还出色地征服并统治了英国，达到了之前的维京人难以企及的高度。他的舰队在波罗的海和北海纵横驰骋，他将不列颠和斯堪的纳维亚这两个具有不同历史和文化的地区连为一体，他一人戴上了三顶王冠，功业超过了任何一位丹麦先王。

另一方面，克努特也是维京时代的掘墓人。他发现，海盗作风与治理帝国是无法兼容的。海盗喜欢的是自行其是，散漫放纵，而帝国需要的是权威和秩序；海盗喜欢的是破坏，帝国需要的是稳定；海盗的目之所及只限于几船赃物，而治理庞大的帝国绝对不能如此的鼠目寸光。当海盗们取得了史上最大的胜利后，他们却发现自己最爱的事业已经无可奈何花落去。所以说，克努特以海盗始，以政治家而终；以匪首始，以帝王而终。

奥拉夫二世也是一位英雄人物。但跟奥拉夫一世、哈拉尔三世相比，他少了几分冒险小说式的传奇色彩；跟克努特相比，他又少了一丝政治家的圆滑。有些时候，他显得固执而教条。稳坐王位的时候，他白白地将很多原本可以团结的力量逼到克努特一方。而在斯蒂克勒斯塔战役前夕，投奔他的战士中有些尚未皈依基督教，亟须壮大实力的奥拉夫居然拒绝他们加入，其固执可见一斑。尽管在建立一个强大、统一的基督教国家方面，他与克努特并无本质区别，他却注定要与之决一雌雄。

⊙ 波兰画家庇护·维隆斯基（Pius Welonski）所绘的奥拉夫二世。奥拉夫脚下的恶龙就是他曾经的自己，象征着他的“异教”生涯。他头上的光环表明他成为圣徒

历史对于克努特过于眷顾，奥拉夫便无奈地沦为了克努特成功路上被清除的绊脚石。但是，“北海帝国”毕竟只是历史上的一瞬间，英国和斯堪的纳维亚的联统只是历史上的偶然事件。只要克努特这个唯一的纽带不在了，这个缺乏凝聚力的“帝国”顷刻之间便会分崩离析。而奥拉夫死后，北欧和英国都有了以他为名的教堂。在宗教上，他成为一个受人崇敬的圣徒；在政治上，他为挪威人提供了爱国主义的象征。从这个意义上说，奥拉夫留下了比克努特更长久的影响。

参考文献：

① 英国史料

《盎格鲁—撒克逊编年史》，寿纪瑜译，商务印书馆，2004

《马姆斯伯里的威廉编年史》（William of Malmesbury’s Chronicle of the Kings of England, edited by J. A. Giles, Henry G. Bohn, 1847）

《亨廷顿的亨利编年史》（The Chronicle of Henry of Huntington, trans. & edited by Thomas Forester, Henry G. Bohn, 1853）

《伍斯特的弗洛伦斯编年史》（The Chronicle of Florence of Worcester, trans. by Thomas Forester, Henry G. Bohn, 1854）

② 北欧史料

《挪威列王传》（Snorre Sturlason: The Heimskringla: A History of the Norse Kings, trans. by Samuel Laing, vol.II, Norrœna Socitty, 1907）

《挪威国王摘要》（Ágrip af Nóregskonungas gum, trans. & edited by M. J. Driscoll, Viking Society for Northern Research, 2008）

③ 专著、论文

Laurence M. Larson: Canute the Great and the Rise of Danish Imperialism during the Viking Age, G. P. Putman’s Sons, 1912

Knut Gjerset: History of the Norwegian People, Vol. I, MacMillan Company, 1915

Jan Ragnar Hagland & Bruce Watson: Fact or folklore: the Viking Attack on London Bridge, London Archaeologist Spring 2005, pp.328-333

Ian Howard: Swein Forkbeard’s Invasions and the Danish Conquest of England 991–1017, The Boydell Press, 2003（注：对于奥拉夫的早年生涯，北欧与英国史料所记载的年代严重不吻合。该书对这一时期的大事年表进行了重构，与传统的观点相差较大，属一家之言。）